Basler Stadtbuch 2004

Redaktion: Dr. Beat von Wartburg
Redaktionelle Mitarbeit: lic. phil. André Salvisberg
Administration: Andrea Bikle

Christoph Merian Stiftung (Hg.)

Basler Stadtbuch 2004

Ausgabe 2005

125. Jahr

Christoph Merian Verlag

Beraterinnen und Berater der Redaktion

Dr. Rolf d'Aujourd'hui
  Bodenforschung, Urgeschichte
Prof. Dr. Thomas Bürgi
  Bildung und Erziehung
Yolanda Cadalbert Schmid
  *Gewerkschaften, Arbeitnehmerinnen
  und Arbeitnehmer*
Pierre Felder
  Schulen
Christian Fluri
  Theater, Musik
Rolf Furrer
  Architektur, Städtebau
Dr. Rudolf Grüninger
  Bürgergemeinde, Städtisches
Eric Jakob
  Regio, Partnerschaft
Dr. Daniel Hagmann
  Geschichte
Stella Händler
  Film, Video
Prof. Dr. Leo Jenni
  Wissenschaft
Marc Keller
  Einwohnergemeinde, Stadtplanung
Franz Kilchherr
  Gewerbe
Dr. Xaver Pfister
  Kirchliches, Religion
Max Pusterla
  Sport
Maria Schoch-Thommen
  Universität
Andreas Schuppli
  Riehen, Bettingen
Dr. Jürg Tauber
  Basel-Landschaft
Barbara Gutzwiller-Holliger
  Wirtschaft, Arbeitgeber

Umschlag
Foto Lukas Gysin

Impressum

Doris Tranter
  Lektorat
hartmann, räber, bopp ag,
drei gestalten, basel
  Gestaltung und Satz
Gissler Druck AG, Basel
  Lithos und Druck
Grollimund AG, Reinach/BL
  Einband

© 2005 by Christoph Merian Verlag
ISBN 3-85616-241-0
ISSN 1011-9930

125 Jahre Basler Stadtbuch

Vorwort

Christian Felber, Direktor der Christoph Merian Stiftung
Beat von Wartburg, Redaktor Basler Stadtbuch

Sie halten – liebe Leserin, lieber Leser – die 125. Ausgabe des Basler Stadtbuchs in Ihren Händen. Mit Freude und mit Stolz schauen wir auf die Geschichte der traditionsreichen Publikation zurück. Als historiografisches Periodikum war das ‹Basler Jahrbuch› zunächst ein typisches Publikationsgefäss des geschichtsbegeisterten, ebenso nationalstaatlich wie lokalpatriotisch denkenden 19. Jahrhunderts. 1879 gab Heinrich Boos das erste ‹Basler Jahrbuch› heraus. Mit einer kurzen Unterbrechung in den Jahren 1880/1881 erschien die Publikation seither jedes Jahr, seit 1960 unter dem Titel ‹Basler Stadtbuch›. Die Motive für sein publizistisches Vorhaben erklärte Boos im Vorwort: Ihn als alteingesessenen Basler Bürger beunruhigte, dass die Bundesverfassung von 1874 allen in Basel wohnhaften Schweizer Bürgern das kantonale Stimmrecht gab, denn er sah «darin eine grosse Gefahr, indem die flüssigen Bestandtheile der Bevölkerung, welche kaum die Verhältnisse und Bedürfnisse ihres neuen Wohnortes kennen lernen, dennoch über das Wohl und Wehe der Gemeinde mitbeschliessen dürfen». «Das historische Gefühl» müsse deshalb «allgemeiner geweckt» werden, denn «die Kenntnis der Vergangenheit» sei unentbehrlich, «um die Gegenwart verstehen zu lernen». Allerdings dürfe auch die Zeitgeschichte nicht zu kurz kommen, «da auch die Gegenwart ihre Rechte» habe.

Die Zeitgeschichte drängte in der Folge denn auch immer stärker ins Jahrbuch: mit der Einführung einer jährlichen Chronik, mit der Umbenennung in ‹Basler Stadtbuch – Jahrbuch für Kultur und Geschichte› im Jahr 1960 und schliesslich, 1973, mit der Neuausrichtung als Jahreschronik nach der Übernahme durch die Christoph Merian Stiftung.

Das Stadtbuch ist im Laufe seines Bestehens in mehreren Verlagen erschienen, wurde durch eine ganze Reihe von Herausgebern ediert und es änderte immer wieder das Format und die Gestaltung – doch eines blieb gleich: sein integrativer Zweck, wie ihn Boos skizziert hatte. Das Stadtbuch soll – so schrieb hundert Jahre später Adelheid Fässler 1973 – nicht nur ein «unentbehrlicher Informationsträger für den Historiker der Zukunft», sondern vor allem eine Orientierungshilfe für Basler und Wahlbasler sein. Auch dem damaligen Direktor der Christoph Merian Stiftung, Hans Meier, der 1976 die Rettung des unrentablen Stadtbuchs ermöglichte, ging es um Integration und Identifikation: Wie die Stiftung, so bemühe sich das Stadtbuch, «das städtische Bewusstsein der Einwohner Basels zu vertiefen und ihre aktive und freiwillige Mitarbeit an Basels Zukunft zu erhalten und zu fördern». Deshalb sehe die Christoph Merian Stiftung in der Übernahme des Basler Stadtbuchs die Erfüllung einer Verpflichtung, die zu ihren Aufgaben gehöre. Das Bekenntnis der Stiftung zum Stadtbuch gilt auch heute noch: Waren 1879 die zugezogenen Schweizer zu integrieren, so sind heute angesichts der grossen Migration und mit Blick auf die Öffnung nach Europa hin Menschen unterschiedlichster kultureller Provenienz angesprochen. Mit dem Stadtbuch möchte die Christoph Merian Stiftung auch künftig zum Engagement in der Gesellschaft ermuntern, damit die Region Basel durch ihre aktiven Bewohnerinnen und Bewohner eine lebendige Zukunft hat.

Inhalt

Schwerpunktthema

Generell provinziell?

Denk ich an Basel in der Nacht, bin ich um den Schlaf gebracht, so könnte man doppeldeutig Heinrich Heines berühmtes Diktum auf Basel beziehen. Tatsächlich haben immer mehr Menschen hier schlaflose Nächte: Die einen, weil sie sich von Veranstaltungen in ihrer Nachtruhe gestört fühlen, die anderen, weil sie fürchten, dass Basel zum Provinznest verkommt. Anlass für das Stadtbuch, des Baslers meist gehasste Frage zu stellen und zu diskutieren, nämlich die Frage ‹Wird Basel Provinz?› Oder was noch schlimmer wäre: ‹Ist Basel bereits Provinz?›

Alexandra Hänggi hat die Provinz-Debatte verfolgt. Sie zeigt ihre verschiedenen Aspekte auf und hat Ausschnitte aus der Diskussion zusammengestellt. Dass aus Basel verschiedene Firmen Richtung Zürich abgewandert sind, ist ein Faktum, trotzdem «lebt, arbeitet und verdient es sich vorzüglich» in Basel, stellt Rainer Borer in seinem Artikel über die wirtschaftliche Dimension der Provinz-Debatte fest. Auch Andreas Kläui kommt mit Blick auf die Kultur zu einem positiven Schluss: Basel sei zwar kleiner geworden, habe aber grosse Möglichkeiten. Gar keine Berührungsangst mit dem Thema Provinzialität hat Daniel Hagmann, der sogar mehr «Mut zur Provinzialität» fordert. Ganz anders wiederum sehen dies Tobit Schäfer und Christian Platz, die sich für ein lebendiges und junges Basel einsetzen, für eine Kulturstadt, von der man auch etwas hören darf …

Und sie bewegt sich doch – vielleicht nur im Schlaf *Alexandra Hänggi*

Ausschnitte aus der Provinz-Debatte

In der Region Basel gibt es gleich viele Menschen wie Fachleute zur Frage: Sind wir Provinz? Einig ist man nicht. Die Debatte (und die Debatte über die Debatte) ist in vollem Gange: Weltoffene Metropole am Dreiländereck oder gemütliche Schlafgegend am Rheinknie? Wird Basel überschätzt, unterschätzt? Bringt's der Sparzwang an den Tag? Wie steht's mit Kultur, Wirtschaft, Bildung? Und der ewige Vergleich mit Zürich …

Denise C. ist in Baden aufgewachsen und lebt heute nach diversen Auslandaufenthalten wieder im Aargau. Als schweizerisch-irische Doppelbürgerin ist sie weltoffen und weitgereist. Studiert hat sie in Zürich, Geisteswissenschaften. Sie ist über dreissig, als sie zum ersten Mal in ihrem Leben für einen privaten Besuch nach Basel kommt. Warum nicht früher? – «Es gab einfach keinen Grund.»

Provinz! – Wer in der Region Basel Beleidigungen ausstossen, drohen oder etwas in Bewegung bringen will, nimmt das Wort in den Mund. Sei es, wenn es um die Zukunft des EuroAirports geht, um die FCB-Begeisterung, um die EHC-Ernüchterung, um den Ab- und Wegzug von Post-Diensten, Firstclass-Boutiquen und Forschungslabors, um die befürchtete Verwilderung des Bota-nischen Gartens und der Mono-polzeitung und um alles, was mit Bildung und Kultur zu tun hat. Vom Nachtleben ganz zu schwei-gen.

Doch es gibt auch eine diffe-renzierte Debatte darum, ob die Region Basel daran ist in die Pro-vinzialität abzugleiten oder ob die Provinz gar längst Realität ist. Geführt wird sie oft im privaten Rahmen. Was wiederum als Indiz für die Provinzialisierung gedeu-tet wird: der Rückzug aufs Pri-vate mangels guten, der Kommu-nikation förderlichen Orten.

Dieser Entwicklung entgegen-wirken will das Theater Basel mit der Wiederbelebung der einst unter Erich Holliger entstandenen ‹Montagabende›, einem öffent-lichen Forum für gesellschaftlich und politisch aktuelle Themen. Gemeinsam mit dem Vorstadt-Theater und der Kaserne Basel fragt das Theater deshalb in der laufenden Veranstaltungsserie: «Wird Basel Provinz?»

Deutliche Zeichen am Horizont
Verantwortlich für die Serie ist beim Theater zusammen mit dem Schauspieldirektor die Dra-maturgin *Andrea Schwieter* (31). Sie ist in Reinach aufgewachsen, hat in Basel und Berlin studiert und war an verschiedenen gros-sen Theaterhäusern als Regie-assistentin und später als Dra-maturgin tätig. Unter anderen an der Berliner Volksbühne am Rosa-Luxemburg-Platz und zu-letzt bei Marthaler am Schau-spielhaus in Zürich. Am Theater Basel ist sie noch bis zum Direk-tionswechsel 2006. «Dann werde ich voraussichtlich wieder nach Deutschland gehen. Die Stadt wechseln ist in unserem Beruf eine Selbstverständlichkeit.» Doch jetzt ist sie hier. Und hier hat sie nach acht Jahren Ab-wesenheit eine Reihe von Beob-achtungen gemacht, die für sie nach zahllosen Gesprächen mit in der Region tätigen Leuten die Frage nach der Provinz recht-fertigen. «Wir haben's aber be-wusst als Frage formuliert.»

Es seien lauter kleinere Dinge, zunächst unmerkliche Veränderungen, die aber dann irgendwann ein Ganzes, ein geistiges Klima ergäben. «Da ist beispielsweise das neue Basler Gastgewerbegesetz mit der Wiedereinführung der Polizeistunde durch die Hintertür. Da sind zunehmende Restriktionen wie am Birsköpfli in Birsfelden, wo ab 22 Uhr gar nichts mehr laufen darf.»

Für Andrea Schwieter ist auch das Auftauchen der SVP in der Stadt Basel ein Anzeichen. «Und die entsprechenden Plakate, die heute bei Abstimmungen und Wahlen in den Strassen hängen. So etwas wäre doch früher hier nicht möglich gewesen, die wären doch einfach zerfetzt worden.» Man sei doch immer stolz gewesen auf ein friedliches Zusammenleben bei einem traditionell hohen Ausländeranteil, und jetzt sei das plötzlich ein Problem.

«Basel ist nicht mehr die offene Grenzstadt, die so anders ist und eine gewisse Narrenfreiheit bietet und für sich auch in Anspruch nimmt. Dazu gehört für mich auch das Sparen an der Bildung, an der Uni, bei den Geisteswissenschaften, die doch für das humanistisch geprägte Selbstverständnis der Stadt stehen. Oder dann der nicht endende Spardruck aufs Theater. Durch unüberlegte Sparübungen wird das Theater als Dreispartenhaus in seiner Existenz leichtfertig aufs Spiel gesetzt.»

Ein weiterer Indikator für die Provinzialität der Region sei das völlige Fehlen einer Clubszene, ja eines Nachtlebens überhaupt. «Da reist man wohl am besten nach Zürich.» So habe man nach einer Theaterpremiere auch schon bei jemandem daheim gefeiert.

Ab 22.00 Uhr läuft nichts mehr: null Toleranz am Birsköpfchen.

«Ein blödsinniges Gejammer»

An der ersten Montagabend-Diskussion, die der neuen Basler Zeitung gewidmet war, bemerkte der Kulturveranstalter und neu gewählte Grossrat *Tino Krattiger* unter anderem: «Die Basler Zeitung ist nur so provinziell wie die ganze Stadt provinziell ist.»

Wenn die Provinz-Debatte auf diese Weise geführt wird, nervt sich *Peter Schmid* (54) aus Muttenz. Schmid ist Präsident des Fachhochschulrats beider Basel und derzeit mit der Fusion der drei Nordwestschweizer Fachhochschulen betraut. Von 1989 bis 2003 gehörte er als Erziehungs- und Kulturdirektor dem Baselbieter Regierungsrat an. Während seiner Amtszeit förderte er die Universität Basel auf dem Weg zur Autonomie und setzte sich für eine stärkere Beteiligung des Kantons Baselland ein. Die grenzüberschreitende, partnerschaftliche Zusammenarbeit in der Region war und ist ihm stets ein Anliegen. Aus beruflichen und privaten Gründen bereist Schmid regelmässig europäische Städte und Regionen.

«Mit diesem blödsinnigen Gejammer über unsere Provinzialität erbringt man den totalen Beweis dafür.» Schmid hat nichts dagegen, dass die Debatte geführt wird. Aber das könnte doch auch freudvoller geschehen, ganz im Sinne des Schriftstellers Gerhard Meier, der sich zuerst als Provinzler, dann als Weltbürger bezeichnet. Doch der Dienstweg müsse eingehalten werden. «Wir haben hier eine überschaubare Region mit einer kleineren Zentrumsstadt mit einem gewissen Charme und ein paar herausragenden Eigenschaften und Gegebenheiten. Und damit müssen wir etwas machen.»

So reagiert Schmid denn auch ungehalten auf die Behauptung, es sei typisch für die Haltung des Bundes, dass von Basel – und selbstverständlich nicht von Zürich – die Fusion mit anderen Fachhochschulen verlangt werde: «Schon wieder Blödsinn! Zürich muss den gleichen Prozess von Konzentration durchmachen; bloss ist dort nur ein Kanton beteiligt und bei uns sind es vier. Der Kanton Zürich hat halt allein das Potenzial der Nordwestschweiz.»

Diese Annahme sei einmal mehr Ausdruck für die Überzeugung, wir seien hier die Armen und Geprügelten. Das Gegenteil sei der Fall. In seiner langjährigen Erfahrung in unterschiedlichsten nationalen Gremien bekam Peter Schmid den Eindruck, die Nordwestschweizer Ecke habe das Image einer originellen und fortschrittlichen Region. «Obwohl mein eigener Kanton im Moment alles tut, um diesem Image entgegenzuwirken.»

Dass Zürich zumindest in Bildungsfragen weniger Konkurrent als vielmehr Partner ist, zeigt sich für Peter Schmid am Beispiel des neuen ETH-Departementes Systembiologie, das in Basel entsteht und das schneller nicht hätte zustande gebracht werden können. Dies dank der Zusammenarbeit der Universitäten Basel und Zürich, der ETH Zürich, der Basler Pharma-Industrie und der beiden Basler Kantone. «Wenn man es richtig macht, kann man etwas erreichen; Basel wird nicht vergessen; aber wir müssen etwas dazu beitragen.»

Wiedervereinigung als Anti-Provinz-Massnahme?

Dass die Region in jeder Hinsicht leistungsfähiger ist, wenn Basel und Liestal am gleichen Strick ziehen, ist für Peter Schmid seit jeher sonnenklar. Einer Wiedervereinigung steht er jedoch skeptisch gegenüber. Nicht etwa, weil ihn das als Baselbieter aus historischen Gründen erschreckt. «Baselland ist nicht das autarke Gebilde, als das es sich gibt.»

Doch der unglaubliche Aufwand an Energie und Zeit, den eine Wiedervereinigung erfordern würde, lohnt sich nach Schmids Auffassung nicht. Das vereinigte Basel wäre ja erst der Boden, auf dem alles wieder aufgebaut werden müsste, und das könnte dauern. «Ich wünsche weder der Uni noch der Kultur, dass sie auf die Wiedervereinigung warten muss.» Es soll besser in bi- und multikantonale Vereinbarungen investiert werden.

Die neuesten Entwicklungen zwischen Baselland und Basel-Stadt stimmen Peter Schmid nach dem Partnerschaftstiefpunkt der vergangenen Monate optimistisch. Dass ein paar gemeinsame Projekte – Universität, Spitäler, Kultur und St. Jakob – klar definiert wurden, sei ein wichtiger Schritt in der Weiterentwicklung der Region.

Weg von der Provinz kommen wir aber deshalb noch längst nicht. «Kürzlich habe ich um neun Uhr abends meinen Sohn am Flughafen abgeholt. Ich war ziemlich alleine, alles war dunkel – wie heisst gleich wieder diese Wüste in Chile? Und dann entleerte sich ein zu zehn Prozent gefülltes Flugzeug … Basel ist halt nicht das pulsierende Berlin oder New York. Aber das hat auch Vorteile. Auf den menschenleeren EuroAirport bezogen heisst das: Du bist beim Abflug auch schnell in der Maschine drin. Daraus müsste man doch etwas machen.»

Und gemessen mit Zürich …

Aus ‹wirtschaftlichen Gründen› ist der Finanz- und Unternehmensberater *Martin Wachsmann* (43) vor zwanzig Jahren von der Region Basel nach Zürich gezogen. «Wer im Internationalen Finanzgeschäft und Private Banking tätig sein will, muss aus Basel weg – hier ist's zu klein, zu intim, alle wissen alles.» Anfang der neunziger Jahre kam er nochmals zurück: Er beteiligte sich am Versuch, ein in Zürich aktives japanisches Finanzinstitut auch in Basel zu etablieren. Der Versuch wurde nach drei Jahren eingestellt, Wachsmann ging schon früher wieder nach Zürich. «Wir scheiterten am fehlenden Entgegenkommen der institutionellen Kunden. Dazu kommt, dass die grossen Basler Anleger ihre Berater in Zürich haben.»

Unglücklich ist Wachsmann, der mittlerweile in Küsnacht lebt, in der Region Zürich nicht. Gar nicht. Neben der Landschaft – «See und Berge in Griffnähe» – schätzt der Exilbasler auch das Angebot der Stadt Zürich; vor allem die Auswahl im Ausgang: «Hier hat es viel mehr Orte, wo man

«Basel ist halt nicht das pulsierende Berlin oder New York. Aber das hat auch Vorteile.» (Peter Schmid)

spontan hingehen kann. Von direkt nach der Arbeit bis spät in die Nacht: Bars, Lounges, mit und ohne Live-Musik, und Restaurants, was das Herz begehrt, von koreanisch über libanesisch bis lateinamerikanisch ...» Auch das Gros der Leute, die Wachsmann in den Strassen von Zürich beobachtet, gibt sich weltstädtischer als die Basler Bevölkerung. «In Zürich zeigt man, was man hat. Man geniesst, geht mehr aus, pflegt einen anderen Lebensstil, ein anderes Kaufverhalten. Die Zürcherin geht mit der Hermes-Tasche in die Migros zum Posten. Und die Baslerin steckt die neu gekaufte Hermes-Tasche in einen Migros-Sack.»

Sofern sie denn in ihrer Stadt überhaupt noch so was Exklusives erstehen kann. Denn aus Basels Ladenlandschaft verschwindet in den letzten Jahren ein nobles Geschäft nach dem anderen (Bally, Grieder, Aeschbacher etc.). Und die Abwanderung ist noch nicht abgeschlossen. Wer in Basel etwas auf sich hält und über die entsprechenden Finanzen verfügt, kauft heute in Zürich ein oder beim Aufenthalt in Gstaad, St. Moritz oder gleich in Paris, München, London.

Wachsmanns Eindruck, als er letzthin wieder einmal in Basel zu Besuch war: «Es sieht mittlerweile überall aus wie früher nur in der Steinenvorstadt: Fast-Food und schrille Billigläden.» Ein Zeichen von ‹eher provinzieller› ist für den Zürcher Finanzmann auch, dass er in der Basler Business-Welt auch mal auf einen pflegeleichten Kunststoff-Anzug mit weissen Socken treffe. Das wäre im Zürcher Bankenviertel undenkbar. Vor allem für die vielen dort tätigen Ausländer ist Repräsentation sehr wichtig. «Die Basler Chemie hat zwar auch

Bildungsangebote für die Kinder fremdsprachiger Fachkräfte werden immer mehr zu einem Standortfaktor. Im Bild: die ‹International School Basel› in Reinach.

eine internationale Belegschaft, aber das sind Wissenschaftler, für die ist das nicht so wichtig.»

Was ja nicht a priori unsympathisch ist. Das findet auch Wachsmann, der im Konkurrenz- und Show-orientierten Zürich die Basler Kontaktfreudigkeit vermisst. In Basel gehe man viel offener auch auf Unbekannte zu.

Eine Kuschel- und Wohlfühlstadt

«Da bedeutet Provinzialität für mich auch Geborgenheit.» Mit dieser Einschätzung steht Martin Wachsmann nicht alleine da. Auch Andrea Schwieter empfindet es als Qualität, dass wir nicht überall – «ausser im Fussball» (sie lacht) – zuvorderst stehen müssen. Und Peter Schmid mag hier die einladenden Orte, wo Menschen sich begegnen können, draussen sitzen. Dass hier der Strassenverkehr nicht so pulsiert wie in Berlin stört ihn überhaupt nicht.

Die gemeinsame Wirtschaftsförderung beider Basel wirbt für die Region mit der hohen Lebensqualität: «Basel ist Provinz in Weltformat: Ruhiges Wohnen in freundlichen Quartieren oder im nahen Grün, kurze Pendlerwege ohne Staus. Alle Freizeitmöglichkeiten, Shopping, vielfältigste Gastronomie, ausserordentliche Sicherheit und top medizinische Versorgung, dazu ein umfassendes Kulturangebot vom Feinsten.»

Was das kulturelle Angebot betrifft, da mögen sich die Geister dieser Stadt scheiden. Die Aspekte der Wohlfühlstadt und -region schätzen aber viele. Genannt wird das Sein am und im Rhein, das Flanieren und Velofahren in der Stadt und aus der Stadt hinaus, die Parks, die Plätze, die Märkte

---

Weltprovinz

Sehr geehrter Herr Fehlbaum
Das Schwerpunktthema des ‹Basler Stadtbuch 2004› ist die Debatte rund um die (Nicht-)Provinzialität der Region Basel. Da darf Ihr mittlerweile berühmtes Zitat von Basel als ‹Weltprovinz› nicht fehlen. Weil Ihre Aussage jedoch schon ein paar Jahre alt ist, hätten wir von Ihnen gerne eine aktuelle Stellungnahme dazu. Als Unternehmer, Mann der Kultur, internationaler Basler …

Sehr geehrte Redaktion
Leider habe ich zur Weltprovinz keine neuen Einsichten. Wenn Sie sich trotzdem die Mühe machen wollen, ein paar Fragen zu formulieren, werde ich gerne noch einmal darüber nachdenken, bitte aber schon im Voraus für Verständnis, wenn mir nichts einfällt.
Mit freundlichen Grüssen
Rolf Fehlbaum

Sehr geehrter Herr Fehlbaum
Die Fragen sind rasch gestellt: Wie definieren Sie denn in Bezug auf die Region Basel die Weltprovinz? Im Rahmen der Basler Architekturvorträge an der Swissbau sagten Sie im Januar 2000: «Dass wir in der Provinz leben, wis-

sen wir. Noch lieber würden wir in der Weltprovinz leben; wo es sich besser lebt als in der Global City.»

Hat die Region den Status von Weltprovinz erreicht?

Hat sich in den letzten Jahren eher die Welt oder die Provinz verstärkt?

Wie schätzen Sie die Zukunft der Region ein? …

Sehr geehrte Redaktion
Ich habe in den letzten Jahren zwar in Basel gewohnt, war aber so beschäftigt, dass ich nicht sagen kann, ich hätte in Basel gelebt.

Deshalb fällt mir die Antwort so schwer. Um Verständnis für ein Schweigen habe ich schon gebeten. Ich hoffe, Sie haben es.
Mit freundlichen Grüssen
Rolf Fehlbaum
Rolf Fehlbaum, Verwaltungsratspräsident der Vitra-Unternehmen, Firmenhauptsitz Birsfelden

im Sommer, die Herbstmesse, der Weihnachts-markt, die gut erhaltene und friedliche Altstadt … Halt, halt, halt: «Wir dürfen aber nicht einschla-fen dabei», meint Andrea Schwieter. Wenn keine Veränderungen mehr möglich sind, wenn alles erstarrt, wenn die alten Stadtteile zu ausgestorbe-nen Museen verkommen und die eigentlichen Museen keine neuartigen Dächer bekommen kön-nen und neue Rheinuferwege gleich den Bach runter geschickt werden, «wenn gar kein Leben mehr drin ist» (Schmid), dann ist das Provinz im Negativen.

Metropole im Taschenformat

Doch Basel und die Region haben durchaus auch Unprovinzielles, ja Metropolenhaftes vorzuweisen. Da sind sich die Befragten einig. Andrea Schwieter fällt spontan die Kunstszene ein. «Nicht nur die ‹Art Basel›, auch die sonst reiche Landschaft an Museen mit oft hervorragenden Ausstellungen.» Dass die Tutanchamun-Ausstellung nach Basel und nicht nach Zürich kam, ist auch für Martin Wachs-mann völlig klar. «Was Kunst und Kultur angeht, empfinde ich Basel vom Klima her als attraktiver. Ein wichtiger Teil ist hier natürlich auch die priva-te Initiative und das traditionelle Mäzenatentum: Beyeler, Tinguely, Schauspielhaus …»

In diese Plus-Sammlung des Grossen gehören denn auch das Kunstmuseum, das Schaulager, das Vitra-Museum, das geplante Stadtcasino und die bereits bestehenden Architektur-Highlights mit und ohne Weltruhm: Botta, Diener, Gehry, Herzog & de Meuron, Meier, Morger & Degelo usw. Und dann all die städtebaulichen Visionen und Projekte fürs Dreispitz- und fürs Stücki-Areal, für den Hafen und die Erlenmatt. Der St. Jakob-Park ist gebaut und wird auf internationales Mass ausgebaut.

Auch wirtschaftlich geht einiges. Fast unbeach-tet hinter der Nordtangenten-Baustelle wächst der gigantische Novartis-Campus des Wissens, und die Roche legt den Grundstein für ein neues 400-Mio.-Produktionsgebäude. Mitten in der Stadt entsteht im ‹Drei Könige› ein neues Luxushotel, ohne grosse Umstände finanziert vom Medizinaltechnik-Unter-nehmer Thomas Straumann.

Und das von der ‹Financial Times› heraus-gegebene Investoren-Magazin ‹Foreign Direct In-vestment› hat Basel zur ‹Swiss City of the Future 2004/2005› gewählt.

Selbstüberschätzung oder Bescheidenheit?

Solches hören die professionellen Vertreterinnen und Vertreter der Region natürlich gerne. Sie habe den Eindruck, Basel sei international wesentlich bekannter als national, meinte Ständerätin *Anita Fetz* kürzlich an einer Podiumsdiskussion zum Thema Tourismus. «Als Pharma-Metropole, als Kultur-Mekka, als Forschungs-, Messe- und Wirt-schaftsstandort.» In die gleiche Kerbe haut der Basler Gewerbeverbands-Direktor *Peter Malama*. Ob man sich eigentlich bewusst sei, dass Basel «im internationalen Kontext eine Messestadt von Weltruf» und im deutschen Sprachraum eine sehr bekannte Kulturstadt sei? Dank der berühmten Uhren- und Schmuckmesse werde in Schanghai gar ein Wolkenkratzer namens ‹Basel› gebaut. Aber die Basler seien halt Weltmeister im Understate-ment … Und auch der gegenüber seiner Heimat-stadt durchaus kritisch gesinnte Stararchitekt *Jacques Herzog* findet, Basel mache sich gerne kleiner, als es ist.

Stimmt überhaupt nicht, finden andere. Ganz im Gegenteil. Der in Irland lebende Basler Publizist *Martin Alioth* wettert: «Basel neigt zur Selbstüber-schätzung und zur pathologischen Nabelschau.» Die Stadt werde von der Restwelt so viel oder so wenig wahrgenommen wie die gleich grossen Städte Hamm in Deutschland oder Preston in Eng-land. Und der Feuilleton-Chef der Basler Zeitung *Christoph Heim* bezeichnet die Beschäftigung mit der Frage nach der eigenen Provinzialität bissig als – nach der Fasnacht – wichtigstes Thema dieser Stadt.

Das dürfen sie, weil sie selber aus der Region stammen. Aber wehe, wenn jemand von aussen das P-Wort in den Mund nimmt, dann hagelt's Pro-teste und es steigen auch Leute in die Hosen, die sonst über die Schlaf- und Geisterstadt zu schimp-fen pflegen. Nachzulesen etwa auf der Homepage des Zürcher Tagesanzeigers, wo der Berichterstatter *Christian Andiel* das Basler Openair-Kinopublikum als provinziell beschreibt …

Die Basler Bevölkerung komme nicht um eine Standortbestimmung und Einigung herum, ist Peter Malama überzeugt: Will man ruhig und gemütlich in einer Schlaf- und Arbeitsstadt leben oder will man eine pulsierende Wirtschafts- und Kulturstadt?

Andere nehmen es gelassener und schätzen jeden kleinen Schritt. Eine wichtige Verbesserung weg vom Provinziellen in Richtung Öffnung findet Peter Schmid, dass man in den Basler Trams von den Mundart-Ansagen weggekommen ist und zur Mehrsprachigkeit gewechselt hat. Er selber hört am allerliebsten die italienische Ansage für den Bahnhof SBB/SNCF.

Denise C. aus Baden (AG) hat Basel übrigens bei ihrem ersten Besuch gefallen. Das Sein am Rhein, die Parks, die Plätze, die gut erhaltene und friedliche Altstadt … Sie hat beschlossen, bald einmal wieder zu kommen, vielleicht ins Theater.

Literatur

Basler Zeitung, 8. Dezember 2004
Basler Zeitung, 21. Dezember 2004
Basler Zeitung, 19. Januar 2005
www.baselarea.ch
www.onlinereports.ch
www.tagesanzeiger.ch

Verräterische Frage

Im globalen Dorf ist Basel die absolute Weltstadt. Abend für Abend pulsiert hier das pralle Leben. Die City, eine einzige Steinenvorstadt! Auf öffentlichen Plätzen und Gewässern wird Tag und Nacht musiziert. Die Nachbarn sitzen am Fenster, geniessen das mitternächtliche Treiben und bewerfen Strassenmusiker mit Kreditkarten. Wollen wir nach einem Konzert die Stadt erleben, bieten uns unzählige Beizen und Discos bis in den Morgen hinein heisse Musik, warme Küche und freundliches Personal.

Basels Eingeborene sind weltoffen und kommunikativ. Sie sprechen deutsch, wenn Deutsche dabei sind, französisch mit Franzosen, türkisch mit Türken und baselbieterisch mit Baselbietern. Sie drücken grosszügig ein Auge zu, wenn sich Ausländer verfahren. Basel ist die Stadt des freundlichen Lächelns gegenüber Falschparkierern. Die Menschen hier können eben unterscheiden zwischen Haupt- und Nebensächlichem.

Auch das Stadtbild ist weltstädtisch. Die Kleinbasler Skyline konkurriert mit Frankfurt am Main. Die Wettsteinbrücke kommt einem schon fast etwas spanisch vor. Auf dem Bahnhofplatz jagt öffentlicher Verkehr wie in einer richtigen Grossstadt Menschen aus aller Herren Länder vor sich hin und her.

Wo soll da noch Provinz sein? An der Fasnacht? Nie und nimmer! Da sind wir nicht provinziell, sondern lokal – vor allem in Lokalen. Der Fall ist klar: die Provinz hat in Basel keine Chance.

Nur ein einziger Punkt will nicht so recht zur Weltstadt Basel passen: die immerwiederkehrende Frage nämlich, ob sie eine ist.

Aernschd Born, LiedSänger und Satiriker, Basel

Wie eine alte Villa

Basel kommt mir gelegentlich vor wie die Fabrikantenvilla über dem Fabrikgelände, vornehm, nicht allzu modisch, etwas abgerückt, schwer zugänglich. Man ahnt von aussen die Werte, die vorhanden sind, und fürchtet ein wenig, dass das Leben an den diskreten Bewohnern vorbeigehen könnte. Es wäre vielleicht angezeigt, den Garten, die Pavillons und die ‹belle étage› vermehrt für neues Leben zu öffnen. Vielleicht wären die Besucher in Zukunft bereit, einen Beitrag für den Unterhalt zu leisten.

Iwan Rickenbacher, Kommunikations- und Politberater, Schwyz

In der Provinz lebt, arbeitet und verdient es sich vorzüglich *Rainer Borer*

Wirtschaftlich gesehen ist die Region Basel alles andere als eine Provinz. Dank Pharma, Medizinaltechnik und Biotechnologie ist sie die Wachstumslokomotive der Schweiz, die nicht ins Stottern gerät, solange diese Schlüsselbranchen florieren.

Basel hat seinen liebsten Komplex den alten Römern zu verdanken. Sie nämlich waren es, die ihr riesiges Staatsgebiet in Provinzen einteilten – einteilen mussten, sonst wäre ein solch riesiges Staatsgebiet schlicht unregierbar gewesen. Wenn Basel unregierbar ist, dann aus ganz anderen Gründen als wegen seiner Grösse: Das bisschen Basel auf seinen 37,1 Quadratkilometern gefällt sich ebenso wie das nordwestschweizerische Umland in seinem Hang zu übertriebenem Selbst-Skeptizismus. Gemischt mit einer gehörigen Portion Selbstgenügsamkeit und einem durch die Jurakette leicht eingeschränkten Blick auf die Restschweiz führt dies zu einer Stimmung, die oft an der Realität vorbeigeht. Gerade in wirtschaftlicher Beziehung gibt es nämlich wenig Anlass, sich über Basels angeblichen Provinzialismus zu beklagen.

Anders ticken – anders als was?
Basel tickt anders: Die Imagekampagne im Weltformat belegt einerseits eine gewisse Originalität, die zum kulturellen Erbe dieser Stadt gehört. Sie zeigt zweitens, dass man sich in dieser Region krampfhaft gegen etwas abgrenzen muss, was doch auf gewisse Probleme hinweist, nicht verarbeitete Minderwertigkeitsgefühle, die sich (Alfred Adler lässt grüssen) am besten mit Streben nach Geltung kompensieren lassen. Die Imagekampagne des Basler Stadtmarketings lässt drittens die zentrale Frage, die sie selbst stellt, unbeantwortet: Basel tickt anders, anders als was? Anders als das Millionen-Zürich? Anders als das internationale Genf? Anders als Bundes-Bern?

Die Häufigkeit und die Heftigkeit der entsprechenden Debatte lassen keine Zweifel offen: Basel und mit ihr die Nordwestschweiz fühlt sich provinziell. Zunehmend provinziell, was gleich auch noch eine akut voranschreitende Provinzialität impliziert und damit für die entsprechende Dramatik (den besten Nährboden medialer Aufgeregtheit) sorgt.

Dabei bezeichnete der Begriff Provinz im alten Rom ursprünglich nichts anderes als einen Verwaltungsbezirk ausserhalb Italiens. Würde diese Definition noch heute gelten, so wären wir Provinz – und mit uns Paris, London, Berlin und Zürich. Wir befänden uns in bester Gesellschaft und hätten wohl nichts zu klagen. Auch eine neuere Definition des seit dem 14. Jahrhundert im deutschen Sprachraum anzutreffenden Wortes ‹Provinz› (Hinterland, im Unterschied zur Hauptstadt) lässt keinen Raum für Minderwertigkeitskomplexe. Erst der wahrscheinlich aus dem Französischen stammende ironische Nebensinn (kulturell rückständige Gegend, engstirnig, rückständig) machte Provinz zum Unwort.

Weshalb schlechter sein manchmal besser ist

Gründe, sich schlechter zu fühlen als andere, finden sich leicht: Wo andere Städte eine mondäne Partylandschaft mit internationaler Ausstrahlung besitzen, da regiert in der Stadt am Rheinknie das Steinenvorstadt'sche Mittelmass. Wo die gleichen anderen interkontinentale Flughäfen betreiben, reicht es in Basel bloss zu einem bescheidenen EuroAirport. Wo andere bevölkerungsmässig zulegen, muss Basel seit Jahrzehnten seine Statistik nach unten korrigieren und wird von der zweit- zur gerade noch drittgrössten Stadt der Schweiz zurückversetzt. All dies mag schlecht sein fürs Basler Ego, bewahrt Basel und die Nordwestschweiz jedoch auch vor allzu viel Aufregung. ‹Unique› war Zürichs Partyszene nur, weil der dort alles dominierende Finanzsektor Ende der 90er Jahre irrational überhitzt war. Zürich stürzte nach dem Platzen der Börsenblase in die Depression: All die arbeitslosen Bankers, die sich die Zeit, den Kater von der grossen Party und ihr Arbeitslosengeld in wenig mondänen Etablissements totschlagen beziehungsweise ausgeben mussten, blieben Basel erspart. Ebenso ging die gesamtschweizerisch negativste aller Imagekampagnen schadlos an Basel vorbei, die Bilder von den gegroundeten Flugzeugen mit den weissen Kreuzen auf rotem Grund auf der Schwanzflosse. Und das in Boomzeiten geplante Flughafenterminal ist glücklicherweise nur ein wenig zu gross geraten: Während in Zürich ein aus-

Stadtgründer und ‹Provinzler› Munatius Plancus.

Provincia

Über Jahrhunderte hinweg war die Region Basel ganz offiziell in der Provinz: Als Untertanengebiet im römischen Reich gehörte die Colonia Augusta Raurica und ihr Umland territorial zunächst zum Verwaltungsbezirk Germania Superior und später nach der Gebietsreform von Diokletian (um 300 nach Christus) zur Provinz Maxima Sequanorum.

Ursprünglich beschrieb der Begriff Provinz – von lateinisch provincia (‹Aufgabe, Verpflichtung›) – einen Aufgabenbereich in der Staatsverwaltung der Stadt Rom. Mit dem Erwerb zusätzlicher Gebiete wurden diese zu eigenen ‹Aufgaben der Staatsverwaltung›, also Provinzen.

Mit der Zeit bekam die Bezeichnung Provinz für eine Region ausserhalb des kulturellen und politischen Zentrums eines Landes auch den abwertenden oder ironischen Beigeschmack von ‹rückständigem Gebiet›.

gewachsenes Kongress- und Messezentrum Platz fände, beschränken sich die Basler Überkapazitäten auf die Grösse einer mittleren Schlaf- oder Schönheitsklinik. Zum Glück tickt Basel anders.

Grösste Risiken: ‹big pharma› und Komplexe

Der typisch baslerische Minderwertigkeitskomplex ist aus wirtschaftlicher Sicht verfehlt. Die vielen Gross-Unternehmen dieser Region denken schon längst in globalen Dimensionen, und ihre offene und multikulturelle Arbeitsweise vermag den Mief des Provinzialismus, der aus den Herzen der Eingeborenen kommt, zumindest in Ansätzen zu vertreiben. Die mit der globalen Arbeitsweise verbundenen Personalwechsel setzen die alte Tradi-

Vom Industrieareal mit Verwaltungshochhäusern zum angelsächsisch geprägten, autonomen Novartis-Campus.
Das Eingangsgebäude von Diener + Diener im Rohbau ...

tion fort, dass Basel eine Einwanderungsstadt ist. Früher für ungelernte, heute fast nur noch für hoch qualifizierte und bezahlte Arbeitskräfte. Die hiesige Wirtschaft braucht diese bestens ausgebildeten neuen Arbeitnehmer, um dem strukturellen Wandel gerecht zu werden.

Die Industrie etwa ist auf dem Rückzug: Seit 1991 wurden über 30 000 Stellen in den Produktionsstätten von Bombardier, Adtranz, Ciba, Clariant & Co. abgebaut, das sind fast 30 Prozent aller Stellen im sekundären Sektor. Was dramatisch tönt, ist die Folge eines Strukturwandels, wie er überall in Hochlohnländern wie der Schweiz auftritt. Im Norden der Schweiz geschah diese Des-Industrialisierung einfach relativ spät. Dennoch ist festzuhalten, dass bei all diesem Abbau die Nordwestschweiz seit Jahren die Wachstumslokomotive der Schweiz ist, mit einem jährlichen Plus von 2,6 Prozent. Zürich schaffte es im gleichen Zeitraum als Nummer zwei auf gerade mal 1,6 Prozent Wirtschaftswachstum pro Jahr.

Zu verdanken hat Basel und die ganze Region dieses Wachstum der Pharmabranche, der Biotechnologie und der Medizinaltechnik. Novartis, Roche, Straumann und wie sie sonst noch alle heissen sind die Jobmaschinen, die uns zwar öfters eine heftige Fusion oder eine schwierige Abspaltung nicht ersparen. Doch rund um diese grossen Konzerne entstehen viele kleine und mittlere Firmen, die angepasste Dienstleistungen erbringen und gleichzeitig Ausdruck sind des Strukturwandels, weg von weniger qualifizierter Arbeit in der Industrie hin zu höherwertigen Stellen im tertiären Sektor. Wenn die Nordwestschweiz ein Problem hat, dann ist es die Abhängigkeit von den Life-Sciences. Auf Gedeih und Verderb ist man dieser Schlüsselbranche ausgeliefert, hat von ihr profitiert – und manchmal auch unter ihr gelitten.

Taten statt Worte

Diese (im Moment grundsolide) Verfassung der regionalen Wirtschaft zeigt sich nicht nur in der Tatsache, dass die Nordwestschweiz die einzige Region der Schweiz ist, die kein Wachstumsproblem hat. Auch das Volkseinkommen pro Kopf gibt keinen Grund zur Sorge: 67 000 Franken verdienten die privaten Haushalte und die Unternehmen der Nordwestschweiz pro Jahr. Zürich brachte es gerade auf 60 000 Franken. Nur in Zug mit seinen vielen Briefkastenfirmen ist das Volkseinkommen pro Kopf noch höher.

Genug der abstrakten Zahlen. Anschaulicher ist, wie sich totgesagte Wirtschaftszweige entwickeln: Der EuroAirport etwa legt eine gewisse Souplesse im Umgang mit den durchaus vorhandenen Problemen an den Tag, indem er anstelle der maroden ‹Swiss› den florierenden Billigflieger ‹Easy-Jet› enger an Basel binden will. Eine Taktik, die sich wohl auszahlen und mittelfristig viele Arbeitsplätze in Basel schaffen wird. Auch die Regierungen bei-

der Basel zeigen sich gelassener als auch schon, wenn es um Abbaumassnahmen bei ‹Swiss› oder anderen grossen Unternehmen in der Region geht. Das ist die angemessene Haltung: Keine Panikstimmung verbreiten, besser ist konkrete und gezielte Arbeit im Hinblick auf die Verhältnisse, die sich gerade in der Wirtschaft sowieso dauernd verändern.

Übrigens: In den römischen Provinzen hatten zwar die von Rom eingesetzten Prätoren und Gouverneure das Sagen. Doch nur vordergründig: Sie alle waren fast ganz von den lokalen Grössen abhängig. Und – ach ja: Untergegangen sind übrigens nicht die Provinzen.

… und wie es demnächst aussehen wird.

Im selbst gemachten (Provinz-)Nest

Andreas Kläui

Basel – eine kleine Stadt mit grossen Möglichkeiten

«Ist Basel Provinz?» Wer so fragt, gibt doch auch gleich eine Antwort. Mit der Frage hat er sich sozusagen eine Falle gestellt und sitzt schon im selbst gemachten (Provinz-)Nest. Es macht ja nichts!, möchte man ihm beschwichtigend zurufen.

Interessant ist die Nervosität, mit der die Diskussion um Basels Provinzialität geführt wird. So dass sich eine zweite Frage aufdrängt: Kann es sein, dass diese Debatte im Grund lediglich die Kehrseite der aufgeregten Affirmation ist, mit der sich Basel die längste Zeit als heimliche Superstadt bejubelte? Zweimal das Gleiche, nur mit umgekehrten Vorzeichen?

Gemeinsam ist beidem, dass es ausserhalb von Basel so gut wie niemanden erregt. Nach einer zwar nicht wirklich repräsentativen kleinen Privatumfrage geniesst Basel (bei den Leuten, die von der Stadt schon einmal gehört haben) nach wie vor den Ruf einer wachen, sympathischen kleinen Stadt. Eines Orts der Museen, der Musik und des Theaters, den man im Auge behält. Einer Messe- und Kunst-stadt, die man immer mal gern aufsucht. Was ist daran schlecht?

Es ist wahr, dass die Anziehungskraft einer Stadt wie Zürich heute stärker ist als die Basels. Das hat mit der schieren Grösse zu tun. In der Zürcher Agglomeration leben rund eine Million Bewohner – in Relation zur deutschsprachigen Schweiz ist das ja ein Verhältnis wie London zu England oder Paris zu Frankreich. Da ist eine Metropole entstanden, ein Cluster, bei dem sich immer mehr Einzelteile zum runden Ganzen anhäufen. Dieser Magnetismus beschränkt sich nicht auf die Ökonomie, er erstreckt sich genauso auf die Kultur, denn Kultur existiert nicht für sich allein, sondern im Wechselspiel mit andern Sektoren. Wo die Kaufkraft ist (wie in Zürich), da sind die Kunstverkäufer. Wo die Wirt-schaft in Bewegung ist (wie in Zürich), da entstehen neue Räume, da werden alte Räume frei, da kann die Kultur sich einnisten. Wo es wichtige Ausbildungsinstitute für bildende und darstellende Künste gibt wie in Zürich, da kann eine Nachwuchsszene entstehen.

Die Entwicklung Zürichs ist ein Fakt, damit muss sich Basel arrangieren. Im Gegensatz zur Ost- und Innerschweiz hat die Nordwestschweiz dabei nicht mal so schlechte Karten. Während Schaffhausen und Luzern mittlerweile zum Zürcher S-Bahn-Netz gehören, kann sich die Basler Regio eher abgrenzen: weil der Jura die Regionen trennt, weil Basel-Stadt und Baselland (wenn sie sich nur mal zusammenraufen könnten) in eine andere Richtung blicken als Zürich, nämlich nach Südwestdeutschland und Frankreich.

Der Ausblick ist wichtig. Ohne geht es nicht. Ohne Frischluft wird's muffig, ohne internationalen Austausch und Vernetzung bleibt jedes lokale Ereignis lediglich dies: ein *lokales* Ereignis. Eine Stärke Zürichs war immer seine Offenheit und seine dadurch bedingte Aufnahmefähigkeit. Es kann für Basel im Gegenzug nicht die Lösung sein, sich verunsichert auf sich selbst zurückzuziehen und nicht mehr über die Pfalz hinauszuschauen. Denn auch dafür ist die Stadt zu klein. Dafür fehlen ihr die Ressourcen, und es kommt zu Absurditäten wie im vergangenen Herbst in der Kaserne, als man eine Plattform für den lokalen Theaternachwuchs organisierte und am Ende die freie Szene aus Zürich importierte, weil es in Basel einfach zu wenig Gruppen gibt.

Was macht denn die Strahlkraft einer Stadt aus? Die Metropole sei ein ‹abrégé de l'univers›, sagten die Franzosen schon im 18. Jahrhundert. Für mich bedeutet Urbanität auch heute genau dies: Vielfalt. Unübersichtlichkeit. Möglichkeit. Das Interessante an einer Stadt ist doch ihre Disponibilität. Dass auch das möglich ist, was ich vielleicht gar nicht will. Aber wenn ich es haben möchte, ist es da.

Das beinhaltet nicht nur die definierte Disponibilität; Elitekultur so gut wie Wildwuchs. Für die urbane Disponibilität ist derjenige, der Krach macht, genauso wichtig wie derjenige, der Versicherungen verkauft. Eine Stadt ist letztlich nichts als die Summe ihrer Subkulturen. Dieser Reichtum lässt sich freilich nicht behördlich herbeiführen. Aber er lässt sich behördlich verhindern.

Basel hat doch eigentlich ausgezeichnete Voraussetzungen. Es liegt am Knotenpunkt wichtiger

«Der Ausblick ist wichtig. Ohne geht es nicht.» Blick aus der ‹Bar Rouge› im Messeturm.

Nord-Süd- und Ost-West-Verbindungen. Es ist das kulturelle Zentrum einer Region. In Basel gibt es ein gesellschaftliches Einvernehmen der Kultur gegenüber, das ungeahnte Dinge zuwege bringt. Es gibt ja eine unglaubliche Begeisterungsfähigkeit in dieser Stadt! Und die Basler kennen sich aus. Es gibt aussergewöhnlich viele Leute in Basel, die für Theater, Kunst und Musik Feuer und Flamme sind. Es gibt eine gesellschaftliche Bereitschaft, sich um Kunst, Künstlerinnen und Künstler zu kümmern.

Basel ist eine kleine Stadt in Europa, die grosse Möglichkeiten bietet. Daran ist nichts provinziell. Provinziell ist die Mitte. Provinziell ist eine kleinbürgerliche Anspruchslosigkeit, die sich selbst genügt und nicht mehr nach links und nach rechts schaut. Gewiss, das vermag einem ein Gefühl der Sicherheit und der Geborgenheit zu geben. Aber es schaut dann halt auch niemand von aussen zurück.

Der Schriftsteller Edmund White, ein Amerikaner in Paris, hat einmal notiert, eine Weltstadt sei ein Ort, wo Schwarze leben, wo es Hochhäuser gibt und wo man die ganze Nacht aufbleiben kann. Das war natürlich ein Scherz, aber es trifft einen Punkt. Provinziell ist die Mitte: in Paris so gut wie in Zürich oder Basel. Die Pariser Stadtpolitik agiert oft genauso verzagt wie die Basler (soeben hat sie sich zum Beispiel bei der Neugestaltung des Hallen-Viertels für das langweiligste Projekt entschieden, während in Basel Zaha Hadid das Stadtcasino

---

Provinziell sind immer die anderen

Der Atem einer Stadt verführt und regt die Sinne an. Als Berlinerin bin ich verwöhnt mit Kulturangeboten, Experimenten, stets geöffneten Restaurants, mit Toleranz und Akzeptanz – aber Provinzler gibt es überall. Sie tarnen sich im Schatten der Städte, meckern und blockieren das Neue, den Fortschritt. Dann wird es eng und man begegnet verklemmtem Verhalten und verzogenen Mundwinkeln. Das färbt sich radikal und schnell in die Köpfe und Blickwinkel.

Die Vorwärtstreibenden schlängeln sich tapfer durch die Blockaden von ‹Ja-Nein›-Sagern (das sind Provinzler ohne Mut zu klaren Entscheidungen) und kämpfen für mehr Kultur, offene Türen, modischen Chic (auf zum Kampf gegen Birkenstockschuhe, Rucksäcke und Müsli zu allen Anlässen).

Ich wünsche Basel mehr Mut zum Glanz. Aber wie schon gesagt: Ich wohne jetzt hier und provinziell sind immer die anderen.

Barbara Kothe, Kulturmanagerin, Berlin/Basel

Small is beautiful

Allein schon die Fragestellung nach der Provinz beweist schlüssig, dass Basel provinziell ist. Oder ist in New York, in London, in Frankfurt, in Kairo, in Rio de Janeiro oder in anderen zweifelsfrei nicht provinziellen Städten eine solche Umfrage denkbar? Eben! Das gibt's nur in der Provinz. – Was heisst das aber jetzt? Sollen wir uns darob grämen? Oder alle Anstrengungen unternehmen, um aus dem Provinziellen rauszuwachsen? Ich meine nein. Das wäre wieder nur provinziell. – Stehen wir doch zu unserer Provinz! Basel hat ja trotzdem und gerade auch deswegen enorm viel zu bieten. Small is beautiful. Basel – die selbstbewusste, garantiert provinzumfragenfreie Provinz.

Dieter Stumpf-Sachs, Zoologe, Texter und Berater, Basel

umbaut). Die Nervosität, mit der manche Zürcher vom ‹Millionen-Zürich› reden und ihre Stadt als ‹Downtown Switzerland› positionieren wollen, spiegelt die nämliche provinzielle Seelenlage wie die Mischung aus Grossspurigkeit und Minderwertigkeitsempfinden, mit der Basler Tramfahrende beim Bahnhof SBB begrüsst werden.

Provinz ist eine Haltung. Hektisches Grosstun kann für Basel so wenig die Lösung sein wie regressives Cocooning. Was eine Stadt als kreatives Umfeld anziehend macht, ist wohl eher ein Klima der Gelassenheit. Eine urbane Selbstverständlichkeit. Eine selbstbewusste Unbekümmertheit, die vieles zulässt und nicht immer alles gleich definiert und bewertet.

«Wird Basel Provinz?» Vielleicht ist das ja eine Frage, wie man sie sich nur in Basel stellt. Mein Zürcher Nachbar Hugo Loetscher hat mir einmal ein Basler Erlebnis erzählt, das ich doch für einigermassen bezeichnend halte. In Basel sei er einige Male gewesen, hat er mir gesagt, in den Museen natürlich, aber auch für die Sanitäts-RS und an der Fasnacht. Und da war es ihm dann fast ein bisschen peinlich weiterzufahren: An der Fasnacht sei er mit einem Brasilianer gewesen. Sie seien früh aufgestanden und ins Dunkle hinausgegangen und hätten alles richtig gemacht, ganz wie man muss. Und später, bei der Mehlsuppe, habe ihn der Brasilianer gefragt: Wann geht es eigentlich los?

Basel ist provinziell
Basel ist provinziell, weil es hier wichtig erscheint, nicht provinziell zu sein. In der Metropole ist diese Frage – im Gegensatz zur Provinz – gar kein Thema.
Christian Dreyer, CFA Finanzfachmann, Schönenbuch

Provinz
Provinz ist nicht gleich Provinz.
Beat Schlatter, Komiker, Drehbuchautor, Schauspieler, Zürich, in einem Radiospot für die regionalen SRG-Trägerschaften

Betreff: Wird Basel Provinz?
Liebe Basler
Hier ein kleiner Wink von aussen: Ich fahre seit 1999 regelmässig aus dem Grossraum Stuttgart nach Basel, um dort Museen, Kleinkunstveranstaltungen und vor allem das Stadttheater zu besuchen. Die Ankündigung einer Subventionskürzung – zumal in dieser Höhe! – hat mich schockiert. Die derzeitigen Veränderungen bei der BaZ lösen in der Kulturszene im deutschen Südwesten ohnehin nur Kopfschütteln aus.

In den letzten fünf Jahren hat es sich trotz der lebendigen Stuttgarter Szene immer gelohnt, den weiten Weg ins Basler Theater in Kauf zu nehmen. Das Theater dort ist so einzigartig, das *darf* nicht kaputtgespart werden! Wenn Basel nicht Provinz werden will, sollte es sich darüber bewusst werden, welche kulturellen Perlen es hüten darf – und *muss*!
Beste Grüsse
Julia Charlotte Brauch
auf www.theaterbasel.ch (Forum) im Dezember 2004

Mut zur Provinzialität *Daniel Hagmann*

Ein Plädoyer

Basel ist auf dem besten Weg, eine Provinzstadt zu werden. Seine einstige urbane Vorherrschaft ist und bleibt Vergangenheit. Das eröffnet neue Chancen. Basel kann sich heute auf andere Qualitäten besinnen. Nur als bekennende Provinzstadt wird sie sich vor der geistigen und sozialen Selbstbeschränkung retten.

Vision

Ein rot-grün regiertes Basel ist keine langweilige Provinz-stadt, sondern das lebendige Zentrum der zweitgrössten Wirtschaftsregion der Schweiz, mit dem grössten Wirt-schaftswachstum; das Zentrum der trinationalen Region; es ist eine moderne Stadt mit guten Arbeitsbedingungen, welche die Chancengleichheit der Geschlechter fördern; mit guten Lebensbedingungen für Familien (Wohnraum, Wohnumfeld, Schulen, Tagesbetreuung und finanzielle Anreize für Familien), einer starken Uni, einem breit gefä-cherten Kulturangebot für alle Generationen, einem guten ÖV-Netz, einem bezahlbaren Gesundheitswesen und einem Sicherheitsnetz für die sozial Schwachen – das sich finan-zieren lässt, da die Abwanderung gestoppt wird, Familien und Gutverdienende in der Stadt bleiben, wodurch sich der Bevölkerungsmix verbessert und dadurch auch das Steuersubstrat, ohne dass die Steuern erhöht werden müssen.
Eva Herzog, Regierungsratskandidatin, Basel, an der Medienkonferenz der SP Basel-Stadt zum 2. Wahlgang, 12.11.2004, heute Vorsteherin des Finanzdepartements

Und es stand geschrieben: Stot-ternde Sanierung der Staats-finanzen, Abwanderung junger Familien, Scheitern der Wieder-vereinigung – Basel tut sich schwer in letzter Zeit. Die Miss-erfolge werden nicht mit energi-schen Vorwärtsmassnahmen, son-dern mit einer Rückwärtswende in die heile Welt des Lokalchauvi-nismus aufgefangen. Basel über alles! Wer das ‹neue Stadtgefühl› nicht mitvollziehen kann, der ist ‹kai Basler›. Es ist nicht weiter verwunderlich, dass sich die Schöpferischsten dieser Stadt aus dem öffentlichen Leben zurück-zuziehen beginnen. Es droht Basels ‹Venezianisierung›, sozu-sagen als logische Fortsetzung des ‹Sauglattismus› und der Ver-armung von Polis und Politik. Venedig, einst blühende Stadt-republik, verlor irgendwann im 18. Jahrhundert die Kraft, sich den Herausforderungen eines sich dramatisch wandelnden Umfeldes zu stellen. Doch das Jahrhundert des Niedergangs war mitnichten ein freudloses. Es waren Zeiten der fidelen Beschäftigung mit sich selbst, Zeiten, in denen sich das öffentliche Leben ganz auf den Karneval auszurichten begann.

Basels Probleme

Ein Menetekel? Zumindest eine Prognose, die sich nicht entsorgt hat. Fast wortwörtlich so machte 1986 Peter Ziegler seiner Besorgnis Luft. Man ersetze einfach Karneval durch FCB – et voilà Basels Malaise, Ausgabe 2004. Es ist offenbar, dass der Stadtkanton an volkswirtschaftlicher Strukturschwäche, demografischer Ausblutung und bildungspolitischer Isolation leidet. Gleichzeitig droht aber auch die soziale und geistige Selbstbeschränkung. Wer's nicht glaubt, konsultiere die Leserbriefspalten oder die Parteiprogramme. Basel verdörfliche mangels Party- und Parkplätzen, heisst es da. Weniger Eigeninitiative und mehr Konsum, Pardon: Freiraum, fordert man. Weniger Befremd-liches und mehr Kulturhoheit, Pardon: ‹Baselness›, wird gewünscht. Oder weniger Ausgleich und mehr Potenz, Pardon: Steuerkraft. Umgekehrt tröstet man sich damit, dass man am gemütlichen Rheinknie zwar provinziell lebe, dafür aber funktionierende Tramverbindungen, weniger Dreck und Kriminelle als in manch einer Weltstadt habe.

Solche Reden sind im negativen Sinne des Wortes provinziell. Sie reduzieren Urbanität auf Nachtleben, Kulturpolitik auf Touristik und Innovation auf Kapital. Und sie ziehen Mauern hoch rings um das Eigene. Man ist in Basel zwar – wie es Dieter Bachmann am Literaturfestival 2003 spitz formulierte – stolz darauf, internationale Nachbarschaft zu haben, aber nicht zwingend auch stolz auf die

Eine ‹Skyline› macht noch keine Grossstadt. Doch der Rheinhafen verbindet Basel mit der Welt.

Nachbarn selbst. Man will Weltstadt sein, doch im Hausblatt des Verfassungsrates wird ‹Basler sein› mit ‹Basler Bürger sein› gleichgesetzt. Noch sieht sich Basel zu selten als Gemeinschaft von Zugewanderten und zu oft als Stadt mit Migrationsproblemen. Lange verstand man unter ‹Regio› die ‹Regio Basiliensis›: Kernstadt plus Agglomeration. Da hilft auch echte Zuneigung nicht: «Der provinzielle Blick macht die Stadt selbst gerade dort zur Provinz, wo er aus leuchtenden Augen auf sie fällt», kritisiert der politische Theoretiker Oliver Marchart, Dozent an der Universität Basel. Provinz sei keine geografische, sondern eine politische Kategorie, ein Mangel an Informations- und Interpretationsmöglichkeiten. Auf die hiesige Situation angewandt heisst das: Basel ist nicht zum Provinzdasein verdammt, weil es fernab der Entscheidungszentren Bern und Zürich liegt. Dieser Stadt droht die Isolierung und Bedeutungslosigkeit, wenn sie sich nicht mehr erneuern mag.

Dezentralisierung als Erfolgsgeschichte

Deshalb muss sich Basel im positiven Sinne zu seiner Provinzialität bekennen. Wir leben nicht mehr in einer urbanen Metropole. An die Stelle historischer Zentrumsprivilegien sind Zentrumslasten getreten, die Stadt muss verhandeln statt fordern zu können. Wer dies aber als Provinzialisierung bejammert, hat die Geschichtsbücher falsch gelesen. Provinzleben als dumpfe Ohnmacht: Dieses Bild widerspiegelt französische Erinnerungskultur, nicht hiesige Spielräume. Denn Basel erlebt seit Jahrhunderten auch einen Prozess der Provinzialisierung, der stimulierend und verbindend wirkt. Einbindung in die Eidgenossenschaft, in die föderalistische Schweiz, in Oberrhein- und RegioTri-Rhena-Verband, in interkantonale Kooperationen – das ist die politische Erfolgsgeschichte des provinzialisierten Basels. Immigration, Innovation, Integration – das ist die soziale Erfolgsgeschichte dieser Stadt. Das ist die Geschichte eines Austauschs zwischen Rändern und Zentren, zwischen Anwesenden, Zuziehenden und Abreisenden. Noch ist sie leider, auf dem Papier wie in den Köpfen, ungeschrieben. Doch früher oder später wird Basel

seine Identität neu diskutieren – und neu gestalten – müssen.

Offenes Selbstbewusstsein

Provinz ist inzwischen überall, aber Provinzialität will gelernt sein. Als innovatives Gegenmodell zu Peter Zieglers ‹Venezianisierung› könnte sie für Basel bedeuten: den eigenen Standort pflegen und zugleich die bisherigen Grenzen überwinden. Hier kann Basel einiges von seinen Nachbarn lernen. Wie man in der Provinz das eigene Kulturerbe packend aufbereitet und vermittelt, machen die Museen im nahen Umland schon seit Jahren vor. Es gilt, inhaltliche und formale Neugier zu entwickeln, im Bereich des regionalpolitischen Zusammenlebens, der sozialen Integration wie in der Kulturpolitik. Provinzialität befähigt zu Kooperation – das beweist Lörrach mit dem Stimmen-Festival. Lörrach und Weil, lange als ‹Landstädtchen› belächelt, verfügen heute als gemeinsame Stadt-Partner über neues Selbstbewusstsein und neue Entwicklungsperspektiven. Das hat Basel auch verdient.

Literatur

Peter Ziegler, Zwischen Venezianisierung und Chancenwahrnehmung, in: Basel wohin? Zehn (Wahl-)Basler über Basels Zukunftsperspektiven. Aus Anlass des Jubiläums der Christoph Merian Stiftung 1886–1986, BDV Basilius Verlag 1986, S. 21–27.

Oliver Marchart, Die Rache der Provinz … und die Pflicht zur Entprovinzialisierung, zitiert nach: http://www.igkultur.at.

Elisabeth Rosenkranz, Von wegen ‹Landstädtchen› – damit ist es vorbei. Das ‹Oberzentrum› Lörrach/Weil am Rhein, in: Basler Stadtbuch 2004, S. 39–42.

Kulturstadt Basel

Tobit Schäfer
Christian Platz

So laut wie eine Stubenfliege

Am Basler Kohlenberg sind im Mittelalter Spielmannszüge abgestiegen. Vor diesen Leuten hatten brave Bürgerinnen und Bürger Angst. Spielleute brachten Unruhe und – vermeintlich – Unmoral ins städtische Leben. Gleichzeitig liebten Bürgerinnen und Bürger jedoch die Musik, die Unterhaltung, die diese wilden, kreativen Gesellen in die Stadtmauern trugen, diesen Hauch von weiter Welt, der in der Enge des Alltags spürbar wurde.

Mit dem Kulturfloss soll das Publikumsaufkommen am Rhein qualitativ gesteuert werden.

Faszination und Vorurteile, eng nebeneinander – diese Gefühlsmischung erleben auch heute jene oft, die die alte Stadt am Rheinknie mit Kultur beglücken wollen. Es sei denn, sie kommen von weit her und können mit ihrem Besuch auch gleich noch ein Quäntchen Prestige, das dann vielleicht sogar kleben bleibt, in die Stadt mitbringen.

Basel liebt Kunst und Künstler. Während der ‹Art› taucht die Stadt in ein Kunstfieber, das von neuen, wilden Ideen, die sich in Messehallen manifestieren dürfen, noch in die Höhe getrieben wird. Glückliche Stadt. Gerne erinnert man sich am Rheinknie auch an den alten Erasmus, der hier vor langer Zeit Gastrecht genoss, schwärmt von der Blüte der Buchdruckkunst, die hier einst – in einem repressiven europäischen Umfeld – gedeihen durfte, schreibt sich mit Vorliebe stets das Wort von der Humanistenstadt auf die sprichwörtliche Flagge. Und ist im Alltag stets tolerant. Ausser, wenn's halt um Lärm geht. Da ist man in der Rheinstadt (ein Synonym für Basel, nach dem in deutschen Kreuzworträtseln gerne gefragt wird) in den letzten Jahren empfindlich geworden.

Wie es gekommen ist und wann es angefangen hat, ist schwer zu eruieren. Noch Anfang der neunziger Jahre des vergangenen Jahrhunderts hat Basilea den Eindruck erweckt, dass sich ihre legendäre Fähigkeit zu Toleranz und Integration auch auf Subkultur, Nischenkultur, so genannte Undergroundkultur erstrecken würde. Die Lektion aus den achtziger Jahren, die Basel Jugendunruhen um ein Autonomes Jugendzentrum (AJZ) und um die – inzwischen zum Mythos gewordene – Alte Stadtgärtnerei beschert hatten, so schien es, hatte die Alte Stadt gelernt: Zwischennutzungsprojekte für Kulturschaffende (Schlotterbeck, Bell, Warteck)

wurden ermöglicht, Bewilligungen für Konzerte und Strassenfeste ausgesprochen, per Regierungsratsbeschluss wurde angeregt, Probekeller für die über 400 Bands, die in dieser Stadt weben und leben, zu schaffen (daraus ist nie etwas geworden).

Basel, so der damalige Eindruck, ist eine Stadt, in der sich Hochkultur und Alternativkultur die Hand reichen. Eine Stadt, die kulturelle Vielfalt nicht erträgt, sondern mag. Es kam dieses gute Gefühl einer gewissen Folgerichtigkeit auf, schliesslich wehte die Luft der Toleranz durch Strassen und Gassen, die einst auch der philosophische Provokateur Nietzsche für eine Zeit Heimat nannte. Ja, die Nineties, für Basel eine Zeit des kulturpolitischen Aufbruchs…

Das Kulturfloss sollte in den Augen ein paar weniger am besten bachab geschickt werden.

Jetzt ist alles anders. Der Zeiger der mächtigen alten Jahrtausenduhr ist vorgerückt. Seit dem Jahr 2000 erlebt Basel massive Auseinandersetzungen um Kulturpolitik. Das Symbol für diese Kämpfe thront jeden Sommer auf den Fluten des Hausflusses: das Kulturfloss, Erfindung seines Kapitäns Tino Krattiger. Über 40 000 Besucherinnen und Besucher lockt das Floss jeden Sommer ans Rheinbord, zu Gratiskonzerten. Das Floss ist keineswegs eine Hardrock-Lärmschleuder oder so etwas, musikalisch bedient es viele Geschmacksrichtungen.

Im Hochsommer ziehen die Rheinpermen (so heissen die Gebiete um den Fluss im Basler Amtsdeutsch) vielerlei Kundschaft an. Vor allem auf der Kleinbasler Seite, dem Basler Südhang, wird bei sommerlichen Temperaturen Freizeit genossen. Dass sich auch problematische Fälle am Fluss bewegen, ist schon seit den 1980er Jahren bekannt. Damals bestimmte die Drogenszene das Klima zwischen Mittlerer Brücke und Wettsteinbrücke. Da wurde gemauschelt, gebettelt, gedealt, was das Zeug hielt. Eine Subkultur hatte den Ort usurpiert. Damit wurde aufgeräumt.

Heute ist es eine bunte Schar, die sich am Rhein trifft. Das bringt auch Auswüchse mit sich. Vor allem für Anwohnerinnen und Anwohner. Gröhlereien, Saufereien und wilde Trommeleien bis in die Morgenstunden hinein sind nicht gerade das, was sich Rhein-Anwohner unter Wohnqualität vorstellen. Für diese – vielbeklagten – Auswüchse am Rhein kann Kulturkapitän Krattiger nichts. Eher sind sie wohl jener so genannten Mediterranisierung des öffentlichen Raumes zuzuschreiben, wie sie in ganz Europa beobachtet werden kann. Die Bürgerinnen und Bürger der Städte – vor allem die jüngeren – verbringen ihre Freizeit vermehrt im öffentlichen Raum, mit allen Folgen, die eine solche Bewegung mit sich bringt.

Tino Krattiger wohnt selbst in umittelbarer Nähe des Kleinbasler Rheinbords. Seine Idee ist bestechend: Mit dem Kulturfloss soll das Publikumsaufkommen am Fluss qualitativ gesteuert werden. Es ist ja oft so, dass die lautesten, jüngsten, kompromisslosesten Gruppierungen das Publikumsaufkommen an öffentlichen Orten dominieren, im Sinne eines urbanen Darwinismus. Da hat Krattiger Gegensteuer gegeben. Seine Konzerte bringen ein aufgestelltes, gemischtes Publikum an den Rhein. Manche Stadt hätte dem Kapitän dafür einen Kulturpreis verliehen. Das zeitgenössische Basel machte das Gegenteil. Einige wenige Anwohnerinnen und Anwohner der Rheinpermen begannen auf das Schifflein zu schiessen –, und Tino K. wurde plötzlich für alle Probleme am Fluss verantwortlich gemacht. Man zog gegen ihn vors Verwaltungsgericht, das die Klage abschmetterte, und nun vors Bundesgericht, das den erstinstanzlichen Entscheid bekräftigte.

Es war, als hätte sich mit der Wasserschlacht ums Kulturfloss der Wind zu Basel gedreht. Plötzlich war einigen Innerstadtbewohnerinnen und -bewohnern die Herbstmesse, die es seit Jahrhunderten gibt, zu laut. Die alten Messeorgeln, die seit mehr als hundert Jahren ‹d Mäss› mit ihren Tönen begleiteten, durften plötzlich nicht mehr sein. Die Fahrbetriebe durften ihre Musik gerade noch in der Lautstärke einer Stubenfliege laufen lassen. Dies wegen einer kleinen Gruppe von Anwohnern, die alle möglichen Beschwerdewege nutzte.

Wenn es schon der Herbstmesse an den Kragen geht, ist es klar, dass die Rock-, Pop-, Reggae-, HipHop-, Technokultur und all die hunderten jungen Kulturschaffenden, die halt ein bisschen lauter sind als die erwähnte Stubenfliege, erst recht leiden müssen. Plötzlich durfte man Rockmusik, die bestimmende Kulturform des 20. Jahrhunderts, wieder ungeniert Lärm nennen. Ruhebedürfnisse werden in der Zeit des Autoverkehrs und der Pressluftbohrer wieder ernster genommen als die Kulturbedürfnisse tausender von Menschen. Der Status quo sieht folgendermassen aus: Es gibt kaum (reale) Auftrittsmöglichkeiten für Basler Bands, auch an Probekellern mangelt es, die Polizeistunde soll wieder eingeführt werden – von kultureller Aufbruchsstimmung ist nichts mehr zu spüren.

Vor etwa zwei Jahren kam zu Basel das Wort von der ‹Schlafstadt› auf. Die Gruppierung ‹Kulturstadt–Jetzt!› macht Aktionen für die Kultur und zog in den Grossen Rat ein. Es scheint, als würden die vagen Verdächtigungen, die die Bürgerinnen und Bürger der alten Stadt einst gegen Spielmannszüge hegten, nun aller modernen einheimischen Musikkultur untergeschoben. Basel ist zu einer Stadt geworden, die sogar der verrücktesten zeitgenössischen Kunst Gastrecht bietet (vor allem wenn dabei vielleicht ein Quäntchen internationalen Glanzes an den Dächern der Stadt kleben bleibt), in der man aber andererseits wieder ernsthaft darüber diskutieren muss, ob Rockmusik denn nun wirklich Kultur sei – während die Presslufthämmer toben, die Kompressoren kreischen und die Automotoren ihr unaufhörliches Lied singen.

Schlafstadt Basel?

Wirtschaft und Region

Die Grenzen: Berührungspunkte und Reibungsflächen

Mehr als in den vergangenen Jahren wurde den Bewohnerinnen und Bewohnern der Region 2004 die Existenz der nationalen Grenzen unliebsam in Erinnerung gerufen. Während sich Naturschützer in Riehen gegen den Bau der Zollfreistrasse zwischen Weil am Rhein und Lörrach wehrten, verschärften die deutschen Grenzbehörden die Kontrollen an der Schengen-Aussengrenze und provozierten kilometerlange Staus auf den Strassen. Gleichzeitig befand sich die Schweiz mitten in der Umsetzung der bilateralen Verträge I und dem Abschluss der Bilateralen II. Eric Jakob und Manuel Friesecke beschreiben die Basler Grenzfragen im Spannungsfeld zwischen Nachbarstreitigkeiten und bilateralen Abkommen, Dieter Wüthrich den Widerstand gegen die Zollfreie am Schlipf.

Weitere Themen

- Mit der Nutzung der Geothermie leistete Riehen vor zehn Jahren energiepolitisch Pionierarbeit. Nun durfte die Gemeinde die Auszeichnung ‹Energiestadt› entgegennehmen.
- Seit 100 Jahren verbindet die Rheinschifffahrt Basel mit dem Meer. Obwohl sie eine tief greifende Strukturbereinigung hinter sich hat, werden in den Rheinhäfen beider Basel noch immer 15 % des gesamten Schweizer Aussenhandels umgeschlagen.

*Ein Hauch von Raumschiff Enterprise –
Steuerhauseinrichtung eines modernen
Tankmotorschiffs.*

Von der ‹kleinen Aussenpolitik› zur ‹Regio-Innenpolitik›

Eric Jakob
Manuel Friesecke

Basler Grenzfragen im Spannungsfeld zwischen Nachbarstreitigkeiten und neuen Freiheiten im Rahmen der Bilateralen Abkommen I und II

Die grenzüberschreitenden Verflechtungen im trinationalen Raum rund um Basel nehmen laufend an Bedeutung zu. Dies wurde im Jahr 2004 nicht zuletzt anhand von grösseren und kleineren grenzüberschreitenden Konflikten zwischen den Nachbarn am Oberrhein deutlich. Eine ‹Regio-Innenpolitik› muss zunehmend an die Stelle der bisher gepflegten ‹kleinen Aussenpolitik› treten.

Wieder stärker ins Bewusstsein gerückt: die Landesgrenze.

‹An der Grenze der Geduld› oder ‹Bewährungsproben für die Regio› titelten Zeitungen im März 2004 mit Bezugnahme auf die Häufung grenzüberschreitender Probleme zwischen Deutschland und der Schweiz. Angeführt wurden dabei beispielsweise die folgenden Konfliktpunkte:

• Schienen-Bypass: Güterzüge sollen gemäss Planungen der nationalen Bahngesellschaften den Schienen-Engpass Basel in Zukunft vermehrt über den deutschen Hochrhein umfahren. Angesichts der prognostizierten Zunahme des europäischen Güterverkehrs auf der Schiene werden massive zusätzliche Lärmbelästigungen in den betroffenen Gemeinden erwartet.

• Grenzkontrollen: Anfang März verschärft der deutsche Bundesgrenzschutz ohne Vorankündigung die Personenkontrollen an der Grenze zur Schweiz, was zu kilometerlangen Staus führt. Die Massnahme wird mit Vorgaben des Schengen-Abkommens und der im Mai 2004 anstehenden EU-Osterweiterung begründet.

• Zollfreistrasse: Der nahende Beginn des Baus der Zollfreistrasse zwischen Weil am Rhein und Lörrach über Schweizer Gebiet – 1977 zwischen Deutschland und der Schweiz vertraglich vereinbart – führt zu ökologisch motivierten Protesten in der Bevölkerung und einem politischen und rechtlichen Hickhack zwischen den Behörden in Deutschland und der Schweiz.

Weitere deutsch-schweizerische Konfliktpunkte waren: die Luftverkehrsstreitigkeiten um die Anflüge auf Kloten, die Steuerflucht von Deutschland in die Schweiz, der vermehrte Landkauf von Schweizer Bauern in Süddeutschland, die Planung eines Atom-Endlagers in Benken im Zürcher Weinland nahe der deutschen Grenze, die Diskussion um Betriebsbewilligungen für Schweizer Banken in Deutschland, die ins Auge gefassten EU-Zölle auf Re-Exporten und weitere Probleme im Zusammenhang mit den Bilateralen II (Schengen, Zinsbesteuerung). Im Verhältnis zu Frankreich kam dann noch die umstrittene Informationspolitik des störungsanfälligen AKWs im elsässischen Fessenheim hinzu.

Retourkutschen und Drohgebärden?
Angesichts dieser Häufung grenzüberschreitender Probleme war es nachvollziehbar, dass in den Medien und anderswo wilde Spekulationen über Hintergründe und versteckte Zusammenhänge angestellt wurden und das Ende der partnerschaftlichen Kooperation am Oberrhein heraufbeschworen wurde. Die verschärften Grenzkontrollen als Retourkutsche für die Basler Zurückhaltung bei der Zollfreistrasse? Erschwernisse für Schweizer Banken als Drohgebärde im Hinblick auf die Bilateralen II? Doch nichts dergleichen hielt einer seriösen Prüfung stand! Allein die obige Aufzählung macht deutlich, dass die genannten Problemfelder unterschiedlicher nicht sein könnten und teilweise regionalen, teilweise aber auch nationalen oder europäischen Charakter hatten.

Vor allem zeigte sich aber bei einigen Konfliktpunkten, dass die unterschiedlichen Meinungen und Interessen nicht einfach den nationalen Lagern zugeordnet werden konnten. Bezüglich Schienen-Bypass hat die gesamte Dreiländerregion ein vitales Interesse daran, den zunehmenden europäischen Güterverkehr lärm- und umweltverträglich zu bewältigen; alle drei Seiten forderten die Mitsprache der regionalen Politik in den Planungsgremien der Bahnen, was inzwischen auch der Fall ist. Bei den verschärften Grenzkontrollen des deutschen Bundesgrenzschutzes – nach wenigen Wochen wieder auf ein erträgliches Mass reduziert – waren nicht nur die ausreisenden Schweizer, sondern vor allem auch die rund 32 000 deutschen Grenzgängerinnen und Grenzgänger zwischen Basel und Konstanz, der Einzelhandel, die Gastronomie und die KMU-Wirtschaft in Südbaden negativ betroffen. Bei der Zollfreistrasse gab und gibt es auf beiden Seiten der Grenze Befürworter und Gegner.

Nationale Scharfmachereien bringen nichts!
Die Gründe für die Häufung grenzüberschreitender Probleme sind also eher in einer zunehmenden Verflechtung unserer Region und nicht in einem Auseinanderdriften der Partner zu suchen. Nationale Scharfmachereien bringen hier gar nichts, ja, sie sind völlig kontraproduktiv, zumal der Ursprung von Grenzproblemen nicht selten in den nationalen Zentren zu suchen ist. Allerdings sollte auch ‹Vertragstreue› als Grundregel grenzüberschreitenden Handelns so selbstverständlich sein wie höfliche Umgangsformen.

Die grenzüberschreitenden Verflechtungen in unserer Region werden auch in Zukunft weiter zunehmen. Somit ist zukünftig wohl eher mit mehr als mit weniger Streit und Grenzproblemen zu rechnen. Dass die Schweiz dabei europapolitisch im Abseits steht und institutionell kaum in die immer wichtiger werdenden EU-Gremien und -Plattformen eingebunden ist, ist für die entsprechenden Lösungsfindungen sicher nicht förderlich.

Bilaterale I und EU-Osterweiterung
Gerade im Jahr 2004 wurden im Verhältnis zwischen der EU und der Schweiz wichtige Schritte realisiert und Weichen gestellt, die das wirtschaftliche und soziale Zusammenwachsen unserer Dreiländer-Region noch weiter vorantreiben werden.

Dazu gehört die am 1. Juni 2004 in Kraft getretene zweite Etappe der Umsetzung des Personenfreizügigkeitsabkommens aus dem ersten bilateralen Vertragspaket. Schweizerinnen und Schweizer haben seit diesem Datum freien Zugang zum Arbeitsmarkt der fünfzehn ‹alten› EU-Länder. Umgekehrt gilt in der Schweiz für die Beschäftigung von Arbeitskräften aus der EU kein Inländervorrang mehr. Die systematische Kontrolle der Lohn- und Arbeitsbedingungen durch die Behörden weicht einer einfachen Meldpflicht (via www.imes.admin.ch), wobei Lohn- und Sozialdumping durch die so genannten flankierenden Massnahmen verhindert werden sollen. Damit sind auch EU-Grenzgänger auf dem Basler und Baselbieter Arbeitsmarkt den Schweizern gleichgestellt. Zudem sind Kurzeinsätze in der Schweiz von bis zu 90 Tagen pro Kalenderjahr durch Mitarbeiter einer EU-Firma oder durch Selbständige aus dem EU-Raum nicht mehr bewilligungs-, sondern nur noch meldepflichtig.

Mit der EU-Osterweiterung im Mai 2004 hat sich für die Schweiz auch die Frage nach einer Ausweitung des bisherigen Personenfreizügigkeitsabkommens gestellt. Gemäss ausgehandeltem Zusatzprotokoll laufen die Übergangsfristen bis zur effektiven Einführung des freien Personenverkehrs mit den zehn neuen EU-Ländern bis 2011.

Positive Impulse durch die Bilateralen II
Mit den Bilateralen Abkommen II zwischen der EU und der Schweiz, welche im Mai 2004 abgeschlossen werden konnten, werden weitere wichtige wirtschaftliche und politische Interessen beider Vertragsparteien abgedeckt. Das Vertragswerk umfasst folgende neun Dossiers: Schengen/Dublin, Zinsbesteuerung, Betrugsbekämpfung, Verarbeitete Landwirtschaftsprodukte, Beteiligung an der Europäischen Umweltagentur, Statistik-Zusammenarbeit, Beteiligung an Media-Programmen, Beteiligung an Bildungs-Programmen sowie

Dass die Schweiz eine ‹Schengenaussengrenze› bildet, wurde jedermann schlagartig bewusst, als der deutsche Bundesgrenzschutz die Personenkontrollen verschärfte.

Vermeidung der Doppelbesteuerung von Ruhegehältern.

Am wichtigsten für den Lebens- und Wirtschaftsraum Basel ist wohl das Abkommen zu Schengen/Dublin. Das Schengener Abkommen, über das voraussichtlich Mitte 2005 abgestimmt wird, fördert den freien Personenverkehr durch eine grundsätzliche Aufhebung der Personenkontrollen in Verbindung mit einer verstärkten Justiz- und Polizeizusammenarbeit. Grenzüberschreitende Verbrechen können mit Schengen grenzüberschreitend bekämpft werden. Verschärfte Personenkontrollen wie im März 2004 wären nicht mehr möglich (wohl aber noch Warenkontrollen, da keine Zollunion zwischen der EU und der Schweiz besteht) – ein Vorteil für unseren grenzüberschreitenden Lebens- und Wirtschaftsraum. Auch der Schweizer Tourismus wird von Schengen profitieren, da Touristen aus Wachstumsmärkten wie China und Indien neben dem Schengen-Visum kein Zweitvisum für die Schweiz mehr brauchen werden. Durch das Dublin-Abkommen wird eine koordinierte Asylpolitik ermöglicht und das Schweizer Asylwesen entlastet: Ein Zweitgesuch in der Schweiz nach abgelehntem EU-Gesuch ist ausgeschlossen. Ferner ist für den Finanzplatz Schweiz beziehungsweise Basel wichtig, dass im Schengen- wie auch im Zinsbesteuerungs-Dossier das Bankkundengeheimnis dauerhaft gesichert werden konnte. Weitere positive Impulse sind für die Schweizer Nahrungsmittelindustrie durch neue Freizügigkeiten bei den verarbeiteten Landwirtschaftsprodukten zu erwarten. Die Zusammenarbeit bei den Themen Umwelt, Statistik, Medien sowie Bildung ‹normalisiert› zudem die Verhältnisse zwischen der EU und der Schweiz in diesen wichtigen Bereichen.

Mehr Konzentration auf gemeinsame Interessen

Stellen wir uns darauf ein, mit unseren europäischen Nachbarn in Zukunft noch mehr Berührungspunkte – und damit auch Reibungsflächen – zu haben. Arbeiten wir daran, dass die nachbarschaftlich-grenzüberschreitende Regio-Zusammenarbeit, die immer wieder als ‹kleine Aussenpolitik›

bezeichnet wird, noch mehr zur ‹Regio-Innenpolitik› wird. Die Vertretung nationaler Interessen ‹im Kleinen› kann einer Grenzregion auf Dauer nicht bekommen – wohl aber die Definition und Umsetzung gemeinsamer regionaler Interessen sowie deren Verteidigung in den Hauptstädten und in Brüssel.

Literatur

Die Texte der Bilateralen Abkommen sind einzusehen auf www.europa.admin.ch/index.htm.

Grenzprobleme

Ein Hauch von ‹Kaiseraugst› *Dieter Wüthrich*

Die Zollfreistrasse – das wohl am heftigsten umstrittene Strassenprojekt seit der Nordtangente

Mehrmals in den vergangenen Monaten schien der Beginn der Bauarbeiten für die umstrittene Zollfreistrasse nur noch eine Frage von wenigen Tagen. Doch der anhaltende Widerstand von Teilen der Bevölkerung dies- und jenseits der Landesgrenze sowie eine vom Bundesgericht in Lausanne gleichsam in letzter Minute verfügte nochmalige Prüfung der Rechtslage im Zusammenhang mit der Enteignung privater Landeigentümer haben bisher verhindert, dass in dem ökologisch sensiblen Gebiet am Wieseufer die Bagger auffahren konnten.

Mahnmal gegen die Zerstörung der Natur:
Der Zollfreistrasse-Brunnen der Basler Künstlerin Bettina Eichin im Schlipf.

Das Volksfest wird um sechs Uhr morgens mit einer schmissigen ‹Tagwacht› des Musikkorps eröffnet. Gegen 13 Uhr treffen die Festgäste zur offiziellen Eröffnungsfeier ein. Jene aus Basel und der übrigen Schweiz werden beim Riehener Gemeindehaus willkommen geheissen, die Delegationen von jenseits der Landesgrenze besammeln sich vor dem Gasthaus ‹Krone› in Weil am Rhein. Von diesen beiden Besammlungsorten aus marschieren die Gäste eine halbe Stunde später Richtung Wieseufer. Die beiden Festzüge treffen sich schliesslich mitten auf der neu erbauten, mit prächtigen Fahnen geschmückten Brücke. Es folgen die obligaten Festansprachen, in denen die neue Verbindungsstrasse als Erfüllung eines lange gehegten Wunsches gewürdigt wird. Gegen Abend treffen sich die Honoratioren beider Länder schliesslich zum Galadiner in Weil am Rhein.[1]

Hat da etwa eine Event-Agentur bereits ein Grobkonzept für die Feierlichkeiten zur Eröffnung der Zollfreistrasse im Jahr 2007 oder 2008 verfasst? Keineswegs! Das solchermassen beschriebene

Volksfest hat bereits stattgefunden – vor 142 Jahren, am 30. Dezember 1861. Die ‹Basler Nachrichten› berichteten über das wahrhaftig historische Ereignis auf der Titelseite ihrer Ausgabe vom 3. Januar 1862 wie folgt: «Es galt die Einweihung zu feiern der von der badischen Regierung neu erstellten Verbindungsstrasse zwischen Weil und Riehen. Es mündet dieselbe bekanntlich am nördlichen Ende des Dorfes auf der Lörracherstrasse aus, und wurde in Folge des Staatsvertrages vom 27. Juli 1852 zunächst zu Gunsten der Bewohner des badischen Gebietes auf dem rechten Wieseufer, behufs ihres Verkehrs mit dem oberen Wiesenthal und der neuen Wiesenthaleisenbahn, von der sie durch den sich gegen Dillingen hinaufziehenden Schweizerboden abgeschnitten waren, erbaut.»[2]

Liest man heute diesen Bericht, so scheint also der zwischen Deutschland und der Schweiz abgeschlossene Staatsvertrag, dessen raschen Vollzug die heutigen Befürworter der Zollfreistrasse verlangen, bereits vor 143 Jahren erfüllt worden zu sein. Allerdings ist das noch aus vorautomobilen Zeiten stammende erste bilaterale Abkommen von 1852 im Jahre 1977 erneuert worden. Die vor 142 Jahren gefeierte Einweihung der Strassenverbindung zwischen Weil am Rhein und Riehen ist deshalb heute allenfalls noch als historische Reminiszenz interessant. Denn als Folge des vor 27 Jahren erneuerten Staatsvertrages vereinbarten die Schweiz und Deutschland gewissermassen ein Tauschgeschäft: Die Bundesrepublik stellte das für den Bau einer Gemeinschaftszollanlage in Weil-Otterbach notwendige Areal zur Verfügung. Im Gegenzug willigte die Schweiz ein, eine zollfreie Verbindung zwischen Lörrach und Weil am Rhein über Schweizer Gebiet zu ermöglichen. Die Zollanlage ist in der Zwischenzeit längst gebaut worden, das auf rund 740 Metern über Schweizer Gebiet führende Teilstück der Zollfreistrasse besteht hingegen nach wie vor nur als Modell.

Jahrzehntelanger Protest

So alt wie das vor 30 Jahren konzipierte Projekt ist auch der Widerstand in Teilen der Bevölkerung gegen die geplante Strasse. Dieser richtet sich in erster Linie gegen die Zerstörung einer idyllischen Fluss- und Auenlandschaft, die zahlreichen seltenen und deshalb schützenswerten Tier- und Pflanzenarten als letztes Refugium in Basel-Stadt dient. Grosse Bedenken hegt die Gegnerschaft zudem wegen der geplanten Linienführung der Strasse am Fusse des seit jeher erdrutschgefährdeten Schlipfs.

Allerdings artikulierte sich dieser Protest nicht immer in der gleichen Eindringlichkeit wie in den letzten Monaten. Es gab gar Zeiten, in denen man auf Schweizer Seite den Eindruck gewann, dass das umstrittene Projekt am Ende aus finanziellen Gründen gar nie realisiert werden würde. Doch auf deutscher Seite blieb man stets ‹am Ball› und trieb den Bau der Bundesstrasse 317 voran. Dabei nahmen es die deutschen Behörden mit der Erfüllung des Staatsvertrages allerdings ihrerseits nicht immer allzu genau. Denn plötzlich ‹verschwand›

Der Basler Arzt und Umweltaktivist Martin Vosseler wurde zur Leitfigur der Widerstandsbewegung gegen die Zollfreistrasse.

der staatsvertraglich vereinbarte, für die erhoffte Verkehrsentlastung der Gemeinde Riehen entscheidende Anschluss ‹Dammstrasse› in Lörrach aus den Planungsunterlagen. Erst vor wenigen Monaten und erst nach heftigem Insistieren insbesondere der Gemeinde Riehen wurde von deutscher Seite der Bau dieses Anschlusses dann doch noch eher widerwillig zugesagt. Gleichzeitig wurde aber der Druck auf den baselstädtischen Regierungsrat erhöht, endlich die notwendigen Voraussetzungen für den Bau des über Riehener Gebiet führenden Teilstücks der Bundesstrasse 317 zu schaffen. Der Regierungsrat gab diesem Druck schliesslich nach und teilte im Jahr 2003 dem Regierungspräsidium in Freiburg im Breisgau schriftlich mit, dass dem Bau der Zollfreistrasse nichts Wesentliches mehr entgegenstehe und dass von deutscher Seite mit der Vergabe der Bauaufträge begonnen werden

könne. Unterstützt wurde er dabei vom Bund, der mehrmals festgestellt hatte, dass sämtliche Rechtsmittel gegen den Bau der Strasse ausgeschöpft seien.

Der Mann und die Strasse

Als sogar die Gegnerschaft zu resignieren und sich in das scheinbar Unvermeidliche zu schicken begann, trat mit dem Basler Arzt und Umweltaktivist Martin Vosseler jene Person erstmals in Erscheinung, die in den darauf folgenden Wochen und Monaten gleichsam zur Leit- und Identifikationsfigur des Protestes gegen die Zollfreistrasse wurde.

Mit seinen unkonventionellen Methoden gelang es Martin Vosseler, bei der Widerstandsbewegung neue, kaum mehr vorhanden geglaubte Kräfte zu mobilisieren. Was mit einem Hungerstreik und einer symbolischen Besetzung des künftigen Baugeländes Anfang 2004 begann, zog im Laufe des Jahres immer weitere Kreise. Zwar blieb Martin Vosselers Vision einer breiten Widerstandsfront in der Bevölkerung, wie sie sich Mitte der Siebzigerjahre gegen das geplante und letztlich verhinderte Kernkraftwerk Kaiseraugst gebildet hatte, unerfüllt. Aber nebst verschiedenen Vorstössen und Eingaben auf fast allen politisch und juristisch möglichen Ebenen bis hinauf zu Bundesrat und Bundesgericht bekannte plötzlich sogar der baselstädtische Regierungsrat in aller Öffentlichkeit, dass er das Projekt ‹Zollfreistrasse› als «nicht mehr zeitgemäss» erachte. Eine regierungsrätliche Delegation sprach deshalb mit dem Wunsch nach Neuverhandlungen mit der deutschen Bundesregierung bei Verkehrsminister Moritz Leuenberger vor.

Die angekündigte Räumung fand nicht statt

Die in der Folge von Moritz Leuenberger einberufene ‹gemischte Kommission› mit Vertretern beider Länder sprach sich indessen gegen solche Neuverhandlungen aus. Damit schien ‹der Mist endgültig geführt›. Die Zollfreistrasse sei aus Gründen der Staatsräson und der Glaubwürdigkeit gegenüber den deutschen Vertragspartnern nicht mehr zu verhindern, erklärte denn auch der Regierungsrat im Spätsommer 2004 und kündigte die unmittelbar

Leise Erinnerungen an Kaiseraugst: Auf den drohenden Baubeginn reagierten die Zollfreistrasse-Gegner mit einer friedlichen Besetzung des Baugeländes.

bevorstehende polizeiliche Räumung des Baugeländes an – vorschnell, wie sich kurz darauf he-
rausstellen sollte. Denn noch einmal gelangte die
Gegnerschaft ans Bundesgericht, um die Recht-
mässigkeit der eigentlich bereits vor Jahren abge-
laufenen, vom Regierungsrat indessen verlängerten
Rodungsbewilligung prüfen zu lassen. Und das
Bundesgericht entschied tatsächlich im Sinne der
Gegnerschaft: Es verfügte ein vorläufiges Baumfäll-
verbot und ordnete eine erneute Prüfung der Rodungsbewilligung durch das kantonale Verwaltungsgericht an. Dessen Urteil ist kaum vor dem
Frühjahr 2005 zu erwarten. Das letzte Schweizer
Wort in Sachen Zollfreistrasse wird aller Voraussicht nach erneut das Bundesgericht haben. Zumindest eines ist gewiss bei dieser ‹unendlichen
Geschichte›: Fortsetzung folgt …

Anmerkungen

1   Quelle: ‹Verkündigungsblatt des Bezirksamts Lörrach,
Müllheim und Schönau› Nr. 132 vom 25. Dezember
1861.

2   Zitiert aus ‹Basler Nachrichten (Des Intelligenz-
blattes der Stadt Basel achtzehnter Jahrgang)› vom
3. Januar 1862.

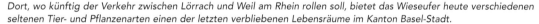

*Dort, wo künftig der Verkehr zwischen Lörrach und Weil am Rhein rollen soll, bietet das Wieseufer heute verschiedenen
seltenen Tier- und Pflanzenarten einen der letzten verbliebenen Lebensräume im Kanton Basel-Stadt.*

Riehen besitzt Wärme *Richard Grass*

Seit zehn Jahren nutzt Riehen die Geothermie

Die Gemeinde Riehen wurde im März (zusammen mit Lausanne) zur ersten Energiestadt Europas gekürt (European Energy Award in Gold). Die Geothermie war ein wesentlicher Grund für die Auszeichnung. Seit 1994 nutzt die Gemeinde Riehen die Erdwärme und deckt damit die Hälfte des Energiebedarfs des Wärmeverbunds Riehen Dorf ab. Sogar über die Landesgrenze wird Wärme geliefert. Eine Studie zeigt, die Riehener Erdwärme könnte noch viel besser genutzt werden.

Kopf der Geothermiebohrung am Bachtelenweg in Riehen.

Riehens Energie- und Umweltpolitik

Als sich am 18. März 1988 um 15.50 Uhr beim Bachtelenweg in Riehen das Gestänge des Bohrturms zu drehen begann, um dann in monatelangem Betrieb eine Bohrung auf 1500 Meter Tiefe abzuteufen, redete noch niemand vom ‹Energiestadtlabel› oder gar vom ‹European Energy Award›, denn beide wurden erst Jahre später geschaffen. Und doch war die Suche nach warmem Wasser im Erdinnern rückblickend ein wichtiger Schritt zur höchsten europäischen Auszeichnung für moderne kommunale Klimapolitik, dem ‹European Energy Award› in Gold. Zusammen mit Lausanne erhielt die Gemeinde Riehen am 25. März 2004 als erste Gemeinde Europas dieses Label für ihre bewusste und aktive Energie- und Umweltpolitik, die sie schon seit mehr als zwanzig Jahren betreibt. So führte sie bei allen gemeindeeigenen Liegenschaften wärmetechnische Sanierungen durch, realisierte bisher acht Anlagen zur Nutzung der Sonnenenergie, bezieht Windstrom in der Grössenordnung des Stromverbrauchs der kommunalen Kindergärten und fördert konsequent den öffentlichen und motorlosen Verkehr. Ausserdem war der Gemeinderat aber auch bereit, bei der Nutzung von erneuerbarer Energie eine Pionierleistung zu erbringen und damit auch für die Privaten günstige Voraussetzungen für eine vernünftige Energieversorgung zu schaffen.

Die Realisierung des Wärmeverbunds

Die Idee, die Geothermie in Riehen zu nutzen, entstand, nachdem Anfang der Achtzigerjahre eine Arbeitsgruppe der Kantone Basel-Stadt und Basel-Landschaft die Nutzungsmöglichkeiten der Geothermie in unserer Region untersucht hatte. Riehen wurde als Standort mit günstigen Voraussetzungen bezeichnet. Im Frühjahr 1987 bewilligten die Parlamente des Kantons und der Gemeinde je einen Kredit von 2,75 Millionen Franken für zwei Tiefbohrungen in der Nähe des Riehener Dorfkerns. Im August 1988 wurde die erste Bohrung am Bachtelenweg auf einer Tiefe von 1547 Metern erfolgreich abgeschlossen. Die zweite Bohrung im Stettenfeld gelang ebenso. Noch konnte die Wärme aus dem Untergrund aber nicht genutzt werden. Pumpversuche und die Planung nahmen noch einige Jahre in Anspruch. Trotzdem hat der Wärmeverbund Riehen schon am 1. Oktober 1989 seinen Betrieb aufgenommen. Die Wärme wurde damals von drei Ölkesseln produziert. Das Verteilnetz bestand nur aus einem Hauptast im Dorfkern mit lediglich elf angeschlossenen Liegenschaften. Das Anschlussinteresse war jedoch gross und der Wärmeverbund entwickelte sich erfreulich. In mehreren Jahresetappen wurde das Netz ausgebaut.

Im Winter 1993/1994 stiessen die drei Ölkessel der Spitzenlastzentrale durch die stetige Erweiterung des Wärmeverteilnetzes erstmals an ihre Leistungsgrenzen, so dass die im April 1994 erfolgte Einweihung der Grundlastzentrale zur Leistungserhöhung gerade rechtzeitig erfolgte.

Die Investitionen für den gesamten Wärmeverbund inklusive den Bohrkosten betrugen rund 40 Millionen Franken. An die Kosten der Tiefbohrungen hat der Kanton Basel-Stadt die Hälfte, zirka 4 Millionen Franken, und an den Bau des Wärmeverbundes Subventionen in der Höhe von 5,8 Millionen Franken beigetragen. Ferner beteiligte sich der Bund mit einem Betrag von 1,76 Millionen Franken an den Anlagekosten und mit 280 000 Franken an der Erfolgskontrolle.

Das Versorgungsgebiet des Wärmeverbundes Riehen umfasst nur den Dorfkern. Zurzeit sind 300 Gebäude angeschlossen. Zum grössten Teil handelt es sich dabei um Wohnhäuser jeder Grösse. Angeschlossen sind aber auch Verwaltungs- und Bürogebäude, das Gemeindespital, Museen und Geschäftshäuser. Der gesamte Wärmebedarf entspricht nahezu jenem von 2000 Wohnungen.

Grenzüberschreitende Geothermie

Am Abend des 25. Septembers 1996 fasste der Einwohnerrat Riehen einstimmig einen Beschluss, der Auswirkungen über die Landesgrenze hinweg hatte. Das Parlament ermächtigte den Gemeinderat, mit der Regiotherm GmbH Lörrach einen Vertrag über die Wärmelieferung für ein Neubaugebiet in Lörrach Stetten-Süd mit 500 Wohnungen abzuschliessen und bewilligte einen Kredit für den Bau der Verbindungsleitung. Bereits ein Monat nach der Sitzung des Einwohnerrates war der Vertrag unterzeichnet.

Während in den Wintermonaten die Erdwärme nicht den gesamten Wärmebedarf des Versorgungsgebiets in Riehen decken kann und mit Heizöl nachgeholfen werden muss, ist im Sommer überschüssige Energie vorhanden. Der Vertrag sieht deshalb vor, dass nur zu dieser Zeit Wärme über die Grenze geliefert wird. Die Wärmelieferung nach Stetten-Süd erhöht also die jährliche Betriebsdauer des geothermischen Kreislaufs, ohne den Erdölverbrauch in Riehen zu erhöhen.

Der ökologische Gewinn

Seit der Inbetriebnahme der Grundlastzentrale und der Nutzung der Geothermie im Frühjahr 1994 werden die Ölkessel nur noch im Winter bei sehr grossem Wärmebedarf zur Abdeckung der Spitzenlast eingesetzt. Im Normalfall liefert die Grundlastzentrale genügend Wärme. Das Kernstück der Grundlastzentrale bilden zwei Wärmepumpen-

Split-Anlagen zur Nutzung der Geothermie. Jede dieser Anlagen besteht aus einer Elektromotorwärmepumpe und einem Blockheizkraftwerk. Über Wärmetauscher und mit Hilfe der Wärmepumpen wird dem Geothermiewasser, das mit 65 °Celsius an die Oberfläche kommt, die Wärme entzogen und zum Aufheizen des kalten Rücklaufs aus den angeschlossenen Liegenschaften verwendet. Zurzeit werden maximal 18 Liter Wasser pro Sekunde gefördert. Die daraus gewonnene Energie entspricht fünf Litern Heizöl pro Minute.

Das Wasser wird dem Brunnen im Bachtelenweg entnommen und abgekühlt in den Brunnen im Stettenfeld wieder verpresst. Die Produktion der erforderlichen elektrischen Antriebsenergie für die Wärmepumpen erfolgt mit der energiesparenden Technik der Wärmekraftkopplung.

Durch die Nutzung der geothermischen Energie im Wärmeverbund Riehen reduziert sich der Endenergieeinsatz der angeschlossenen Liegenschaften um fast 50 Prozent. Die jährlichen Energieeinsparungen entsprechen mehr als 1,5 Millionen Liter Heizöl. Diese Reduktion, die teilweise Substitution von Erdöl durch Erdgas und der Einsatz von moderner Technik verringern den Ausstoss der Luftschadstoffe um zirka 78 Prozent oder 15 Tonnen pro Jahr, die CO_2-Emissionen um zirka 50 Prozent, das heisst 5800 Tonnen pro Jahr.

Vorteile der Geothermie

- Die Geothermie emitiert keine Luftschadstoffe und setzt kein CO_2 frei.
- Geothermie ist eine einheimische Energie und muss nicht wie Erdöl oder Erdgas mit entsprechendem Kapitalabfluss importiert und über Tausende von Kilometern transportiert werden. Die Investitionen werden in der Region getätigt. Die Abhängigkeit vom Ausland wird kleiner.
- Geothermie ist Bandenergie und steht, im Gegensatz zu Solar- oder Windenergie, jederzeit zur Verfügung, unabhängig vom Wetter, der Jahres- oder Tageszeit. Die Verfügbarkeit wird durch die Zuverlässigkeit der technischen Installationen bestimmt.
- Die Geothermie benötigt sehr wenig Platz und stört das Landschaftsbild nicht.

Einziger Nachteil

Bohrungen in grosse Tiefen sind teuer, was sich auch auf die Produktionskosten auswirkt. Bei steigenden Erdölpreisen wird die Geothermie jedoch immer konkurrenzfähiger.

Horchbohrung für ein geothermisches Heizkraftwerk in Basel beim Zoll Otterbach, Projekt Deep Heat Mining.

Ausbaupläne

In Riehen bestehen drei Wärmeverbunde, der private Wärmeverbund Niederholz, der durch die IWB betriebene Wärmeverbund Wasserstelzen und der durch die Gemeinde betriebene Wärmeverbund Riehen Dorf. Nur Letzterer nutzt zurzeit die Erdwärme. Es bestehen jedoch Pläne, diese drei Wärmeverbunde untereinander zu verbinden. Durch den gemeinsamen Betrieb könnte aus der bestehenden Geothermieanlage mit geringen technischen Anpassungen beinahe das Doppelte an Wärme gewonnen werden.

‹Deep Heat Mining›

Immer wieder wird die Geothermieanlage in Riehen mit dem Projekt ‹Deep Heat Mining› in Basel verwechselt. Gemeinsam haben sie nur die Energiequelle: Erdwärme. Aber auch diese wird auf unterschiedliche Art erschlossen. In Riehen wurde eine wasserführende Gesteinsschicht auf einer Tiefe von 1500 Metern angebohrt, das 65 °Celsius warme Wasser wird an die Oberfläche gepumpt, die Wärme wird ihm ausschliesslich zu Heizzwecken entzogen, und das abgekühlte Wasser wird über eine zweite Bohrstelle, die ein Kilometer von der ersten entfernt ist, wieder in den Untergrund zurückgepresst.

Das Projekt in Basel sieht Bohrungen auf eine Tiefe von 5000 Metern vor, wo die Temperatur gegen 200 °Celsius misst. Über eine Injektionsbohrung wird Wasser in künstlich erweiterte Klüfte des trockenen Gesteins gepresst, wo es sich erhitzt und über Produktionsbohrungen wieder an die Oberfläche gepumpt wird. Dank der hohen Temperatur kann mittels Dampfturbinen elektrischer Strom produziert und die Restwärme zu Heizzwecken genutzt werden. 5000 Haushalte sollen so mit Strom und Wärme versorgt werden. Eine erste Sondierbohrung beim Otterbach ist auf 2755 Meter vorgestossen. Der Grosse Rat hat am 2. Juni 2004 für die Realisierung des Heizkraftwerks einen Rahmenkredit von 32 Millionen Franken bewilligt. Mit diesem Kredit soll das Explorationsprogramm fortgesetzt werden.

100 Jahre moderne Rheinschifffahrt bis Basel
Urs Vogelbacher

Vom Schleppkahn zum Containerschiff

Drei Jubiläen durfte Basel im Zusammenhang mit der Schifffahrt feiern:
100 Jahre moderne Rheinschifffahrt bis Basel, 100 Jahre Schweizerische Vereinigung
für Schifffahrt und Hafenwirtschaft (SVS) und 650 Jahre E. E. Zunft zu Schiffleuten.
Als Dank für seine Festansprache vor der Jubiläums-GV der SVS wurde
der schweizerische Verkehrsminister, Bundesrat Moritz Leuenberger, zu einer Fahrt
auf einem Frachtschiff eingeladen. Er liess es sich nicht nehmen, an Bord des
‹GMS Grindelwald› von den Niederlanden nach Basel zu fahren.

Schraubendampfer ‹Knipscheer IX› und Schleppkahn ‹Christina› am Totentanz.

Vor 1904

Die Binnenschifffahrt ist der älteste Verkehrsträger. Lange vor der Erfindung des Rades wussten unsere Vorfahren die Flüsse und Seen für Transporte zu nutzen. In der Koblenzer Zollordnung von 1209 finden wir erstmals eine urkundliche Erwähnung baslerischer Rheinschiffe. Die Gründung der Basler Zunft der Schiffleute und Fischer erfolgte im Jahr 1354. Der Basler Bürgermeister Rudolf Wettstein nutzte im Jahr 1646 den Wasserweg für seine Reise zum Friedenskongress in Münster/Westfalen.

Vor der Erfindung der Dampfkraft war die Schifffahrt auf dem Rhein oberhalb von Strassburg nur in talwärtiger Richtung möglich. Die Schiffe gelangten daher in der Regel nach Beendigung ihrer Fahrt als Bauholz zum Verkauf.

Nachdem anno 1817 das englische Dampfschiff ‹The Defiance› als Erstes seiner Art den Niederrhein befuhr, dauerte es nur fünfzehn Jahre, bis die ‹Stadt Frankfurt› als erstes Dampfschiff unsere Stadt erreichte. Das Problem der Dampfschiffe auf dem Oberrhein war, dass sie einerseits infolge ihres Tiefgangs bei Niedrigwasser nicht fahren konnten und andererseits bei einem hohen Wasserstand ihre Maschinenkraft für die Bergfahrt nicht ausreichte. So war es ihnen denn lediglich während etwa zwei Monaten im Jahr möglich, auf dem damals noch nicht regulierten Rhein zwischen Strassburg und Basel zu verkehren. Nach Eröffnung der Eisenbahnlinie zwischen diesen beiden Städten im Jahr 1844 hatte die Schifffahrt vorerst keine Chance mehr im Konkurrenzkampf mit dem neuen Verkehrsträger, der unabhängig vom Wasserstand fahrplanmässige Fahrten anbieten konnte.

Die zweite industrielle Revolution zu Beginn des 20. Jahrhunderts liess die Transportmengen derart ansteigen, dass die Bahn an Kapazitätsgrenzen stiess. Der Schweizer Ingenieur Rudolf Gelpke aber erinnerte sich an die gute alte Schifffahrt. Er motivierte Gleichgesinnte aus Politik und Wirtschaft und bewirkte schliesslich, dass 1903 eine Versuchsfahrt mit dem Schraubendampfer ‹Justitia› nach Basel durchgeführt wurde.

1904–1954

In Zusammenarbeit mit dem Ruhrorter Reeder Johann Knipscheer und dem Schiffseigner Johann Kirchgässer aus Oberwesel organisierte Gelpke 1904 erstmals einen Transport von 300 Tonnen Gaskohle ab Duisburg-Ruhrort nach Basel. Im Anhang des 350 PS starken Doppelschrauben-Dampfschleppbootes ‹Knipscheer IX› (ex ‹Justitia III›) erreichte der eiserne Güterschleppkahn ‹Christina› am Abend des 2. Juni das damalige Gaswerk beim heutigen Rheinhafen St. Johann.

Schon vor Beginn des Ersten Weltkrieges wurden die Hafenanlagen St. Johann ausgebaut. 1919

Ungarischer Koppelverband im Hafenbecken II.

Bundesrat Moritz Leuenberger auf dem Containerschiff MS Grindelwald wird bei seiner Ankunft im Rheinhafen vom Basler Feuerlöschboot begrüsst.

kaufte die Schweizerische Schleppschifffahrts-Genossenschaft ein Heckrad-Dampfschleppboot, das den Namen ‹Schweiz› erhielt und als erstes grösseres Rheinschiff die Schweizer Flagge führte. Es folgten der Bau der Kleinhüninger Hafenanlagen, die Errichtung einer Werft in Augst, die Inbetriebnahme des Kraftwerks Kembs mit seiner Zweikammerschleuse im Jahr 1932 und schliesslich der Bau der basellandschaftlichen Hafenanlagen.

1954–2004

Anlässlich des 50-jährigen Jubiläums der modernen Rheinschifffahrt bis Basel bezeichnete man die Stadt als das ‹goldene Tor der Schweiz›. Die schweizerische Rheinflotte, die den 2. Weltkrieg mit relativ wenig Schäden überstand, befand sich in den Nachkriegsjahren in einer ausgezeichneten Marktposition. Die damalige Raumknappheit erlaubte mehr als nur kostendeckende Frachten. Die Gewinne lösten eine intensive Neubautätigkeit aus. Die Schweizerische Reederei AG brachte die stärksten Motorschleppboote auf dem Rhein in Fahrt. Das weisse Kreuz an der roten Verschanzung und am Kaminkranz war omnipräsent. Ihre jungen und dynamischen Schiffsführer fuhren schon vor der Einführung von Radargeräten in der Binnenschifffahrt in klaren Nächten durch. In Schifferkreisen bezeichnete man den Mond als ‹Schweizer Sonne›.

Als Folge der Substitution der Kohle durch Erdgas und Mineralölprodukte sowie des damit verbundenen Baus von Pipelines in Europa trat allmählich eine Überkapazität an Schiffsraum ein. Die Frachten kamen unter Druck; man sprach von der ‹crise latente et permanente›. Die Reedereien begannen ihre Schiffe an Familienunternehmungen zu verkaufen. Die schweizerische Rheinflotte ist von über 500 Schiffen im Jahr 1972 auf rund 100 zusammengeschrumpft. Der Trend geht bei den Güter- und Tankmotorschiffen noch immer nach unten. Lediglich bei den Fahrgastschiffen zeigt sich eine umgekehrte Tendenz, gefördert durch die Eröffnung des Main-Donau-Kanals im Jahr 1992. Traditionsreiche Firmen, wie zum Beispiel die über 200 Jahre alte Franz Haniel AG, verschwanden völlig von der Bildfläche. Dass die Schweizerische Reederei AG ein gutes Vierteljahrhundert nach ihrer Fusion mit der Neptun durch die Rhenus übernommen wurde, hat bei den Betroffenen – ganz im Gegensatz zum Swissair-Grounding von 2001 – kaum für Aufregung gesorgt.

Die Basler Schifffahrts- und Umschlagsbetriebe haben sich mit Erfolg den geänderten Anforderungen des Marktes gestellt. Acht bis neun Millionen Tonnen werden jährlich in den Rheinhäfen beider Basel umgeschlagen. Dies entspricht einem Anteil von rund 15 % am gesamten schweizerischen Aussenhandel. Mit über 4 Millionen Tonnen bilden die flüssigen Treib- und Brennstoffe die mengenmässig wichtigste Gütergruppe. Von zunehmender Bedeutung ist der Containerverkehr. Die modernen doppelwandigen Einraum-Containerschiffe sind bis zu 135 m lang und mit modernster Informationstechnologie ausgerüstet.

Stadt und Gesellschaft

Medienlandschaft Basel

Aus ökonomischen Gründen, aber auch in Folge eines Generationenwechsels in der Redaktion hat sich die Basler Zeitung inhaltlich, stilistisch und grafisch verändert. Der tief greifende Umbau und die Neugestaltung haben die Leserschaft gespalten. Die einen verlangten mit einer Petition von der Neuen Zürcher Zeitung, dass sie schleunigst einen Basler Bund herstellen soll, andere fanden, die Basler Zeitung sei endlich jünger und angriffiger geworden. Roger Blum setzt sich mit der Zauberformel der BaZ auseinander. Veränderungen gab es auch im Bereich der Lokalfernsehen, wo der Sender NordWest 5 mit seiner Expansion Telebasel aufgeschreckt hat. Remo Peduzzi fasst zusammen. Schliesslich stellt Alexandra Hänggi mit Radio X ein ungewöhnliches Lokalradio vor.

Weitere Themen:

- Die Basler Stimmberechtigten wählten rot-grün: Eine Analyse der Regierungs- und Grossratswahlen 2004.
- 650 Jahre Zunft zu Schiffleuten und Zunft zu Fischern, 700 Jahre Ehrengesellschaft zum Rebhaus: drei Korporationen feiern.
- Baschi und Piero waren 2004 die grossen Stars aus der Nordwestschweiz in der Music-Contest-Sendung ‹MusicStar›. Und wie geht es im Schatten des schnellen Business eigentlich der ‹gewachsenen Musikszene›?
- Zwei grosse Basler Politikerpersönlichkeiten sind nicht mehr: Kurt Jenny und Max Wullschleger. Zu Letzterem gibt es eine ‹Episode aus dem Kalten Krieg›.

Die Zauberformel
der ‹Basler Zeitung› *Roger Blum*

Die Neugestaltung schreckte die Kulturwelt auf

Die umgekrempelte ‹Basler Zeitung› stiess in Basel nicht nur auf Begeisterung. Vor allem die Kulturschaffenden fühlten sich um das klassische Feuilleton und um den Veranstaltungskalender geprellt. Aber hatte das Blatt eine andere Wahl?

Seit dem September 2004 sieht die ‹Basler Zeitung› gänzlich anders aus als vorher. Sie ist farbiger, luftiger, moderner, und sie erscheint teils im alten Zeitungsformat, teils im Tabloid. Warum war das nötig? Und was sind die Folgen?

Seit vor genau 400 Jahren, 1605, in Strassburg die erste Zeitung der Weltgeschichte zu erscheinen begann, haben sich die aktuellen Medien immer wieder verändert und in neue Kleider gestürzt, und jedes Mal gab es Kritiker, die dies als erheblichen Kulturverlust betrachteten. 1835, als in New York der neue ‹Herald› den Sensationen nachjagte, brach er mit dem betulichen Stil der bisherigen Parteiblätter. 60 Jahre später war es der nobel gewordene ‹Herald›, der sich über die neuen Sensationsblätter aus den Verlagen von Pulitzer und Hearst beklagte. Die besorgten Fragen stellte man sich auch 1893, als in Zürich das scheinbar unseriöse Blatt ‹Tages-Anzeiger› auftauchte. Rund 70 Jahre später hob sich der seriös gewordene ‹Tages-Anzeiger› deutlich vom neuen Boulevardblatt ‹Blick› ab. Dass die Kultur vor die Hunde geht,

Das im neuen BaZ-Kulturmagazin ausgegliederte Feuilleton und die kostenpflichtige Agenda bildeten einen Stein des Anstosses für Kulturveranstalter und Leserinnen und Leser.

glaubten viele Menschen ebenso, als 1923 in der Schweiz das Radio zu senden begann. Und 1953, als das Fernsehen aufkam, war für grosse Gruppen, vor allem Lehrer, der Weltuntergang nicht mehr weit. Neue oder neu eingekleidete Medien haben im Laufe der Menschheitsgeschichte immer zu grossen Bedenken Anlass gegeben.

Wie Jürg Rathgeb zeigt[1], bezweckten schweizerische Zeitungsrenovationen in den achtziger Jahren des letzten Jahrhunderts vor allem ein gefälligeres Layout und eine intensivere Lokalberichterstattung. Zeitungsumgestaltungen in den USA, wie sie Stephan Russ-Mohl erkundete[2], hatten vornehmlich zum Ziel, den Lokalbezug zu verstärken, das Feuilleton durch Lifestile und Zeitgeist zu

ersetzen, die Wirtschaftsinformationen auf ein breites Publikum auszurichten, die Feedback-Möglichkeiten der Leserinnen und Leser zu vermehren und das redaktionelle Management und Marketing zu verbessern. Die Gründe für die Umbrüche lagen stets im Leserschwund. Dies war auch in Basel der Anlass zum Handeln.

Welche Zauberformel hat die ‹Basler Zeitung› gefunden, um das Problem zu lösen? Sie bedient das politisch und ökonomisch interessierte Publikum mit Inhalten, die in Umfang und Gehalt dem bisher Gewohnten entsprechen. Und sie lockt ein junges, urbanes Publikum mit mehr Regionalem, mehr Farbe und einem neuen Kulturbegriff. Die Regionalnachrichten sind aufgeteilt in Aktualitäten

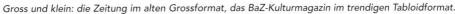

Gross und klein: die Zeitung im alten Grossformat, das BaZ-Kulturmagazin im trendigen Tabloidformat.

im klassischen Blatt und in Zusatz- und Hintergrundgeschichten in einem wöchentlich beiliegenden Heft. Die Kulturberichterstattung ist ganz in eine tägliche Beilage abgewandert, und zur Kultur zählen nicht mehr nur Theater, Literatur, Musik, Film und Malerei, sondern auch Esskultur, Wohnkultur, Reisekultur, und selbstverständlich auch Pop und Rap. Ausserdem sind die Einträge in den Veranstaltungskalender jetzt kostenpflichtig. Logisch, dass die Kulturschaffenden Basels schockiert waren und die neu gestaltete ‹Basler Zeitung› in Bausch und Bogen ablehnten. Sie vermissten nicht nur die Auseinandersetzung mit ihrer Arbeit, sondern auch die Debatte über wichtige gesellschaftliche Fragen, die in vielen Blättern im Feuilleton geführt wird. «Eine Zeitung muss den Ehrgeiz haben und bewahren, täglich die Bausteine für diese Debatte zu liefern», schreibt Ben Knapen, der Chefredaktor des niederländischen ‹NRC Handelsblad›[3].

Doch hatte die ‹Basler Zeitung› eine andere Wahl? Sie musste eine Zauberformel finden und einen Kompromiss zwischen Viellesern und Schnelllesern schliessen, wollte sie nicht nur noch rote Zahlen schreiben oder zum Käseblatt werden. Sie musste neue Zielgruppen ansprechen. Sie musste dynamischer werden. Diesem Ziel dient beispielsweise das neue Recherche- und Reporterteam, das investigativ Themen aufspürt und allen Ressorts zudient. Die Zeitung vernachlässigt gewiss den Diskurs über die Kultur. Dafür ist sie frecher, kritischer, aktueller – und näher bei den Leuten.

Das ebenfalls neue Baz-Regiomagazin erfreut sich grosser Beliebtheit.

Anmerkungen

1 Jürg Rathgeb, Zeitungsrenovationen 1978–1993. Motive – Zielsetzungen – Folgen, Zürich 1995.

2 Stephan Russ-Mohl, Zeitungs-Umbruch. Wie sich Amerikas Presse revolutioniert, Berlin 1992.

3 Ben Knapen, Wie aktuell ist eigentlich die Zeitung?, in: Europa liest Zeitung, Brüssel 1996, S. 22.

Wider den Weichspüler *Alexandra Hänggi*

Der Basler Kultur- und Jugendsender ‹Radio X›

‹Radio X› tönt anders. ‹Radio X› funktioniert anders. ‹Radio X› ist anders. Das macht's nicht immer einfach, aber immer wieder spannend. Ein Besuch im Studio an der Spitalstrasse 2.

Stahl, Glas und Leder findet man bei ‹Radio X› nicht. Die Produktionsräume am Totentanz sind mit Möbeln aus mindestens zweiter Hand ausgestattet, das Sendepult ist ein Occasionsmodell aus den DRS-Studios. Was man aber findet und beim Eintreten auch gleich zu hören bekommt, ist eine Soundpalette von Reggae bis Heavy Metal, von HipHop bis hin zu Oldies. Im Gespräch mit den Leuten, die hier arbeiten, kriegt man dann auch die Ansprüche zu hören, mit denen hier Radio gemacht wird. Von aktuellen Hintergrundsendungen, Präventionskampagnen und Sendungen in andern Sprachen soll sich der italienische Secondo genauso angesprochen fühlen wie die Basler Schülerin mit kroatischem Elternhaus und der US-amerikanische Novartis-Mitarbeiter. Nicht unbedingt alle zur gleichen Zeit.

Eidgenössisch verordnetes Kontrastprogramm

Der Basler Jugend- und Kultursender ist seit 1998 auf Sendung, ein paar Jahre länger schon dauert die Auseinandersetzung mit den zuständigen Bundesbehörden und der Konkurrenz vor Ort. ‹Radio X›-Mitbegründer und Geschäftsführer Thomas Jenny sitzt am grossen Tisch mitten in der Redaktion und rauft sich die Haare: Nie hätte er gedacht, dass ihm beim Radiomachen sein Jus-Studium so nützlich sein würde … Doch im Jahr 2004 habe sich die Situation nun endlich geklärt, sei nach langem Hin und Her die politische Definition des Senders vorgenommen worden.

‹Radio X› startete als so genannt schwach kommerzieller Sender, der zum Schutz der beiden bestehenden Lokalstationen mit Umsatzlimiten belegt war.

Für seine speziellen Leistungen in den Bereichen Jugendradio, Einbezug von Fremdsprachigen und Ausbildung von jungen Radiomachern konnte der Sender zudem mit Zustüpfen aus dem Gebührensplitting rechnen. Doch der Zusammenbruch des Werbemarktes sowie veränderte Bedingungen, Auflagen und Auszahlungspraxis des Bundes brachten ‹Radio X› immer wieder an den Rand der Existenz.

Nach zähem Ringen ist der Sender, hinter dem eine gemeinnützige Stiftung, eine AG zu Vermarktungszwecken und ein Förderverein stehen, nun seit 2004 werbefrei. Dank seinem «publizistisch-kulturellen Kontrastprogramm, in welchem die Interessen von sprachlichen, sozialen und kulturellen Minderheiten der Bevölkerung im Versorgungsgebiet vorrangig berücksichtigt werden» (Zitat aus der Konzession des Bundesrates) hat ‹Radio X› Anrecht auf Anteile aus der Gebührenkasse des Bundes.

Eingängige Energiespar-Tipps

Den Grossteil seines Minimalbudgets von rund einer halben Million erzielt ‹Radio X› jedoch mit bezahlten Sensibilisierungs- und Präventions-kampagnen auf und mit dem Sender, die in Zusammenarbeit mit sozialen Institutionen und der öffentlichen Hand realisiert werden. Jenny verweist auf gemeinsam entwickelte Sende-Ideen mit Unfallverhütungsstellen, mit Integrations- und Drogen-Fachleuten oder mit den regionalen Ämtern für Umwelt und Energie. Mit Letzteren beispielsweise wurden in acht verschiedenen Sprachen rund 500 verschiedene Radio-Jingles mit Energiespar-Tipps für junge Leute produziert. Eine Kampagne, die in einem Seminar des Medienwissenschaftlichen Instituts der Universität Basel als vorbildlich bezeichnet wurde: Abgestimmt auf Tages- und Jahreszeit strahlte ‹Radio X› jede Stunde mit der Zeitansage einen Tipp aus zu Themen wie Mobilität, Heizen, Warmwasserverbrauch, Umgang mit elektronischen Geräten … «Zum Beispiel, dass der TV nicht immer auf Standby sein muss», bemerkt Nicole Bertherin, die sich hinter dem Redaktionstisch einen Tee braut. Sie ist bei ‹Radio X› – als selbstständige Beraterin – zuständig für Konzepte und Verkauf. Auf dem Papier. Im Radioalltag tragen sie, Jenny und die drei andern Festangestellten für manches die Verantwortung, was nirgends geschrieben steht. Zum Beispiel für die Koordination der riesigen Crew.

140 Mitarbeitende ohne Lohn

An den Bildschirmen rings um den grossen Tisch arbeiten ständig fünf, sechs junge bis sehr junge Leute. Es ist ein Kommen und Gehen. Der Basler Jugend- und Kultursender beschäftigt nicht nur ständig eine ganze Reihe von Praktikantinnen, sondern arbeitet auch mit einer Grosszahl von freiwillig Mitarbeitenden zusammen. Leute, die via ‹Radio X› professionell ausgebildet werden und regelmässig Sendungen machen. «Erst kürzlich habe ich ans Bundesamt für Kommunikation eine Liste mit sage und schreibe 139 Namen von ehrenamtlichen Programm-Mitarbeitern geschickt», erzählt Jenny. Dass der Sender einen breit abgestützten Expertenstab braucht, leuchtet beim Blick aufs Wochenprogramm sofort ein: In seinen allabendlichen Musik-Specials wird die Station (fast) jedem

Stil gerecht: Am Montagabend ist Basler Sound zu hören, am Dienstag Heavy Metal, am Mittwoch Pop … und auch Reggae, HipHop, Drum'n'Bass, House, Trance und Oldies fehlen nicht. Dank guter Kontakte zur Musik- und DJ-Szene kann ‹Radio X› immer wieder auch exklusive Live Acts aus dem eigenen Studio ausstrahlen.

Da das vom Bund verordnete ‹Kontrastprogramm› von ‹Radio X› auch sprachliche Minderheiten zu berücksichtigen hat, gehören fremdsprachige Sendungen seit jeher zu den Besonderheiten der Basler Station. Noch 2004 sendete ‹Radio X› regelmässig in acht verschiedenen Sprachen. Konflikte mit den ehrenamtlich Mitarbeitenden liessen das Angebot mit dem Beginn des neuen Jahres auf drei anderssprachige Abendsendungen schrumpfen: ‹The English Show›, ‹Italia X› und ‹X-Tovka› für Leute mit serbischen, kroatischen und bosnischen Wurzeln. Doch alles ist im Fluss. An einem eigenen Sendeplatz interessierte Bevölkerungsgruppen stehen bereits wieder auf der Matte. So wird es laut Thomas Jenny auch bald wieder eine türkische Sendung geben und eine lateinamerikanische …

Nicht immer ‹Nabelschnur zur Welt›

Dass er unentwegt am Planen von Neuem ist, gehört für Jenny zum Job. Auch am Tagesprogramm denkt er herum. Neben Musik unterschiedlichster Richtungen jenseits der Weichspülfraktion – «Die Ecken und Kanten von ‹Radio X› erkennst du beim Zappen sofort.» – bietet der Sender heute seinen rund 40 000 Hörern tagsüber vorwiegend aktuelle Kulturberichterstattung und Veranstaltungstipps. Das regelmässige News-Bulletin musste ‹Radio X› in der grossen Krise von 2001 abschaffen. Was Jenny etwas mopst. Er, der Radio als ‹Nabelschnur zur Welt› versteht und gerne die «Darstellung der Komplexität und Heterogenität, die wir in unseren hintergründigen Abendsendungen erreichen», auch am Tag auf dem Sender hätte.

Ein morgendliches und abendliches Info-Gefäss erachtet er als sehr wünschenswert. Momentan muss er sich aber auf seine zweimal wöchentlich ausgestrahlte Sendung ‹Politspecial› beschränken, die Infos zu Abstimmungen, Wahlen und sonstigem politischem Geschehen bringt. Der Bezug zu Basel und die damit verbundene Glaubwürdigkeit ist für die Radiocrew sehr wichtig. «Ohne dass wir einen Basel-Kult betreiben», meint Jenny. «So bieten wir jeweils 72 Stunden absolut fasnachtsfreie Zone. Fasnachtsberichterstattung sollen andere machen, die das besser können. Wir machen so vieles, was die Konkurrenz nicht macht.»

Aber: Nach Jahren des friedlichen Nebeneinanders trete man nun ‹Radio X› – nach den finanztechnischen und personellen Umwälzungen bei den zwei anderen Basler Lokalsendern – hin und wieder ins bisher allein beackerte Gärtlein. Die Konkurrenten seien erwacht, etwa was Medienpartnerschaften bei Jugendfestivals betreffe. «Wenn die andern viel Geld bieten können, sind wir auf verlorenem Posten.»

Doch Jenny und seine Leute lassen sich nicht beirren, klammern sich nicht an Bestehendes und sind offen für Ideen von aussen. Der Kultursender lässt sich deshalb auch immer wieder auf radiospezifische Experimente ein: Vergangenen Herbst gab das Basler Elektromusik-Duo Knut & Silvy im Kunsthaus Baselland ein Live-Konzert, das nur auf der Frequenz von ‹Radio X› zu hören war – die Besucher brachten Radiogeräte mit, um es erleben zu können.

Übrigens: ‹Radio X› ist auf der UKW-Frequenz 94,5 MHz, auf dem Kabelnetz auf 88,8 MHz (Balcab) zu empfangen.

‹Radio X› bietet ein «publizistisch-kulturelles Kontrastprogramm».

Telebasel und NordWest 1 *Remo Peduzzi*

Sender-Rivalität belebt die Fernsehszene

Den Prozess, der sich in den letzten Jahren auf nationaler Ebene zwischen der ‹SRG SSR idée suisse› und den privaten TV-Stationen abspielte und über die Politik per neuem Radio- und Fernsehgesetz nun in wettbewerbsgestaltenden Rahmenbedingungen festgeschrieben werden soll, erlebt die Region Basel derzeit auch im Kleinen. Allerdings mit dem gewichtigen Unterschied, dass hier die politische Einflussnahme den Gesetzen der Marktwirtschaft unterliegt und dies alles ein wenig schneller geht als in Bundesbern.

Eine Rückblende: 1997 wird das moderne ‹Telebasel› aus der Taufe gehoben. Als publizistisches Gegengewicht zur dominanten Basler Zeitung konzipiert, wurde es mit einer Trägerschaft versehen, welche Unabhängigkeit garantiert und durchaus mit der Trägerschaft der ‹SRG SSR idée suisse› verglichen werden kann. Allerdings ist sie nicht über verschiedene Vereine und Genossenschaften organisiert, sondern über eine Stiftung, welche dem Sender 8% der Kabeleinnahmen von Balcab als jährlich wiederkehrende Haushalthilfe zukommen lässt.

‹Telebasel› entwickelt sich über die folgenden Jahre unter der Leitung von Geschäftsführer und Chefredaktor Willi Surbeck stetig weiter und mausert sich vom medialen Kasperlitheater zu einer ernst zu nehmenden

regionalen Fernsehstation, welche seit 1997 ‹schuldenfrei› ist und immer wieder an der Grenze von 100 000 Zuschauern kratzt.

Im Mai 2002 verkaufen Christian Heeb und sein inzwischen verstorbener Partner Hansruedi Ledermann ‹Radio Basilisk› an die Tamedia Gruppe, was in der Basler Medienszene mit ‹regionalem Landesverrat› gleichgesetzt wird.

Praktisch gleichzeitig wird im Baselbiet ein zweites regionales TV-Fenster lanciert, welches in etwa mit den gleichen Problemen zu kämpfen hat und auch mit vergleichbarer Qualität zu senden beginnt wie einst der Telebasel-Vorläufer ‹Stadtkanal›. Doch auch dieser Pilot stürzt nicht ab, sondern pubertiert binnen zweier Jahre zu ‹NordWest 5›, dem Baselbieter Regionalsender.

Die für den Zuschauer zu dieser Zeit noch klar erkennbare Positionierung der Sender als Stadt- und Land-Fernsehen verschmilzt in der Folge zusehends. Mitunter weniger in den tatsächlich ausgestrahlten Beiträgen als vielmehr in der über die Presse ausgetragenen PR-Schlacht, in welche sich zunehmends auch die beiden Basler Regierungen einschalten.

Als ‹NordWest 5› im 2004 beim Bund eine erweiterte Sendekonzession beantragt, die ihm quasi den gleichen Aktionsradius wie ‹Telebasel› garantiert, ist die Politik vollends auf den Plan gerufen und gräbt sich an der Frontlinie ein. Die Regierung von Basel-Stadt spricht sich aus wirtschaftlichen und medienpolitischen Gründen klar gegen eine Gebietserweiterung für ‹NordWest 5› aus. Im Vordergrund steht die Angst, ‹Telebasels› hart erarbeitete Werbeeinnahmen könnten sich auf den neuen Baselbieter Sender verlagern und diesen damit zu einem gefundenen Fressen werden lassen für auswärtige Medienunternehmen, welche sich in der hiesigen Medienszene einkaufen, die BaZ unter Druck setzen und so dem Schreckensszenario einer ‹aus Zürich dominierten Basler Medienlandschaft› Vorschub leisten könnten.

Ebenso vehement setzte sich die basellandschaftliche Regierung für die Expansionspläne des Senders ein. Der Markt sei frei, das Volumen für zwei Akteure ausreichend und die Landschaft mit Telebasel ohnehin nicht ausreichend bedient; so die wichtigsten Argumente aus Liestal.

Entschieden hat schliesslich der Bund, welcher ‹NordWest 5› die erweiterte Konzession erteilte.

Im Sommer meldet sich Christian Heeb zurück auf dem Schauplatz der elektronischen Basler Medienlandschaft. Er steigt als starker Mann bei ‹NordWest 5› ein. Es folgen personelle Auswechslungen und technische Aufrüstung.

Als im Herbst 2004 ‹NordWest 5› auch auf dem städtischen Kabelnetz aufgeschaltet ist und Christian Heeb bekannt gibt, dass der Sender in ‹NordWest 1› umgetauft werden soll, ist klar, dass der zweitgrösste Wirtschaftsraum der Schweiz nun über zwei regionale Fernsehstationen verfügt.

Der aktuelle Stand der Entwicklung ist schwierig zu umschreiben. Denn zum einen hat ‹Telebasel› in letzter Zeit einiges unternommen, um das urbane Image loszuwerden und seinem Anspruch, ein Nordwestschweizer Fernsehen zu zeigen, gerecht zu werden. Zum anderen ist der Umbau von ‹NordWest 5› zu ‹NordWest 1› noch in vollem Gange. Ein Vergleich der beiden Sender muss demnach auf das nächste Stadtbuch verschoben werden.

NordWest 5 ist auf Expansionskurs, mutiert zu NordWest 1 und wird zum Konkurrenten von Telebasel.

Im Gespräch mit Christian Heeb und Willi Surbeck wird jedoch eines klar: Die Spiesse sind gleich lang. Beide können nur noch nebeneinander überleben, wenn der Werbemarkt mehr hergibt als bisher angenommen. Der eine Akteur verfügt zwar über eine flexiblere Betriebsstruktur und eine rasch erweiterbare Kriegskasse, der andere ist jedoch beim Publikum besser etabliert, hat eine starke Trägerschaft und ein ausgebautes Netzwerk im Rücken und verfügt über mehr Erfahrungswerte in der kostenoptimierten Fernsehproduktion.

Wenn man den Aussagen der beiden Persönlichkeiten Glauben schenken darf, so steht dem Nordwestschweizer Publikum eine spannende Zeit bevor. Beide Sender wollen mit einem voraussichtlich vergleichbaren Finanz- und Personaleinsatz agieren. Flaggschiffe sind die Nachrichtensendungen, wo sich ein Kampf um möglichst kostengünstige Newsmeldungen aus dem Einzugsgebiet abspielen wird. Beide spekulieren in diesem Bereich auch auf die in Aussicht gestellten Millionen des im neuen Radio- und Fernsehgesetz vorgesehenen Gebührensplittings, welches den regionalen Leistungserbringern Unterstützung garantieren soll.

Die Flankendeckung besorgen könnte bei ‹Telebasel› nebst den bereits gut etablierten und vielfältigen Sendungen das angekündigte neue Talk-Gefäss ‹Salon Bâle›, und bei ‹NordWest 1› nebst den auf ländlichere Gebiete fokussierten Aktualitäten hochwertige eingekaufte nationale Formate wie ‹Cash-TV›. Man darf gespannt sein.

Hat es in der Region Basel Platz für zwei Sender? Die TV-Konsumentinnen und Konsumenten jedenfalls profitieren von der publizistischen Konkurrenz.

Die Linke sprengt
die bürgerliche Mehrheit *Markus Vogt*

Basler Regierungs- und Grossratswahlen 2004

Im neuen Regierungsrat stellt die Linke die Mehrheit. Auch die Grossratswahlen wurden von den linken Parteien klar gewonnen. Doch wie ist es zu diesem rot-grünen Sieg gekommen?

Eva Herzog (SP) und Guy Morin (Grüne): Mit ihrer Wahl endeten die Basler Regierungsratswahlen mit einem rot-grünen Sieg.

Das Rote Basel, das von 1938 bis 1950 Bestand hatte, ist auferstanden: So frohlockten viele Sozialdemokraten und andere Linke im Kanton Basel-Stadt nach den Gesamterneuerungswahlen vom 24. Oktober 2004. Tatsächlich hat die Linke den Bürgerlichen im Regierungsrat die Mehrheit abgenommen. Die neue Regierung ist rot-grün: Zwei Sozialdemokratinnen, ein Sozialdemokrat und ein Grüner stellen die Mehrheit, ihnen stehen drei bürgerliche Regierungsräte aus FDP, LDP und CVP gegenüber. Gleichzeitig haben die linken Parteien auch die Grossratswahlen klar gewonnen: SP und das Grüne Bündnis stellen mit zusammen 62 von total 130 Sitzen beinahe die absolute Mehrheit im Kantonsparlament.

Lange Zeit hatte es so ausgesehen, als würde sich in der Basler Kantonsregierung personell kaum etwas verändern. Die Exekutive in der Zusammensetzung Jörg Schild (FDP, seit 1992 im Amt), Ueli Vischer (LDP, 1992), Hans Martin Tschudi (DSP, 1994), Ralph Lewin (SP, 1997), Barbara Schneider (SP, 1997), Carlo Conti (CVP, 2000) und

Christoph Eymann (LDP, 2001) wirkte ziemlich homogen. Rücktrittsgelüste oder Amtsmüdigkeit wurden zwar den beiden Amtsältesten Schild und Vischer hin und wieder nachgesagt, doch noch im Frühjahr deutete nichts auf einen Rücktritt hin. So stellten sich die Parteien früh auf einen Wahlkampf ein, in dem alle Bisherigen wieder antreten würden. Doch es kam anders: Ende Mai überraschte der Liberale Ueli Vischer die Öffentlichkeit und auch seine Partei mit seinem Entscheid, nicht mehr zu kandidieren. Damit löste er auf der bürgerlichen Seite Hektik aus.

Linker Angriff
auf die Regierungsmehrheit

Auf der anderen Seite hatte die Linke schon sehr früh ihre Ansprüche angemeldet. Man wolle die bürgerliche Regierungsmehrheit sprengen, hiess es schon Anfang Februar, und Mitte März wurde dies unüberhörbar kommuniziert: Die Linke werde mit den beiden Bisherigen Ralph Lewin und Barbara Schneider antreten, dazu mit einer weiteren SP-Kandidatur und zusätzlich mit einer Person aus dem Grünen Bündnis. Zwei Frauen und zwei Männer wurden angekündigt, nominiert wurden Anfang April Ralph Lewin, Barbara Schneider und Eva Herzog (alle SP) sowie Guy Morin (Grüne).

Das seit 1999 existierende Grüne Bündnis besteht, nachdem sich die Frauenliste per Ende 2002 aufgelöst hat, noch aus der ‹Grünen Partei Basel-Stadt› und der ‹BastA!›, der zumindest indirekten Nachfolgeorganisation der Progressiven Organisationen (POB), die sich im Februar 1993 aus dem Politbetrieb verabschiedeten. Im Grossen Rat stellen Grüne und BastA! eine gemeinsame Fraktion, die in den letzten Jahren immer enger mit den Sozialdemokraten zusammenspannte. Um die Kräfte zu konzentrieren, einigten sich die Parteien links der SP auf eine einzige Kandidatur, auf den Grünen Guy Morin.

Gemeinsam marschiert waren SP und das Bündnis schon zuvor in mehreren Wahlgängen; insbesondere die National- und Ständeratswahlen 2003 brachten der Linken einen durchschlagenden Erfolg. Das, so rechnete die linke Seite, musste für die Regierungs- und Grossratswahlen von 2004 eine hervorragende Ausgangslage abgeben.

SP-Parteipräsident Beat Jans, der Architekt der linken Wahlerfolge, begründete den Anspruch der Linken auf die Regierungsmehrheit insbesondere mit dem Versagen der Bürgerlichen in verschiedenen Bereichen. Basel leide seit längerem unter einer Verkrampfung; Universität, Kinderbetreuung, Schulen, Integration, Wohnumfeldaufwertung seien Themen, derer man sich vermehrt annehmen müsse. Genannt wurde auch der Sicherheitsbereich, für die Linke bis anhin ein eher nebensächliches Politikfeld, und schliesslich machte die SP ausgerechnet die Finanzpolitik, eine bürgerliche Domäne, zu einem zentralen Wahlkampfthema. Die Bürgerlichen würden sich nicht aktiv gegen den Rückgang der Steuereinnahmen einsetzen, sondern im Gegenteil eine Politik der leeren Kassen betreiben, lautete der Hauptvorwurf. Die verschiedenen Steuersenkungen seien eigentlich Umverteilungs- respektive Abbau-Aktionen gewesen und hätten dem Kanton nicht geholfen.

Bürgerliche unvorbereitet – und ohne Frau

Bei den Bürgerlichen herrschte Ruhe, bis der Liberale Ueli Vischer am 25. Mai auf eine erneute Kandidatur verzichtete. Gegenüber der Linken befanden sich die Bürgerlichen bereits im Zugzwang, galt es doch, in sehr kurzer Zeit eine geeignete Kandidatur zu finden. Die Strategie war schon festgelegt – ein ‹Vierer-Ticket› sollte es wieder sein, die Wählerschaft sollte die bürgerliche Politik bestätigen. Fehlte nur noch die vierte Person: Gefunden wurde sie in Mike Bammatter (FDP), einem im Nachbarkanton Baselland arbeitenden 45-jährigen Verwaltungsjuristen. Als Generalsekretär des Baselbieter Finanzdirektors schien er den idealen Nachfolger von Ueli Vischer als Finanzdirektor abzugeben – und so wurde er denn auch angepriesen. Von Vorteil schien es zudem zu sein, dass Bammatter die Kantonsverwaltungen beider Basel kannte, hatte er doch vorher unter anderem als Chefbeamter im Basler Wirtschafts- und Sozialdepartement gearbeitet.

Barbara Schneider
Eva Herzog

Ralph Lewin
Guy Morin

Jörg Schild
Carlo Conti
Christoph Eymann

In der bürgerlichen Findungskommission setzten sich die Freisinnigen durch: Sie wollten unbedingt den seit dem Ausscheiden von Stefan Cornaz verlorenen zweiten Regierungssitz zurückholen. Leer ausgegangen waren in der Kandidatenkür insbesondere die Frauen – mit Grossratspräsidentin Beatrice Inglin-Buomberger (CVP) wäre eine qualifizierte bürgerliche Frau zur Verfügung gestanden.

Bereits am 12. Februar hatte indessen die SVP mit Kinderspitaldirektor Konrad Widmer einen Regierungsratskandidaten vorgestellt und damit den Wahlkampf eröffnet. Dieser Kandidat zog sich jedoch Mitte März wieder zurück, nachdem in der SVP ein währschafter Hauskrach ausgebrochen war, der später zu einer Abspaltung und zur Gründung der ‹Schweizerischen Bürgerpartei Basel› führte. Danach stieg Parteipräsidentin Angelika

Zanolari selbst ins Rennen, aber mit bescheidenem Erfolg, wie sich zeigen sollte.

Wieder nominiert wurde Justizdirektor Hans Martin Tschudi (DSP). Und ausserdem meldete sich die ‹Liste gegen Armut und Ausgrenzung› mit vier Kandidatinnen und Kandidaten, die allerdings keine Rolle spielten, ebenso wenig wie Thien Egi von den Schweizer Demokraten (SD).

Ein Rücktritt nach dem ersten Wahlgang

Im ersten Wahlgang vom 24. Oktober 2004 machten Christoph Eymann (LDP, 30 356 Stimmen), Jörg Schild (FDP, 30 194), Ralph Lewin (SP, 30 177), Carlo Conti (CVP, 27 864) und Barbara Schneider (SP, 27 411) das Rennen sicher. Auf den Plätzen sechs und sieben folgten bereits die beiden Neuen der Linken, Eva Herzog (SP, 22 231) und Guy Morin

---

Grossratswahlen 2004

	Wähleranteil in %		Sitzverteilung	
	2004	2000	2004	2000
FDP	11,7	12,6	17	18
LDP	8,0	11,3	12	16
VEW	4,5	5,6	6	6
SP	32,8	26,0	46	39
CVP	8,2	9,9	11	14
Bündnis	11,5	9,6	16	12
SD	3,2	4,6	0	5
DSP	4,6	6,0	6	6
SVP	12,0	10,0	15	14
Aktives Bettingen			1*	0

* Die Einer-Vertretung des Wahlkreises Bettingen wird im Majorzverfahren gewählt. (2000 besetzte die VEW den Sitz.)

(Grüne, 21 209). Das absolute Mehr betrug 24 658. ‹Unter dem Strich› rangierten auf Platz acht Hans Martin Tschudi (DSP, 20 954), als Neunter Mike Bammatter (FDP, 19 405) und schon abgeschlagen als Zehnte Angelika Zanolari (SVP, 8638), die sich darauf zurückzog, genau wie die vier Kandidierenden der ‹Armuts-Liste› und Egi, die nur unter ‹ferner liefen› ins Ziel kamen. Die Wahlbeteiligung betrug 45,4 Prozent.

Für den zweiten Wahlgang vom 28. November nominiert wurden Herzog, Morin, Bammatter und auch Tschudi – doch dieser warf wenige Minuten vor Meldeschluss völlig überraschend das Handtuch, zum Ärger seiner Partei und zum Erstaunen fast sämtlicher politischer Beobachter. Die Stichwahl entschied die Linke wie im ersten Wahlgang: Sie wählte geschlossen, die Bürgerlichen hatten nicht die Kraft, das Blatt zu wenden. Eva Herzog erhielt 28 081 Stimmen, Guy Morin 26 228 und Mike Bammatter 25 196, das bei einer Wahlbeteiligung von 46,3 Prozent. Damit war die rot-grüne Regierung Tatsache geworden. Folgerichtig beanspruchte die SP nun die Verantwortung für die Staatsfinanzen: Die promovierte Historikerin Eva Herzog (Jahrgang 1961) übernahm das Finanzdepartement, der Arzt Guy Morin (Jahrgang 1956) das Justizdepartement.

Linksrutsch auch in den Grossratswahlen

In den Grossratswahlen bestätigte sich der schweizerische Trend der letzten Jahre: Die Pole links (SP) und rechts (SVP) gingen gestärkt aus der Wahl hervor, die Mitte wurde gerupft. Auf der linken Seite legten SP und Grünes Bündnis in allen Wahlkreisen zu und kommen nun zusammen auf 62 Sitze, ganz nahe an die absolute Mehrheit. Im bürgerlichen Lager mussten LDP und CVP am meisten Haare lassen. Am rechten Rand kam die SVP wieder auf die Stärke von 2000 zurück – die Abspaltung der Schweizerischen Bürgerpartei hatte ihr nichts anhaben können. Die Bürgerpartei verschwand, dazu auch die Schweizer Demokraten (SD), die von der SVP aufgesogen wurden. In der Mitte konnten sich die Vereinigung Evangelischer Wählerinnen und Wähler (VEW) und die Demokratisch-Soziale Partei (DSP) halten; beide pochen sehr auf eigenständige Politik, paktieren aber häufig mit der linken Seite.

Im linken Parteienspektrum hat die Konzentration der Kräfte mehr oder weniger bereits stattgefunden. Grüne und BastA! werden sich wohl noch weiter annähern, dies umso mehr, als die BastA! bereits als Sektion der ‹Grünen Partei Schweiz› beigetreten ist. Offen ist, was auf der anderen Seite geschieht: Vier Parteien, die das bürgerliche Spektrum abdecken wollen, sind wohl etwas viel. Die Diskussionen über allfällige Fusionen in diesem Lager dürften darum in nächster Zeit nicht verstummen. Für die DSP schliesslich werden die nächsten vier Jahre zum Prüfstein werden: Erstmals seit ihrer Gründung im Jahr 1982 hat diese Partei keinen Regierungsvertreter mehr.

Korporationen heute – drei Zunftjubiläen
Rudolf Grüninger

Geschichte feiern, Geschichte gestalten

Im Jahr 2004 begingen die beiden Zünfte zu Schiffleuten und zu Fischern ihr 650- sowie die Kleinbasler Ehrengesellschaft zum Rebhaus ihr 700-jähriges Jubiläum. Solche Jubiläen sind Marschhalte auf dem Weg aus der Vergangenheit in die Zukunft. Man sieht zurück, schaut, wo man ist, blickt vorwärts und überlegt im Sinne einer Standortbestimmung, wohin ‹die Reise geht›.

Die Kleinbasler Ehrengesellschaft zum Rebhaus feierte ihr 700-jähriges Jubiläum.

Die geschichtliche Bedeutung der Basler Zünfte und Gesellschaften

Das Basler Zunftwesen hat gut fünfhundert Jahre mitteleuropäische Zunftgeschichte geschrieben und die baslerische Geschichte entscheidend mitbestimmt und mitgestaltet. Basler Stadtgeschichte ist demzufolge gleichzeitig Zunft- und Gesellschaftsgeschichte. Die ersten Basler Zünfte sind bereits Anfang 13. Jahrhundert entstanden, sind also teilweise älter als der Bund der Eidgenossen. In ihrem Ursprung viel älter, vereinigten sich – mit ihrer erstmalig in deutscher Sprache abgefassten Zunftordnung – die Schiffleute und Fischer allerdings erst am 12. Februar 1354 zu einer so genannten ‹gespaltenen› Zunft. 1304 bereits ist die älteste der Drei Ehrengesellschaften Kleinbasels urkundlich erwähnt. Darum konnte E. E. Gesellschaft zum Rebhaus am 19. Juni 2004 ihr 700-Jahr-Jubiläum feiern.

Die grosse Bedeutung der Fischerei für die Ernährung der Bevölkerung im Mittelalter – insbesondere auch im Hinblick auf die vielen von der Kirche vorgeschriebenen Fasttage – und die

Wichtigkeit der Schifffahrt für den Handel, aber auch für die Pilgerreisen, deren Teilnehmer seit jeher den Strom der unsicheren Landstrasse vorzogen, legten es nahe, dass sich die Fischer und Schiffleute als Berufsgenossenschaften zünftisch organisieren wollten. In der Ehrengesellschaft zum Rebhaus haben sich – wie der Name sagt – vorwiegend die Rebleute zusammengeschlossen, welche im Kleinbasel vor den Stadttoren florierenden Weinbau betrieben. Mitglieder waren aber auch die Bauern, die zusammen mit den Winzern die Felder, Wälder und Wasserläufe zu beaufsichtigen hatten.

Jedenfalls haben die Zünfte und Gesellschaften Basel nicht nur nachhaltig geprägt, sondern sie waren für das Sozial- und Wirtschaftsgefüge der mittelalterlichen Stadt unentbehrlich. Als dominierende und prägende baslerische Wirtschaftskraft standen sie für baslerische Wirtschaftsblüte und Wohlergehen der Stadt.

Die Zünfte sind aus Handwerker- und Kaufleutegesellschaften herausgewachsen aus zunächst lockeren Zusammenschlüssen von Berufstätigen gleicher Ausrichtung, gleicher Interessen und gleicher Gesinnung. Aus diesen genossenschaftlichen Zusammenschlüssen mit eigentlichem Lobbycharakter – Handwerksmeister und Kaufleute haben sich, ihr Gewerbe und ihren Handel gegen alle Risiken eines freien Marktes durch Preisabsprachen, Preisfestsetzungen, Produktions-, Kauf- und Verkaufs-, Einfuhr- und Ausfuhrverbote zu schützen gewusst! – werden bald vom Bischof anerkannte berufsständische Organisationen. Anfang des 16. Jahrhunderts wird die Bischofsherrschaft abgelöst durch ein reines Zunftregiment. Von da an prägen die Zünfte und Gesellschaften das politische Leben, sie übernehmen bürgerliche und militärische Verantwortung. Sie sorgen für die Rechtsordnung im Innern, erledigen den Wachtdienst auf den Ringmauern, den Löschdienst bei Feuersnot und den Wehrdienst. Von dieser militärischen Aufgabe stammt denn auch der heutige Vogel Gryff-Tag ab. Ursprünglich mussten nämlich alle Wehrpflichtigen den Meistern und Vorgesetzten ihre Waffen im Sinne einer Inspektion vorzeigen. Dazu zogen sie mit ihren Wappenhaltern Wild Maa, Vogel Gryff und Leu durch den minderen Stadtteil und präsentierten ihre Wehrkraft. Von diesem Umgang leitet sich derjenige des heutigen Vogel Gryff-Spiels ab, und das anschliessende Gryffemähli ging aus dem einer Inspektion folgenden gemütlichen Beisammensein der Wehrmänner hervor.

Allerdings geht das Zunftregiment Ende des 18. Jahrhunderts praktisch und mit der neuen Kantonsverfassung von 1875 auch rechtlich zu Ende. (Am 7. Dezember 1874 hat infolgedessen der Grosse Rat als letzte öffentlich-rechtliche Kompetenz den Drei Ehrengesellschaften das Recht zur Ausübung der Vormundschaft entzogen.)

Die Aufgaben und das Selbstverständnis der heutigen Zünfte und Gesellschaften

Nachdem also den Basler Zünften und Gesellschaften die wirtschaftliche und politische Macht abhanden gekommen ist, fragt sich mancher, was von ihrer Bedeutung und ihrem Einfluss überhaupt geblieben ist. Nach wie vor sorgen sie sich um den berufsspezifischen Nachwuchs und ihren Berufsstand an sich, und sicher zeichnet die Zünfte und Gesellschaften mit ihren Mitgliedern noch immer eine positive staatsbürgerliche Grundhaltung und eine wertbeständige Traditionsfestigkeit aus. Genügt das aber als Begründung für ihre (Weiter-) Existenz? Sicher nicht, falls Tradition als etwas Statisches verstanden wird. Wenn aber vom lateinischen Substantiv ‹traditio› bzw. vom Verb ‹tradere› ausgegangen wird, welches mit ‹übergeben, überlassen, anvertrauen, preisgeben, überliefern, erzählen, mitteilen, lehren› übersetzt werden kann, Tradition also als Entwicklungsprozess verstanden wird, als Synonym für Entgegennehmen und Weitergeben, dann kann man durchaus einen weiterführenden Zweck im Traditionsbewusstsein erkennen, denn es verlangt, dass man unterscheiden kann zwischen der Qualität des Hergebrachten und der Qualität des Neuen. Erforderlich ist ein Prüfen und Abwägen zwischen Historie und Modernität, also ein Prozess von Geben und Nehmen. Dazu braucht es einerseits Vertrauen ins Fundament von festen Werten und Prinzipien und andererseits ein Offensein gegenüber neuen Entwicklungen und modernen Erscheinungen. Zukunft wird demzufolge aus der Herkunft gestaltet. Wer nicht weiss, woher er kommt, weiss auch nicht, wohin er gehen will, oder, wie André Malraux geschrieben hat: «Wer in der Zukunft lesen will, muss in der Vergangenheit blättern.» Mit dieser Grundhaltung haben sich die Zünfte und Gesellschaften sicher nicht überlebt.

Die Wirkungen nach innen

Auch das Grundgefühl einer inneren Zusammengehörigkeit und der Solidarität aus dem Geiste der Geselligkeit spricht für den Bestand und die Berechtigung der Basler Zünfte und Gesellschaften. Dieser soziale Rahmen gibt Halt, Selbstbewusstsein und Identität. Vor allem dort treten in unserer Gesellschaft Probleme auf, wo sich die Menschen nirgends zugehörig fühlen, wo sie nicht verankert sind, wo sie zwischen kulturellen Welten schweben und leben. Unsere Wirtschaft legt ein unglaubliches Tempo hin, sie verlangt von allen eine ungeheure Flexibilität, damit ‹man› im Wettbewerb bestehen kann. Es bleibt kaum mehr Zeit zum Überlegen. Man muss einfach ständig irgendeiner Sache nachrennen, dem vermeintlichen Erfolg vielleicht, sicher aber der Zeit. Wohnsitz, Arbeitsplatz, gesellschaftliche und familiäre Vernetzungen, alles ist nur noch situativ und episodenhaft. Es braucht wenig, und man verliert den Halt. Das macht anfällig für Ängste, ein ideales Betätigungsfeld für falsche Propheten und selbstherrliche Gewalthaber. Darum braucht der Mensch Strukturen,

«Das Basler Zunft- und Gesellschaftsleben hat längerfristig in unserem Gesellschaftssystem nur dann eine Chance, wenn es sich als weltoffen, konfliktfähig und zukunftsgerichtet profilieren kann.» Denn: ...

an denen er sich orientieren und festhalten kann. Eine solche Verankerung findet sich in den Zünften und Gesellschaften. Diese gibt ihrerseits die Freiheit, im globalen Wettbewerb mit seiner hohen Mobilität schnell, flexibel und innovativ auf neue Herausforderungen Antwort zu geben. Der technologische Fortschritt gelingt nur, wenn die soziale und kulturelle Balance in der Gesellschaft gewahrt bleibt. Nur wer, etwa in den Zünften und Gesellschaften, eine feste Identität hat, kann auch weltoffen sein. Eine so genannte ‹multikulturelle Gesellschaft› kommt auf die Dauer nämlich in erhebliche Zielkonflikte mit sich selber. Aufgabe der Zünfte und Gesellschaften sowie ihrer Mitglieder ist es daher auch, Auswärtige mit unserer Geschichte, mit unseren Traditionen vertraut zu machen, damit

ihnen Halt ausserhalb ihrer eigenen Strukturen gegeben werden kann. Damit leisten die Zünfte und Gesellschaften denn auch ihren Beitrag an die Integrationsbemühungen in der Stadt Basel.

Obliegenheiten im korporationsexternen Verhältnis
Sicher haben die Zünfte und Gesellschaften in der heutigen Zeit als solche keine wirtschaftliche und kaum noch politische Bedeutung. Dafür sind sie im sozialen Bereich gefordert. Im heutigen Zusammenleben von Individualisten mag sich bedauerlicherweise niemand mehr um andere und ihre Sorgen kümmern. Gegenseitige Hilfe, uneigennütziger Beistand gehören nicht mehr zur heutigen an Einzelinteressen orientierten Lebensweise. Nächstenliebe und Solidarität mit den anderen, vor allem den

... «Wer nicht mit der Zeit geht, geht mit der Zeit.»

Schwachen, gehören nicht mehr als selbstverständlich zur westlichen Kultur. Konflikte werden mit Schusswaffen, Messern und Wagenhebern ausgetragen. Wegsehen und Ignorieren sind an der Tagesordnung. Man vertraut darauf, dass andere Personen oder – im Zweifel – der Staat (mit seiner Polizei) helfen. Hier ist es besonders wichtig, dass es Netzwerke gibt. Und dafür bieten sich die Zünfte und Gesellschaften geradezu an. Und nicht nur innerhalb der Korporationen darf – wie gesagt – das Wir-Gefühl vorhanden sein, sondern ebenso zu all denen, die ausserhalb stehen. Dabei ist Vertrauen eine der wichtigsten Ressourcen für ein friedliches Zusammenleben. Der Selbsthilfegedanke, das Zusammenstehen und die Arbeitsteilung, die gegenseitige Solidarität, die Verantwortung für das Gemeinwesen sind Grundaufgaben der Zünfte und Gesellschaften. Das galt in der Vergangenheit ebenso wie es in der Gegenwart gilt.

Dabei muss man sich bewusst sein, dass diejenigen, welche etwas bewirken wollen, zuweilen heftiger Opposition ausgesetzt sind und oft am Handeln gehindert werden. Kritikanten bestimmen immer wieder das tägliche Leben, und das Nein-Sagen, ohne Alternativen aufzuzeigen, hat sich zu einer Art Credo von gewissen Meinungsträgern auch in unserem Land entwickelt. Das soll die Zünfte und Gesellschaften und ihre Mitglieder aber nicht daran hindern, füreinander und die Allgemeinheit da zu sein.

Bloss Jubel, Trubel, Heiterkeit?

Daher dürfen Jubiläumsanlässe nicht Selbstzweck sein, darf sich zünftiges Denken und Handeln nicht in nostalgischer Betrachtung alter Herrlichkeit erschöpfen. Aufbauend auf ihrer historischen Rolle und auf dem, was die Vorgänger geschaffen haben, müssen die Zünfte und Gesellschaften die Entwicklung neuer Werte fördern, müssen sie sich verantwortungsbewusst um die Heimatstadt Basel und ihr Umfeld kümmern. Insbesondere gilt es, sich aktiv für eine nachhaltige Entwicklung des Gemeinwesens und seiner Bewohnerinnen und Bewohner einzusetzen, auch wenn es manchmal schwer ist, in Basel zu leben. Aber noch schwerer und viel weniger schön wäre es wohl, nicht hier zu leben.

Die Zünfte und Gesellschaften heute und morgen

Das Basler Zunft- und Gesellschaftsleben hat längerfristig in unserem Gesellschaftssystem nur dann eine Chance, wenn es sich als weltoffen, konfliktfähig und zukunftsgerichtet profilieren kann. Wer nicht mit der Zeit geht, geht nämlich mit der Zeit. Die Pflege der kulturellen Wurzeln ist demzufolge nicht Selbstzweck, sondern Ausgangspunkt für neues Wirken. Damit die Zukunftsprobleme gelöst werden können, braucht es Kräfte, die nicht nur problemorientiert polarisieren, sondern in der Lage sind, vermeintlich gegensätzliche Positionen zusammenzuführen und Spannungsfelder abzubauen; es braucht Kräfte, die tatkräftig anpacken und nicht müde werden, sich ohne Eigennutz lösungsorientiert einzusetzen, auch wenn sichtbare Erfolge auf sich warten lassen.

In diesem Sinne sollen und wollen die Basler Zünfte und Gesellschaften nicht nur sich selber feiern, sich auch nicht sorgenvoll und resigniert zurücklehnen, sondern freudvoll weiter wirken und zukunftsgläubig zusammenspannen mit allen, denen etwas daran liegt, dass alle auf Stadt und Region Basel stolz sein und Historiker künftiger Jahrhunderte feststellen können, die Basler Korporationen hätten sich nicht nur Mühe gegeben, sondern seien in ihrem Wirken auch erfolgreich gewesen.

Die gewachsene Musikszene, MusicStar und erst recht Grandprix Eurovision de la Chanson!

Bettina Schelker

Zahlen – Daten – Stories

Die ganze Region fieberte mit, als Baschi (Sebastian Bürgin) aus Gelterkinden und Piero Esteriore aus Laufen in der Music-Contest-Sendung ‹MusicStar› im Schweizer Fernsehen auftraten. Leider ist die Basler Singer/Songwriterin, Gitarristin und Schweizer Meisterin im Boxen (Halbmittelgewicht) Bettina Schelker nicht dazu gekommen, ihrer Nachbarin – Frau Tschanz – vom Trend der Musikindustrie zum schnellen Geschäft, zur Platitüde und zum Plagiat zu erzählen, und davon, was es heisst, sich im Musikbusiness durchzusetzen. Deshalb erhält sie hier noch einmal Gelegenheit dazu.

Unsere ‹local heroes›: Piero und Baschi.

Musicstar?

Sonntagmorgen früh. Mein Hund scheisst gerade in Nachbars Vorgarten, ich stehe nervös mit dem Robidogsäckli daneben und hoffe, dass keiner kommt. Doch wer ist's? Ausgerechnet Frau Tschanz. Mein Gott, so ohne ersten Kaffee gehabt zu haben jetzt eine Standpauke, was Sinn und Unsinn von Hunden in der Stadt halten angeht. Aber nein, sie grüsst mich, während ich verlegen Hunds Würste einsammle, und fragt mich doch tatsächlich, wer für mich heute Abend im MusicStar-Finale Favorit oder Favoritin sei.

Hä? Die Frau Tschanz, Jahrgang was weiss ich, die wahrscheinlich nicht mal einen eigenen CD-Player zu Hause hat? Die Frau Tschanz, die über mein Velo auf dem Trottoir, die zugeklebten Bebbi-säcke und die nicht sauber gebündelten und nicht nach Karton und Papier getrennten Zeitungsbündel meckert? Ist es wirklich die Frau Tschanz, die mir jetzt eine nette Frage stellt über eine Sendung, die ich noch nicht einmal gesehen habe, weil ich sie wahrscheinlich so spannend fände wie Hundekot einsammeln …, nur wenn schon Kacke, dann doch lieber echte, oder?

Ich will ja auch gerade meinen Mund wieder zumachen und ihr dann doch lieber was Nettes zu-rücksäuseln, da liefert mein Hund gleich einen neuen Meckergrund, indem er sich mit Nachbars Katze eine wilde Verfolgungsjagd durch dessen Rosengarten liefert. Ich sehe es als meine Hunde-halterinnenpflicht, ihm und der Katze schreiend nachzueilen. Als ich mit dem Hund zurückge-kommen bin, ist Frau Tschanz schon weg. Dabei wollte ich ihr wirklich ganz dezent und in angemes-senem Ton meine Meinung sagen. Und überhaupt, ich habe zwar MusicStar nicht gesehen, stand aber in Stuttgart auch mal vor einer Jury, die fürs Musical ‹Tanz der Vampire› gecastet hat. Ich schlurfte da rein mit meinem Gitarrenkoffer und fühlte mich wie Jennifer Beals in ‹Flashdance› beim Vortanzen. Grosser Saal, langer Tisch und Jury-mitglieder, die mit den Füssen wippten. Ich habe gespielt so gut ich konnte, doch die Rolle bekam ein langbein- und -haariges Fotomodell, das nicht nur singen, sondern auch Noten lesen konnte. Und

wie man sich danach so fühlt, also das hätte ich der Tschanz aus erster Hand sagen können.

Am Abend setze ich mich dann aber trotzdem vor die Glotze und lasse das MusicStar-Finale mit viel Bier und zwischenzeitlichem ‹notzappen› über mich ergehen. Und ja: nicht nur wir Basler ticken anders, sondern auch die Schweizer! Da gewinnt nicht das Fotomodell und nicht der Schmusesänger ‹Traum aller Schwiegermütter-Typ›, sondern eine bodenständige, natürliche Frau, die wirklich was drauf hat und die jetzt zu Recht hoffen darf, dass Universal auch Songschreiber für sie auftreiben kann, die nicht noch ‹meh Dräck› produzieren.

Das motiviert. Und ich stelle mir natürlich auch gleich die Frage: «Wäre ich jetzt sechzehn Jahre alt, würde ich bei der zweiten Staffel an vorderster Front stehen und vorsingen?» Naja, wahrscheinlich schon, aber was soll's, ich bin ja schliesslich schon über dreissig und kaufe meine CDs immer noch im Roxy.

… erst recht Grandprix Eurovision!

Ich könnte sogar mit Frau Tschanz über vergange-ne ‹Grandprix Eurovision de la Chanson›, Hitpara-de im ZDF und ‹am laufenden Band› fachsimpeln. Ich war vor der Glotze live dabei, als Nicole 1982 mit ihrem Friedenslied gewann. Ich schwärmte 1987 für den Sieger Johnny Logan und kann heute noch den Refrain von seinem ‹Hold me now› mit-singen. Und Céline Dion war 1988 für mich bereits schon nach der Schweizer Vorausscheidung die Top-Favoritin. Trotz ihrem sogar für die achtziger Jahre grässlichen Outfit. Ich hätte Frau Tschanz mit der Hintergrundinformation, dass ja schliess-lich auch unsere Nella Martinetti dieses wunder-schöne Lied mitkomponiert hat, beeindrucken kön-nen! Doch der Hammerschlag wäre natürlich ein Zitat vom Grandprix-Spezialisten Jan Feddersen gewesen: «Jeder weiss, dass der Musikgeschmack mit den Jahren im Wortsinn konservativer wird. Man orientiert sich an den vertrauten Tempi und Klängen, mit denen man sich in seinen frühen ge-schlechtsreifen Jahren vertraut gemacht hat. In den Jurys des Song Contests sassen immer auch Punkt-richter, die der Sturm- und Drang-Zeit entwachsen waren. So fiel ihre Wahl oft auf Lieder, die für Jugendliche nicht satisfaktionsfähig waren.»[1]

Stimmt, Frau Tschanz, ich gebe zu, auch ich verlor mit 17 das Interesse am Grandprix, weil völlig unsatisfakted, und schaltete erst 1998 wieder ein, als die ‹Verlierer› Guildo Horn und Gunvor mehr Wellen schlugen als die Sieger und Ralph Siegel von Stefan Raab kurzfristig entthront wurde. Wahrscheinlich entwickelte sich bei mir zu diesem Zeitpunkt schon dieser konservative Musikgeschmack. Denn sogar Udo Jürgens hat dem ‹Sonntags-Blick› auf die Frage: «Sie erlebten Ihren internationalen Durchbruch beim Grand Prix Eurovision 1966 mit ‹Merci Chérie›. Weshalb schafft das heute keiner mehr?», geantwortet: «Weil die Eurovision zu einem Spektakel verkommen ist. Die Musikindustrie wählt einen Künstler, den sie durchpauken will, und stellt ihm halbnackte Girls dazu. Bei so einem Zirkus weiss das Publikum doch nicht mehr, wer gesungen hat.»

Doch Musikgeschmack hin oder her, wir Basler würden uns natürlich an Piero und seine Musicstars erinnern, wenn sie es bis in das diesjährige Finale schaffen würden. Ein Musiker aus dem Baselbiet im Finale des Grandprix 2004, das wär's natürlich schon. Und hoffentlich dürfte er dann mit einer rockigen Nummer an den Start und müsste nicht so einen total an ihm vorbeikomponierten ‹Schweizer Bünzli Song› säuseln!

Schliesslich muss sich die kleine Schweizer Musikbranche, die in den letzten 500 Jahren gerade mal eine Handvoll Welthits hervorgebracht hat, an ihren grossen Nachbarn messen, deren Konzepte übernehmen und endlich selbst mal wieder

Piero Esteriore aus Laufen und Sebastian Bürgin aus Gelterkinden.

was Grosses hervorzaubern. Geld und Aufwand steckt man liebend gern in Casting-Shows und Stars, die sich natürlich nicht über Jahre, Erfolge und Misserfolge langsam nach oben kämpfen müssen, denn das Ablaufdatum erhalten sie zeitgleich mit dem Anknipsen des Rampenlichts.

Die Konzepte, na und das ist ja super praktisch, sind weltweit die gleichen: Dem Konzern geht es nur ums Geld und den Künstlern darum, endlich den ganzen Tag nur noch Musik machen zu können. Formate wie Pop Idol, Super- und Musicstar sind das Eintrittsticket in die Show und Glitzerwelt des Musikbusiness.

Das sind wahre Aussichten.

Und es gibt sogar Gerüchte, dass es immer mal wieder ein Gewinner, der ja erst mal verkrampft versucht, dieses MusicStar-Image loszuwerden, tatsächlich schafft, von einem 99stel der gewachsenen Musikszene als eigenständiger Musiker ernst genommen zu werden. Es sei denn gar nicht immer so, dass das MusicStar-Sein nur ein Nummer-Eins-Hit bedeute, kurz gehypt und dann belächelt von der Boulevard Presse. Es bestehe auch immer die Aussicht, vielleicht in zwanzig Jahren mal als Gast in einer Retroshow auftreten zu dürfen. Super, oder?

Von solchen langfristigen Perspektiven träumen viele Schweizer Künstler. Schliesslich polarisiert und fusioniert die Industrie, was das Zeug hält. Nationales Repertoire wird ausgemistet und die letzten goldenen Kühe werden gehegt, gepflegt und gemolken, bis sie ausgestorben sind.

Aber es soll ja nicht gejammert werden, schliesslich gäbe es ja genug Indies, die als Auffangvorrichtung für rausgeschmissene CH-Acts fungieren. Und da müsse ja dann keine Aufbauarbeit mehr geleistet werden.

Die gewachsene Musikszene …

… hat also die besten Perspektiven. Man kann sich immer noch als nicht-gecasteter, freischaffender, unabhängiger Schweizer Rocker nach oben kämpfen.

Nach oben? Was heisst in der Schweiz oben? 250 000 verkaufte Alben, Musicstar, einmal in Limousine und Helikopter rumchauffiert worden sein, 4-Zimmer-Wohnung, Ruderboot auf dem Zürisee, Goldzahn und einmal im Hallenstadion gespielt haben? Oder sind alle Musiker, die in der Schweiz leben und das alles haben, gar keine Schweizer?

Und was heisst hier schon Hallenstadion. Hier in Basel war man vor zehn Jahren schon wer, wenn man im Atlantis spielen durfte. Das war folglich auch das grösste Ziel jeder Basler Rockband vom ersten Ton im Übungskeller an! Da schickte man dann zweimal im Jahr die neuste Demokassette hin, die sich mit 150 anderen auf einem Berg stapelte und die sich natürlich keiner der Verantwortlichen anhörte. Und spätestens nach zwei Jahren erfolglosem Bewerben war klar, man braucht Beziehungen. Da halfen auch Hartnäckigkeit, das beste Demoband und die absoluten technischen Fähigkeiten nichts. Und schliesslich haben es dann früher oder später viele Basler Bands geschafft, die Atlantisbühne zu rocken. Fertig mit Kindergeburtstag, jetzt durfte man auf der Party für Grosse spielen. Und diese Tatsache wurde dann auch mit allen zur Verfügung stehenden Mitteln bekannt gemacht: Sofort wurde die Bandkasse geplündert und das Geld statt für Bier für Hunderte von Briefmarken und Konzertanzeige-Postkarten ausgegeben. War ja damals noch nix mit Internet, E-Mail und so. Und für diese Eigenwerbung musste die ganze Band einen Nachmittag lang 629 Adress-Etiketten auf selbstgemachte Postkarten kleben und sie später mit dem Velo zur Post bringen.

«Das waren Aussichten, Frau Tschanz, wahre Aussichten!»

Und zum Glück trifft man heute, zehn Jahre später, auch als Basler Berufsmusikerin mal Berufskollegen aus dem Ausland, die trotz über fünf Millionen verkauften Alben noch keine Villa am Zürisee besitzen und sich auch mit Vierzig noch gerne ausgiebig den Arsch abspielen.

Anmerkung

1 Jan Feddersen, Merci, Jury!, Wien 2000.

‹Vom Revoluzzer zum Regierungsrat›

Carl Miville-Seiler

Max Wullschleger (1910–2004)

Am 7. Januar 2004 starb der ehemalige Regierungsrat Max Wullschleger-Friedmann. Sein Werdegang vom kommunistischen ‹Berufsrevolutionär› zum sozialdemokratischen Redaktor und schliesslich zum tatkräftigen Regierungsrat/Baudirektor widerspiegelt die Erschütterungen und Wandlungen, welche das 20. Jahrhundert gekennzeichnet haben. In seinem Erinnerungsbuch ‹Vom Revoluzzer zum Regierungsrat› hat er die wichtigsten Ereignisse, aber auch die daraus resultierenden Erkenntnisse auf eindrückliche Weise geschildert.

Max Wullschleger.

«Ich empfinde Genugtuung darüber, dass die Arbeiterklasse, welcher ich entstamme, materiell, sozial und rechtlich viel besser gestellt ist, als in meiner Jugendzeit.» Mit diesen Worten nimmt Max Wullschleger in seinem Erinnerungsbuch Bezug auf seine Herkunft. Geboren am 15. Mai 1910 in Zurzach, verlor er im Alter von zwei Jahren seine Mutter und wuchs bei Grosseltern in einfachsten Fabrikarbeiterverhältnissen auf. Bei Brown-Boveri in Baden absolvierte er eine vierjährige Lehre als Mechaniker-Dreher, und schon da machte er erste politische Gehversuche: Er gründete eine gewerkschaftliche Lehrlingsgruppe. Nach bestandenem Lehrabschluss erhielt Max Wullschleger eine Stelle bei Escher und Wyss in Zürich. Er wohnte im Arbeiterjugendheim an der Sihlfeldstrasse; bald trat er auch dem Kommunistischen Jugendverband bei.

Anno 1930 eröffnete sich ihm die Gelegenheit, ein Studium an der Jugendabteilung der West-Universität in Moskau zu absolvieren. Die Kurslokale befanden sich in einem Wald bei Puschkino; zum Lehrkörper gehörte der bekannte Marx-Theoretiker Karl Radek, später eines der vielen Opfer der Stalinschen ‹Säuberungen›. Dem Kurs folgten praktische Arbeit in Elektrowod, eine Reise mit der Transsibirischen Bahn und ein Arbeitseinsatz in Wladiwostok. Die Schule durfte auch an einer Sitzung des Exekutivkomitees der Kommunistischen Internationale teilnehmen, an der Josef Stalin zugegen war. Überall, wo Max Wullschleger hinkam, gab ihm die grosse Armut des russischen Volkes zu denken.

Zurück in der Schweiz, arbeitete er zunächst bei der SIG in Neuhausen, wo er aber wegen kommunistischer Agitation entlassen wurde. In Russland hatte er Walter Bringolf, den späteren Schaffhauser Stadtpräsidenten, kennen gelernt. Mit ihm zusammen organisierte er eine grosse

Arbeitslosenbewegung, die auch einige Forderungen durchsetzte. Bringolf vermittelte ihm journalistische Aufträge für die ‹Schaffhauser AZ›; dann aber galt es, die bisher versäumte Rekrutenschule – im Alter von 22 Jahren – nachzuholen. Es folgten der Einstieg in den Journalismus beim ‹Kämpfer› in Zürich und der Posten als Redaktor beim ‹Basler Vorwärts›, beides kommunistische Zeitungen. In diese Zeit fallen seine Tätigkeit für ein kommunistisches Soldatenkomitee, die entsprechende Gefängnisstrafe auf Grund eines Divisionsgerichtsurteils, der Kampf gegen den Nationalsozialismus und – 1934 – eine zweite Reise in die Sowjetunion, wo er viele berühmte Leute traf, so zum Beispiel den alt Nationalrat Fritz Platten, später auch ein Opfer Stalins. Stark beschäftigte ihn der spanische Bürgerkrieg (1936–1939); er half bei den Grenzübertritten und Transporten von Schweizern für die ‹Internationalen Brigaden›. Über jene Ereignisse informiert das von Max Wullschleger verfasste Buch ‹Schweizer kämpfen in Spanien›. 1938 wurde er in den Grossen Rat gewählt. Dann aber folgten Jahre der grossen Entscheidungen: 1939 nach dem Hitler-Stalin-Pakt und dem Überfall der Sowjetunion auf Finnland der Bruch mit der Kommunistischen Partei, 1941 die Heirat mit Hedi Friedmann, und 1943 der Posten als Chefredaktor der sozialdemokratischen Basler ‹AZ›. Nie werde ich den Morgen jenes 5. März 1953 vergessen, an dem mitten in den Frühdienst auf der Redaktion die Nachricht vom Tod Stalins platzte. Da konnte Max aus dem Vollen schöpfen; dazu gab es in Basel keinen kenntnisreicheren Kommentator. 1943 wurde er wieder, nunmehr als Sozialdemokrat, in den Grossen Rat gewählt, wo er sich als Präsident der Rechnungskommission einen Namen machte. In Riehen wirkte er als Mitglied des Weiteren Gemeinderates; geschätzt wurden allgemein seine politischen Kommentare im Radio.

1956 wurde Max Wullschleger in den Regierungsrat gewählt, den er in den Jahren 1958/59 und 1964/65 präsidierte. In den nun folgenden zwanzig Jahren, in einer Zeit der Hochkonjunktur und eines allgemeinen Baubooms, leitete er das Baudepartement. Von der ihm eigenen Tatkraft und Entscheidungsfreude zeugten Werke wie die Innere Osttangente der Autobahn, die Sanierung der Johanniterbrücke, die Universitätsbibliothek und das Biozentrum, das Felix Platter-Spital, die Sporthalle St. Jakob, die Fernwärme erzeugende Kehrichtverbrennungsanlage, die Schwarzwaldbrücke, das neue Stadttheater und viele neue Schulhäuser. Noch ehe der Umweltschutz in aller Leute Mund war, setzte Max Wullschleger ein Gesetz zur Beschränkung von Hinterhofüberbauungen und einen Grünzonenplan durch. Als er am ersten Tag der neuen Würde seinen Motorroller auf dem für den Departementschef reservierten Platz parkierte, wollte ihn ein Polizist wegweisen, denn – wie Max Wullschleger sich erinnert – «er konnte sich keinen Regierungsrat mit Motorrad, Baskenmütze und Windjacke vorstellen».

Letzte politische Ereignisse von grösserer Bedeutung waren sein überzeugter Einsatz für die Wiedervereinigung von Basel-Stadt und -Landschaft, wobei er 1969 die verhängnisvollen Folgen des Scheiterns klar voraussah, und die Auseinandersetzungen mit den junglinken Kreisen in der SP, die zum Austritt aus der Partei und – zusammen mit Regierungsrat Karl Schnyder – zur Gründung der Demokratisch-Sozialen Partei führten.

Seinen Lebensabend verbrachte Max Wullschleger im Kreis der geliebten Familie – Frau und vier Töchter – in Riehen mit Gärtnern, Fischen, Lesen, Jassen und auf der Weide mit seinem Pony. Dem Schweizerischen Familiengärtnerverband diente er elf Jahre lang als Präsident. «Sein eindrücklicher Lebensbericht», so äusserte sich Bundesrat Hans Peter Tschudi, «stärkt die Zuversicht, dass Freiheit und Demokratie sich immer wieder durchsetzen werden».

Literatur

Max Wullschleger, Vom Revoluzzer zum Regierungsrat, 1989.

Der Sowjetkranz am Urner Leichenwagen *Felix Auer*

Eine Basler Episode aus dem Kalten Krieg

«Doch, der Kranz ist auftragsgemäss nach Andermatt spediert worden», versicherte der Blumenhändler dem besorgten Basler Staatsschreiber. Zudem bestätigte der Posthalter von Göschenen, die Sendung sei vom hiesigen Pöstler ans Ziel gebracht worden. Derweil sassen in einem Hotel des Festungs- und Waffenplatzes Andermatt Delegationen des Leningrader ‹Stadtsowjets der Arbeitenden› und des Basler Regierungsrates beim Morgenessen. Es war der 24. September 1965.

Im Januar 1965 besichtigte der russische Transportminister Hafen- und Eisenbahnanlagen der Rheinstadt und überreichte bei dieser Gelegenheit der Basler Regierung eine Einladung des Stadtsowjets von Leningrad.

Sollte man ihr folgen? Im Ratshaus zögerte man. Dies ist nicht unverständlich, wenn wir uns in jene Zeit des Kalten Kriegs zurückversetzen. Dieser hatte nämlich auch in unserm Land das politische Klima in starkem Masse verhärtet.

«Henkerslehrlinge und Quislinge»
Besonders hoch schlugen die Wellen 1956 nach der Niederschlagung des ungarischen Volksaufstandes durch die Rote Armee. Ein prominenter Basler SP-Politiker sprach damals von den «russischen Mordgesellen» und verdammte die kommunistische

Partei der Arbeit als ein «charakterloses politisches Lumpenpack […], als ferngesteuerte Marionetten Moskaus, volksdemokratische Henkerslehrlinge und Quislinge, die wie Pest und Cholera zu behandeln» seien. Weitere Geschehnisse im Ost-West-Konflikt gaben immer wieder zu hitzigen Diskussionen Anlass, dabei auch über die Frage, ob gegenseitige Besuche und andere Kontakte von Sportlern, ‹Kulturschaffenden› und Politikern opportun seien oder lieber unterlassen werden sollten.

Von Lenin lernen!
In der Basler Exekutive sassen einige politisch kluge Köpfe. Sie wussten, dass wegen des atomaren ‹Gleichgewichts des Schreckens› der Konflikt zwischen Ost und West nicht durch Krieg würde entschieden werden kön-

nen. Aber gerade deshalb dürfe der geistigen Auseinandersetzung nicht ausgewichen werden. Schon Lenin habe gelehrt, man müsse die bürgerliche Gesellschaft infiltrieren. Weshalb den Spiess nicht umkehren und uns dem Dialog stellen? Es sei nichts zu befürchten, wenn wir dabei unser System, bei all seinen Mängeln, als das bessere verträten.

Es kam hinzu, dass man in der Rheinstadt durchaus um die besonderen Beziehungen zur einstigen Metropole St. Petersburg wusste. So waren im 18. Jahrhundert die Mathematiker, Physiker und Astronomen Leonhard und Johann Albert Euler von Zar und Zarin an die Akademie berufen worden, wo auch mehrere Geistesgrössen der Gelehrtenfamilie Bernoulli wirkten.

«Bekömmlich und köstlich»
Durchaus im Wissen um die Problematik und die zu erwartende Schelte flogen vier Basler Regierungsräte mit dem Staatsschreiber Mitte August 1965 nach der Millionenstadt an der Newa. Kritik in der Presse blieb

nicht aus. Im Grossen Rat, wo mit einer Interpellation der Verzicht auf die Reise verlangt wurde, verteidigte die Regierung das Vorhaben.

Die Besucher aus der Schweiz waren beeindruckt vom riesigen Hafen, von der Vorfabrikation von grossen Wohnbaukomplexen und vor allem von den berühmten Museen, Bibliotheken, Theatern sowie den zahlreichen Denkmälern Leningrads, die auch an die grosse Not der im Zweiten Weltkrieg eingeschlossenen Millionenstadt erinnerten. In einem (nicht veröffentlichten) Bericht heisst es allerdings: «Man findet nichts Kaufwertes, ausser Kaviar, Wodka, russischen Puppen und Bernsteinketten»; man sehe «fast keine Autos». Ein weiteres Papier im Staatsarchiv verzeichnet 64 Franken Kosten für die Reiseversicherung. Im Dankesbrief erwähnte der Regierungspräsident: «Die russische Kost ist uns eher fremd, aber als bekömmlich und köstlich empfunden worden.»

Das Tessin als willkommener ‹Aufhänger›

Nun war selbstverständlich eine Gegeneinladung fällig. Man hirnte im Basler Rathaus, mit was man wohl die Leningrader am ehesten beeindrucken könnte. Gewiss mit dem noblen Hotel ‹Drei Könige›, in dem schon Napoleon abgestiegen war, mit den erwünschten Besichtigungen von Spitälern und Einkaufszentren sowie einer Grossmetzgerei. Selbstverständlich durfte ein Besuch bei der Chemie nicht fehlen. Nur ungern hingegen verzichtete man – wohl in Erinnerung an die Prachtsgemälde in der Leningrader Ermitage – auf jenes des Kunstmuseums. Den Rheinhafen, gemessen an jenem an der Ostsee eine Pfütze, sah man sich bloss während einer Schifffahrt vom Rhein her an. Und am Abend stand zur Erholung ‹Figaros Hochzeit› im Programm.

Aber den Besuchern sollte doch auch die ‹schöne› Schweiz gezeigt werden! Man fand einen plausiblen ‹Aufhänger›: Der Stadtkanton ist Miteigentümer der Maggia-Kraftwerke. Also fuhr die Reisegruppe am vierten Besuchstag in einem Salonwagen der SBB Richtung Gotthard und anderntags ins Tessin.

Damit liess sich auch ein Wunsch der Gäste erfüllen, bei einem Zwischenhalt am Denkmal des in den russischen Geschichtsbüchern hoch gelobten Marschalls Suworow in der Schöllenen einen Kranz abzulegen.

Eine peinliche Aufgabe

Damit zurück nach Andermatt, wo man im Hotel den Kranz erwartete, nachdem am Abend zuvor gut gespeist und reichlich gebechert worden war. Jedenfalls kippte kurz vor Mitternacht der Vizepräsident des Stadtsowjets unter den Tisch, erschien aber am anderen Morgen pünktlich zum Morgenessen und entschuldigte sich in aller Form für seine versehentliche Unpässlichkeit – «mit dem Comment einstiger preussischer Gardeoffiziere», wie sich ein Teilnehmer erinnerte.

Inzwischen hatte der Staatsschreiber seine Recherchen nach dem Verbleib der Sendung aus Basel fortgesetzt. Sie ergaben zu seinem Schrecken, dass der Pöstler aus Göschenen zwar in Andermatt angelangt, aber dort einem sich bereitstellenden Beerdigungszug begegnet war. Er hielt es daher für vernünftig, den Kranz gleich dort abzugeben. Indessen war der Trauerzug bereits unterwegs, zum Friedhof. Der Verzweiflung nahe, eilte der Staatsschreiber jenem nach: vorerst an der hintersten Gruppe entlangschreitend, an den den Rosenkranz betenden Frauen vorbei, sodann achtsam aufschliessend zu den in Schwarz gekleideten Männern. Vorbei am Priester und an den Ministranten sowie den trauernden Angehörigen gelangte er schliesslich zum Leichenwagen an der Spitze des Zuges. In der Tat hing an diesem hinten ein riesengrosser Lorbeerkranz samt roter Schleife mit der kyrillischen und deutschen Widmung: «Der Stadtsowjet von Leningrad dem ruhmreichen Marschall Alexander Wassiljewitsch Suworow» – eine peinliche Aufgabe für den würdigen Städter, nicht allzu provozierend den Kranz zu behändigen und mit diesem möglichst rasch zu verschwinden.

Gedanken am Suworow-Denkmal

Programmgerecht konnte am vorgesehenen Ort die Kranzniederlegung stattfinden – feierlich die Russen, eher nachdenklich die Basler. Denn das zwar mächtige, aber schlichte Denkmal erinnert mit sei-

nem monumentalen Kreuz in erster Linie an die
Tausenden von russischen Soldaten, die in den Ge-
fechten fielen oder schon zuvor Opfer der strapa-
ziösen Alpenüberquerung geworden waren, und
stellt weniger die Verherrlichung eines Feldherrn
dar. Und sie dachten daran, dass während der
kurzlebigen und nicht derart ‹ruhmreichen› Helve-
tischen Republik von Frankreichs Gnaden mit den
Koalitionskriegen von 1798/99 auch unser Land
zum Schlachtfeld fremder Armeen geworden war.

Lektionen in Demokratie

Als die Autokolonne nach Andermatt zurückfuhr,
wollte es der Zufall, dass ein Detachement des
Urner Bataillons vor der Kaserne Altkirch demo-
bilisierte. Man liess anhalten und erläuterte den
Gästen unser Milizsystem mit dessen Wiederho-
lungskursen. Jetzt gehe es zurück ins Zivilleben,
die persönliche Ausrüstung samt Sturmgewehr und
Munition nähmen die Soldaten mit nach Hause.
Zweifel verratendes Stirnrunzeln bei den Gästen.
Daraufhin ersuchte der Anfang 2004 verstorbene
Regierungsrat Max Wullschleger einen Wachtmeis-
ter, einige Gepäckstücke öffnen zu lassen. Die Füsi-
liere präsentierten die mit Patronen gefüllten Alu-
miniumschachteln.

Es gibt wohl nicht viele Dienstvorschriften unserer Armee, die so wenig befolgt werden wie jene,
nach der Demobilmachung habe sich der Wehr-
mann schleunigst nach Hause zu begeben. Es war
denn auch nicht verwunderlich, dass später unsere
Besuchergruppe bei der Einkehr in ein Gasthaus
im Urserental im Eingang auf einen Berg von Mili-
tärutensilien stiess. In der Gaststube waren die
Kleiderhaken voll mit Uniformkitteln und Sturm-
gewehren behangen. «Die können ja morgen eine
Revolution veranstalten!», meinte einer der Russen
zu Regierungsrat Wullschleger.

In Moskau gelernt

Da kam jener gerade an den Rechten, auch wenn
es sich bei diesem um einen Linken handelte. Max
Wullschleger, der auch noch einige Brocken Rus-
sisch sprach, hatte nämlich als junger Kommunist
die Lenin-Schule in Moskau besucht. Mit dem dia-

*1965 gedachten Vertreter des Stadtsowjets von Leningrad im Beisein
von Regierungsrat Max Wullschleger des russischen Marschalls Suworow,
der 1799 mit seinen Truppen die Alpen überquerte.
Kupferstich in: Theodor Curti, Geschichte der Schweiz im 19. Jahrhundert,
Neuenburg 1902.*

lektischen Materialismus und der sowjetischen
Rabulistik war er bestens vertraut. Wegen des
Angriffs Russlands auf Finnland 1939 hatte er die
Kommunistische Partei verlassen und sich später
den Sozialdemokraten angeschlossen. Ein solcher
‹Renegat› war aber für einen gläubigen Kom-
munisten schlimmer als ein leibhafter Grosskapi-
talist! Die russischen Gäste wussten darum (dafür
hatte schon die Basler PdA gesorgt), liessen sich
aber nichts anmerken. Wullschleger erklärte ihnen,
man würde in Uri durchaus zu Recht zu den Waffen greifen, wie Wilhelm Tell es schon getan hatte,
wenn die böse Oligarchie oder sonstige Obrigkeiten
versagen und andere Mittel nicht genügen sollten.
Aber man habe solche: das Referendum, die ge-
heime Wahl der Land- und Regierungsräte sowie
der Standesherren und des Nationalrats. Und bei
Ungenügen könnten diese allesamt in späteren
Urnengängen in die Wüste geschickt werden. Dasselbe gelte für den Lehrer und selbst den Schul-
abwart in der Gemeinde. Und Regierungsrat Alfred
Schaller, Bürger von Uri und dort aufgewachsen,
ergänzte, dass man auch einem wenig fähigen oder
allzu unbeliebten Kommandanten des Urner Bataillons den Verleider anhängen könne, zumal wenn
man sich ausnahmsweise mit einem Auswärtigen
habe abfinden müssen.

Ob die Russen alles geglaubt haben und inwieweit sie ‹infiltriert› worden sind, wissen wir nicht.
Jedenfalls zeigten sie sich beeindruckt – später
auch vom schönen Tessin, von den hohen Stau-
mauern, den surrenden Generatoren und dem süf-
figen Merlot.

Vom Autor gekürzter Beitrag in der Neuen Zürcher
Zeitung vom 9./10. August 2003.

Ein Leben lang für Basel aktiv *Urs Hobi*

Kurt Jenny (1931–2004)

Kurt Jenny war durch und durch Jurist, ‹Homme politique› und in Basel vielleicht der letzte grosse Freisinnige radikal-demokratischer Prägung.

Kurt Jenny.

Das erste politische Amt, das Kurt Jenny innehatte, war bei der Basler Bürgergemeinde, wo er sehr jung Einsitz ins Parlament nahm, das im Jahr 1960 den gerade 29-jährigen Juristen und Advokaten dann in den ‹Engeren Bürgerrat› wählte, wie die Exekutive seinerzeit hiess. Schon wenige Jahre später wurde bei den Radikalen, wie sich die FDP damals nannte, der Name Jenny immer dann genannt, wenn es um höhere politische Weihen ging. Man ging davon aus, dass er gelegentlich Nachfolger von Nationalrat Alfred Schaller in Bern werden könnte.

Und man erinnerte sich an den inzwischen zum Chef Rechtsdienst der Schweizerischen Treuhandgesellschaft berufenen Kurt Jenny, als 1972 die Nachfolge des radikalen Gesundheitsdirektors Otto Miescher anstand.

In einer denkwürdigen Wahl – alle vier Bürgerlichen (Arnold Schneider, Lukas Burckhardt, Eugen Keller und Jenny) mussten in den zweiten Durchgang – schaffte Jenny den Sprung in den Basler Regierungsrat, wo er die Justizdirektion übernahm. In den Wahlen danach erzielte er immer Spitzenergebnisse.

Justizdirektor – das war für ihn zweifellos das massgeschneiderte Departement, weil er unmittelbar nach dem juristischen Doktorhut (summa cum laude) in einem Spezialauftrag des Justizdepartements die erste (und letztlich noch immer gültige) systematische Gesetzessammlung ediert hatte.

1980 folgte nach achtjähriger Tätigkeit am Rheinsprung der Wechsel ins Finanzdepartement. Dort waren – nach Steuerermässigungen – defizitäre Zeiten im Anzug. Begünstigt durch eine gute Konjunkturlage, aber auch durch amtsinterne Sparübungen, nahm der Kanton die Kurve, um zehn Jahre später – erneut nach Steuerreduktionen – wieder in rote Zahlen zu geraten.

Man hat Kurt Jenny bisweilen vorgeworfen, bei ‹schönem

Wetter› ein hervorragender Finanzdirektor gewesen zu sein. Allerdings: Wenn ein Amt mit seinen Wünschen zu üppig war, stand das Finanzdepartement im Hintergrund immer auf die Bremse. Jennys Politik ist von allen Seiten tatkräftig unterstützt worden. Die Steuergesetzesrevision von 1989 wurde vom Grossen Rat einstimmig gutgeheissen. Darüber hinaus war Regierungsrat Jenny der wohl beste ‹Verkäufer›, den Basel je hatte: Die stets gescheiten und je nach Stimmungslage witzigen oder ernsthaften Voten des Staatsmanns machten immer wieder Eindruck. Diesbezüglich hatte Jenny den Drang nach Höherem – das Stimmvolk wollte ihn 1978 aber nicht nach Bern in den Ständerat schicken.

Wer das Vergnügen hatte, mit dem langjährigen Regierungsmann über politische Dinge zu diskutieren, der hatte den wohl letzten freisinnigen Ideologen im Kanton vor sich. Er kannte die historische Herkunft des Freisinns, dessen überragende Rolle bei der Gründung und Gestaltung des Bundesstaats und den Einfluss auf alle gesellschaftlichen Bereiche. In manchen wirkte er selbst mit, etwa bei der reformierten Kirche, wo er während einiger Jahre Präsident der Synode war – oder bei den Zünften und Gesellschaften, wo er als Meister E.E. Zunft zum Himmel wirkte.

Auch als Regierungsrat nahm er Einfluss auf die Parteipolitik, er war aber gleichzeitig einer der Gründer und Ausgestalter der bürgerlichen Allianz zwischen den Freisinnigen, den Liberalen und den Christdemokraten, die erstmals 1972, bei Jennys Wahl in die Regierung, gespielt hatte und seither mehr oder weniger gut funktionierte.

Als Kurt Jenny im Alter von 61 Jahren aus der Regierung zurücktrat, pflegte er alles andere als ein ‹otium cum dignitate›, er war vielmehr weiterhin in vielen Funktionen tätig. So übte er bis 1995 das Präsidium der Schweizer Mustermesse aus und übernahm neu das Präsidium der AG des Zoologischen Gartens, wo er rund um die Entlassung von Direktor Dieter Rüedi turbulente Monate zu verzeichnen hatte. Hier brachte er aber auch das aufwändigste Zolli-Projekt der letzten Jahre auf den Schlitten, das ‹Etoscha-Haus›. Während fast dreissig Jahren präsidierte er auch die Stiftung ‹Denk an mich› (Ferien für behinderte Kinder); in zahlreichen weiteren Non-Profit-Organisationen war er Präsident oder sass er im Vorstand.

In der Öffentlichkeit wirkte er aber auch als Rechtsprofessor sowie als Mitglied des Verwaltungsrats der Roche Holding AG, in welchen er nach seinem Rücktritt als Regierungsrat gewählt worden war. Wichtige verkehrspolitische Weichen konnte er als Verwaltungsrat des Flughafens und als langjähriger Präsident der Vereinigung für Schifffahrt und Hafenwirtschaft stellen. Kurt Jenny verstarb nach langer Krankheit am 1. Februar in seinem 73. Altersjahr.

Längst erwachsen

Vor 25 Jahren wurden in Basel und in Liestal zwei alternative Projekte gestartet. Das ist an sich nichts Erstaunliches. Erstaunlich ist, dass es beide Unkenrufen zum Trotz noch gibt, ja dass sie schon etwas Legendäres an sich haben und dabei immer noch jung geblieben und selbstbestimmt sind. Die Rede ist vom Restaurant und Veranstaltungsort Hirscheneck und vom Ausstellungsraum, Kino und Theater Palazzo. Yvonne Vogel stellt das ‹Hirschi› in einem Interview mit Anni Lanz und Helen Imhof vor; Marc Schaffner zeichnet die Entwicklung des Palazzos nach und unterstreicht dessen Bedeutung für das Baselbiet.

Weitere Themen

- Die Kaserne Basel ist eine Baustelle. Wie geht es weiter nach dem finanziellen Debakel? Und wohin führt der Weg mit dem neuen Team unter Urs Schaub?
- Mit Tutanchamun durfte Basel eine Ausstellung der Superlative erleben. Kulturell, ökonomisch und touristisch hat die Stadt von den ägyptischen Pharaonen und dem Leiter des Antikenmuseums profitiert.
- Wird das Baselbiet endlich die Verantwortung für ein eigenes Orchester übernehmen? Die Baselbieterinnen und Baselbieter gaben ihre Antwort. Sie war leider negativ.
- Positiv ist hingegen, dass die Sammlung Im Obersteg nach Basel zurückgekehrt ist.
- Schliesslich würdigt das Basler Stadtbuch den langjährigen Einsatz Albert E. Kaisers für das Musikleben in Basel.

«Zentral bleibt die Idee der Selbstverwaltung»

Yvonne Vogel

Anni Lanz und Helen Imhof über die Beizengenossenschaft Hirscheneck

Am 1. Mai 2004 feierte das Hirscheneck sein 25-jähriges Jubiläum. Anni Lanz (59) hat den Kollektivbetrieb zusammen mit anderen Pionieren und Pionierinnen ins Leben gerufen. Heute schwingt ihre Nichte Helen Imhof (37) am Lindenberg 23 die Kochlöffel. Ein Gespräch mit zwei Vertreterinnen aus zwei Generationen Beizenkultur Hirscheneck.

Auf dem Boulevard herrscht in den Sommermonaten stets reges Treiben.

Helen Imhof, haben Sie als damals 12-Jährige die Eröffnung des Hirscheneck mitbekommen?

Helen Imhof: Ja, ich habe das schon mitgekriegt. In meiner Familie war die Rede von einem Alternativ-Schuppen, einer Körnlipicker-Beiz. Da war aber auch ein gewisser Stolz dabei: «Die Anna führt jetzt eine Beiz, ist Wirtin!»

Jetzt arbeiten Sie selber seit dreieinhalb Jahren in dieser Beiz, dem so genannten Hirschi. Wie kam es denn dazu?

H. I.: Ich war in der Frauendisko im Hirschi-Keller. Da hat mich eine damalige Mitarbeiterin gefragt, ob ich nicht Lust hätte, hier zu kochen. Das fand ich spontan eine ganz gute Idee. Ich hatte genug von meiner Tätigkeit im EDV-Wesen, hatte grosse Lust zu kochen und auch Lust in einem Kollektivbetrieb mitzuarbeiten. Als ich im Hirschi zu arbeiten begann, war mir aber zuerst gar nicht klar, dass es sich um dasselbe Restaurant handelt, das meine Tante 1979 mit andern zusammen ins Leben gerufen hatte.

*Anni Lanz, aus welcher Idee heraus wurde
das Beizenkollektiv damals geboren?*
Anni Lanz: Die zentrale Idee war die Selbstverwaltung als Alternative zu Hierarchien und ausbeuterischen Wirtschaftssystemen. Als Soziologin hatte ich mich mit Genossenschaften, Selbstverwaltung und sozialen Bewegungen befasst. Es gab damals schon andere selbst verwaltete Betriebe, etwa das Kreuz in Solothurn. Das Rössli in Stäfa und der Löwen in Sommeri waren ebenfalls am Entstehen. Dort gingen wir, anfangs waren wir fünf oder sechs Leute, dann für ein paar Wochen in die Lehre.

*Wieso haben Sie schon nach zwei Jahren wieder
aufgehört im Hirscheneck zu arbeiten?*
A. L.: 1981 war eine politisch brisante Zeit, die Zeit der Jugendbewegung. Es gab damals verschiedene Ansprüche. Die einen Gäste wollten ein gediegenes,

gepflegtes Restaurant, die andern, die vor allem aus der Bewegung kamen, wollten das Hirschi eher als Treffpunkt nutzen. Das führte dann zu einer Spaltung des Kollektivs. Das ging so weit, dass man sich während einer Woche gegenseitig bestreikte. Am Ende der Woche haben wir einen Fünfliber geworfen, um zu entscheiden, welche Fraktion das Hirschi weiter betreiben darf.
H. I.: Und nun die Quizfrage: Wenn man das Hirschi heute von aussen betrachtet, wer gewann?

*Wenn ich an die politischen Transparente denke,
die immer wieder die Fassade zieren, würde ich
sagen, die politische Fraktion?*
A. L.: Nein, nein, eben nicht. Es siegte die Fraktion, die eine gediegenere Fressbeiz wollte. Der Auszug hat den Unterlegenen schon wehgetan. Ich wurde mir bewusst, wie stark ich mich mit dem Projekt

Mitgründerin Anni Lanz (rechts) bei einer kollektiven Putzaktion.

Das Auge isst mit. Die Beilagen werden sorgfältig auf die Teller verteilt.

identifiziert hatte. Die Selbstverwaltungsidee allein genügt nicht als Grundlage, um sich in anderen politischen Fragen einig zu sein. Die Selbstverwaltung ist eine egalitäre Arbeitsform, mehr nicht.

Helen Imhof, wo würden Sie das Hirscheneck heute einordnen – Fressbeiz oder Polittreff?
H. I.: Ich denke es ist eine Mischform. Im Vordergrund steht heute eher der Treffpunkt, und dass man sich wohl fühlt im Hirschi. Dass politische Aktionen eher in den Hintergrund getreten sind, kommt aber natürlich auch daher, dass die heutige Gesellschaft politisch ruhiger geworden ist.

Hat sich in den grundsätzlichen Zielen etwas verändert?
H. I.: Der Grundgedanke vom Kollektiv und der Selbstverwaltung ist geblieben. Das Hirschi bleibt eine Nische, die nicht Hierarchien ausgesetzt ist. Verändert respektive erweitert hat sich der Betrieb durch die vielen Konzerte.

Was ist vom Pioniergeist übrig geblieben?
A. L.: Wir waren wohl etwas missionarischer (lacht), aber ansonsten lebt die Idee ja weiter. Mir gefällt das Hirschi, so wie es heute ist, jedenfalls sehr gut.

Inwiefern hat sich das Image vom Hirscheneck Ihrer Ansicht nach verändert?
A. L.: Wir waren damals vor allem ein linker Spunten. Und hatten eigentlich überhaupt keine Imageprobleme. Es kamen alle Alternativen und Linken, die Beiz lief sehr gut, wir hatten ständig ein volles Haus.
H. I.: Heute sind wir immer noch links. Es gab vielleicht manchmal gewisse Imageprobleme, wenn in den Medien von Schlägereien und Messerstechereien berichtet wurde. Aber das hat vorwiegend die Vorurteile von Leuten, die noch nie einen Fuss über diese Schwelle gesetzt haben, bestärkt.

Aber die Realität ist anders?
A. L.: Es gab sicherlich Zeiten, als das Hirscheneck einen weniger guten Ruf hatte. Aber heute gehört das Hirscheneck zum Inventar von Basel.

H. I.: Naja, nicht ganz. Wir hatten ja vor zwei Jahren grosse Probleme mit den Behörden, weil ein Nachbar ein Verfahren eingeleitet hatte wegen Lärmbelästigung. Daraufhin mussten wir den Kulturbetrieb vorübergehend einstellen und den Keller umbauen. Wenn man dem Hirschi den Keller wegnehmen würde, käme das einer Schliessung gleich, da der Kulturbetrieb ein enorm wichtiges Standbein geworden ist. Offenbar gehört das Hirscheneck doch nicht klar zum Inventar von Basel.

Heute liegt der Stundenlohn bei 17.50 Franken brutto. Gibt es denn so etwas wie eine nicht-materielle Entschädigung für den Arbeitsaufwand?
H. I.: Es geht hier nicht in erster Linie darum, viel Geld zu verdienen, sondern wichtiger ist es, dass ich mich an meinem Arbeitsplatz wohl fühle und selber mitbestimmen kann.

A. L.: Ich habe nie viel verdient, auch später an anderen Arbeitsplätzen nicht. Man gewöhnt sich dann halt an einen gewissen Lebensstil. Wenn man mit wenig auskommen kann, macht einen das auch unabhängiger. Ich empfand den tiefen Lohn jedenfalls nie als Selbstausbeutung. Dass man eine Arbeit macht, die genau der eigenen Überzeugung entspricht, ist ein Privileg.

Wie ist denn das Verhältnis zu den Gästen. Hatten oder haben diese ein Mitspracherecht?
A. L.: Es gab früher eine Wandzeitung, wo die Gäste ihre Wünsche und Anregungen aufschreiben konnten. Und indirekt hatten sie einen grossen Einfluss, obwohl sie natürlich nicht an den Sitzungen teilnahmen. Der Konflikt über den Stil, der schliesslich zur Spaltung des Kollektivs führte, ging ja von der Gästeschaft aus.

Die Einsamkeit des Abend-Service-Mitarbeiters nach Beizenschluss.

H. I.: Ich glaube, dass die Leute, die regelmässig ins Hirschi kommen, sich mit der Beiz auch auf eine Art identifizieren. Es findet auch ein Austausch statt. Zum Beispiel gibt es immer wieder Diskussionen über das Essens- und Kulturangebot. Diese Wünsche und Anregungen nehmen wir gerne auf.

Welche Veränderungen wären Ihrer Meinung nach sinnvoll?
H. I.: Ich denke, wir haben als Kollektiv im Arbeitsalltag zu wenig Zeit, um grundsätzliche Fragen zu thematisieren. Zum Beispiel diejenige der Selbstausbeutung oder die Frage, ob der Stundenlohn ein sinnvolles Lohnmodell ist. Aber noch wichtiger als einzelne, konkrete Dinge, die man verändern könnte, ist die grundsätzliche Bereitschaft zu Veränderung. Wenn man immer nur am Althergebrachten festhielte, wäre das für den Betrieb nicht gut.

Was wünschen Sie sich für ein nächstes Vierteljahrhundert Hirscheneck?
H. I.: In erster Linie, dass das Hirschi weiter besteht.
A. L.: Und darüber hinaus wünsche ich mir generell mehr selbst verwaltete Betriebe. Denn diese Betriebe garantieren für ein besseres, ein sinnvolleres Produkt. Ein Produkt, das mehr an den vorhandenen Bedürfnissen orientiert ist.

Anni Lanz, haben sie bei der Gründung daran geglaubt, dass das Hirschi so lange bestehen wird?
A. L.: Ja, natürlich habe ich daran geglaubt. Ich dachte ja, dass ich hier drinnen alt werde.
H. I.: … nun werden andere hier drin alt!

Seit 25 Jahren selbst verwalteter Kollektivbetrieb: das Restaurant Hirscheneck am Lindenberg 23.

Das Hirscheneck

Das Beizenkollektiv eröffnete das Restaurant Hirscheneck am 1. Mai 1979. Es waren anfänglich rund ein halbes Dutzend Leute, die die Idee eines selbst verwalteten Betriebes verwirklichten. Bald stieg die Zahl der MitarbeiterInnen auf rund zwanzig an. Alle waren gleichberechtigt und arbeiteten zum gleichen Lohn (1979 Fr. 5.–, 2004 Fr. 17.50). Es gab weder Chef noch Fräulein – das ist bis heute gleich geblieben.

Im Laufe der Jahre entwickelte sich im Hirscheneck ein eigentlicher Kultur- und Konzertbetrieb. Bands wie ‹Offspring›, ‹Die goldenen Zitronen› oder ‹All Because The Lady Loves› standen auf der Bühne, als sie noch unbekannte Grössen waren. Und auch stadtbekannte Bands wie ‹Lovebugs›, ‹Fucking Beautiful›, ‹Les Reines Prochaines›, oder die ‹Lombego Surfers› waren oft im Keller zu Gast – Letztere drei traten notabene auch am grossen Jubiläumsfest letzten Mai auf dem Theodorskirchplatz auf.

Legendär ist auch der alljährlich an Weihnachten stattfindende Tuntenball – um nur die bunteste Blüte der schwul-lesbischen Kultur in und ums Hirschi zu nennen.

Kulinarisch hebt sich das Restaurant Hirscheneck durch ein grosses Angebot an vegetarischen sowie veganen Speisen ab. Es wird Wert gelegt auf biologische und Fairtrade-Produkte sowie Lebensmittel aus der Region.

Zur Gründungszeit bildeten noch weitere alternative Betriebe und Organisationen die Dachgenossenschaft Hirscheneck. Davon haben heute nur noch die HABS (Homosexuelle Arbeitsgruppen Basel) ihr Büro im Haus am Lindenberg 23. Die weiteren Mieter haben wie die Kollektiv-MitarbeiterInnen über die Jahre immer wieder gewechselt.

Weitere Infos finden Sie auf der Homepage www.hirscheneck.ch

Kulturelle Selbstbestimmung als Erfolgsrezept

Marc Schaffner

25 Jahre Kulturhaus Palazzo in Liestal

Das Kulturhaus Palazzo in Liestal ist aus dem Baselbieter Kulturleben nicht mehr wegzudenken. Aus einem alternativen Umfeld entsprungen, hat sich der Drei-Sparten-Betrieb mit Theater, Kunsthalle und Kino zu einer festen Institution entwickelt. Die Grundpfeiler des Konzepts sind nicht Kunstskandale und Events, sondern Qualität und Kontinuität. Trotz gelegentlicher Anfeindungen konnte die Palazzo AG ihre unabhängige Ausrichtung bis heute beibehalten. Im Mai 2004 feierte das Kulturzentrum sein 25-jähriges Jubiläum.

Das von Bundeshausarchitekt Hans Wilhelm Auer erbaute Post- und Telegraphengebäude Liestal im Jahr 1892, seit 1979 Kulturhaus Palazzo.

Bröckelnde Fassade, reiches Innenleben

Wer im vergangenen Jahr am Bahnhof Liestal vorbeikam, mag sich nach dem Zweck der zwei Grenzwächterhäuschen gefragt haben, die links und rechts des Kulturzentrums ‹Palazzo› standen. Es handelte sich nicht etwa um eine neue Form von Kinokassen, sondern um eine Jubiläums-Installation von Simon Beer. Rote Kreuze am Boden markierten die Parzellengrenze rund um das historische Gebäude am Bahnhofplatz, innerhalb derer das Kulturhaus seit 25 Jahren nach eigenem Gusto schalten und walten darf.

Im vergangenen Mai feierte das Palazzo ein Vierteljahrhundert kulturelle Selbstbestimmung. An der Jubiläumsausstellung in der Kunsthalle waren rund achtzig vorwiegend schweizerische Künstlerinnen und Künstler vertreten, darunter illustre Namen wie Pipilotti Rist, Samuel Buri oder Beat Streuli – alles altbekannte Gäste, die schon früher im Palazzo ausgestellt hatten. An der Vernissage sprachen Urs Staub, Chef der Sektion Kunst und Design beim Bundesamt für

Kultur, Regierungsrat Urs Wüthrich, die freie Kuratorin Esther Maria Jungo und Philip Ursprung, Professor am Institut für Geschichte und Theorie der Architektur an der ETH Zürich. Parallel zu den Feierlichkeiten zeigte das hausinterne Kino Sputnik eine Reihe Filme mit Publikumsrennern wie ‹Il Postino›, ‹Good Bye Lenin!› oder ‹Down By Law›, und im Freilichtmuseum ‹Swiss Miniatur› in Melide/Tessin wurde ein originalgetreues Modell des Palazzo-Gebäudes aufgestellt.

Obwohl das Kulturhaus Palazzo aus dem heutigen Baselbieter Kulturleben nicht mehr wegzudenken ist, wurde es in den letzten 25 Jahren nicht nur mit Lobeshymnen bedacht.[1] Die zerbröckelnde Fassade ruft bis heute Gegner auf den Plan – wobei die vordergründige Kritik vielleicht auch auf das alternative Kulturkonzept abzielt. Ein SVP-Landrat schlug vor einigen Jahren sogar vor, das Gebäude abzureissen, um den Bahnhofplatz aufzuwerten. Den Leiter und Mitgründer Niggi Messerli lässt das völlig kalt: «Da uns das Haus gehört, ist unsere Zukunft völlig klar.» Die Räume, die Zugänge und die technische Infrastruktur wurden zwar seit 1979 laufend verbessert. Ausserdem musste die Heizung saniert werden, und im Kino wurden die Projektoren ersetzt. Abgesehen vom Theatersaal und der Kunsthalle liess jedoch eine grössere Renovation des Gebäudes bisher auf sich warten.

Vom Postgebäude zum Kulturzentrum

«Es war halt diese Selbstverwaltungszeit», erinnert sich Niggi Messerli, der damals hauptsächlich als Foto- und Videokünstler tätig war. 1977 hatte er Ernst Erb, dem damaligen Liegenschaftsverwalter der Post-, Telefon- und Telegraphenbetriebe (PTT), das Grundkonzept zum Palazzo vorgelegt, und die-

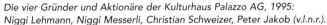

Die vier Gründer und Aktionäre der Kulturhaus Palazzo AG, 1995: Niggi Lehmann, Niggi Messerli, Christian Schweizer, Peter Jakob (v.l.n.r.).

ser war sofort begeistert gewesen. Das seit 1976 unbenutzte ehemalige Postgebäude am Liestaler Bahnhofplatz war wie geschaffen für ein multimediales Kulturzentrum. Ein Jahr später gründete Niggi Messerli zusammen mit Peter Jakob, Niggi Lehmann und Christian Schweizer die Kulturhaus Palazzo AG, welche 1979 das alte Posthaus zu einem günstigen Preis kaufte.

Niggi Messerli, ein Basler Bürger, war vorher im Umfeld der Galerie Stampa in Basel aktiv gewesen, wollte aber etwas in der Nähe seines damaligen Wohnortes Bubendorf machen. «Ich habe gemerkt, auf dem Land war man konkurrenzlos, denn es war ein kulturelles Niemandsland», erzählt der Palazzo-Gründervater. Abgesehen vom Kellertheater und vom Kantonsmuseum sei Liestal eine kulturelle Schlafstadt gewesen. Schliesslich habe sich dann alles um das Postgebäude herum kristallisiert.

Nach einem grossen Umbau wurde das Zentrum 1979 eröffnet. Der Betrieb wurde von Anfang an durch die Vermietung der Räumlichkeiten mitfinanziert. Zurzeit sind in dem Gebäude ein Buchladen, eine Moschee, ein italienisches Restaurant, ein Café, ein Kebab-Imbiss, die Offene Jugendarbeit des Blauen Kreuzes sowie diverse Werkräume und Künstlerateliers untergebracht. Der grösste Förderer ist heute der Kanton; die erste Subvention erhielt das Kulturhaus jedoch vom Eidgenössischen Departement des Innern auf spezielle Empfehlung des damaligen Bundespräsidenten Hans Hürlimann.[2] Noch immer leistet das Bundesamt für Kultur Beiträge an die Kunstausstellungen im Palazzo. Seit 1980 erhält das Kulturhaus auch einen regelmässigen Beitrag aus dem Lotteriefonds Baselland. Bahnbrechend war aber erst das Baselbieter Kulturkonzept, das der Kulturbeauftragte Niggi Ullrich

Eine Zusammenstellung alter Veranstaltungsplakate. Unter anderem ist Stephan Eicher im Liestaler Palazzo aufgetreten – New Wave war zu dieser Zeit eine der angesagtesten Musikrichtungen.

verfasste und 1989 im neu renovierten Theatersaal des Palazzos vorstellte. Damit war der Grundstein für die feste Unterstützung durch die Abteilung Kulturelles der Erziehungs- und Kulturdirektion Baselland gelegt.

Drei Sparten, ein Konzept

Die drei Sparten Theater, Kunsthalle und Kino organisieren sich selbständig, wie es schon im Grundkonzept vorgesehen war. «Jeder hat sein Arbeitsgebiet, wir schauen einfach, dass es zum Palazzo passt», erklärt Niggi Messerli. Mehrere Wandlungen hat der Theatersaal durchgemacht: Am Anfang wurde er als Schreinerwerkstatt für die Umbauarbeiten benutzt, dann musste er als Saal fürs Restaurant und für Geburtstagspartys herhalten, bis er schliesslich zum Aktionsraum für Vereine, Theatergruppen und Konzerte wurde. New Wave Festivals fanden in ihm statt, Lesungen und politische Veranstaltungen. Legendär ist etwa der Auftritt von Stephan Eicher von 1981, den 300 Besucherinnen und Besucher miterlebten. Seither gab es manchen Höhepunkt im Palazzo, beispielsweise das Konzert der Band ‹Stiller Has› oder die Jandl-Lesung mit Norbert Schwientek. Ein Stammgast ist Margrit Gysin mit ihrem Figurentheater.

Kunsthalle und Kellerkino

Die Palazzo-Galerie wurde anfänglich von Niggi Messerli allein geleitet. In diese Zeit fallen Ausstellungen mit Werken von John Armleder, Fischli/Weiss, Franz West und anderen sowie das erste schweizerische Performance-Festival, das im Palazzo ausgetragen wurde. Ab 1984 führte Ruedi Tobler die ‹Galerie Palazzo› weiter, bis sie 1990 zur ‹Kunsthalle Palazzo› umbenannt wurde. Die Aus-

stellungsräume wurden renoviert und erweitert; verantwortlich für das Konzept war ein Kuratorenteam, bestehend aus der Kunsthistorikerin und späteren Kulturbeauftragten Basel-Stadt Hedy Graber, dem Kunsthistoriker Philip Ursprung sowie Niggi Messerli.

Der Begriff ‹Kunsthalle› verweist auf ein spezifisches Programm: Nicht die neusten Trends des Kunstmarkts werden gezeigt, sondern verschiedene Kunstströmungen und Zusammenhänge erforscht. Im Palazzo sind deshalb selten Einzelausstellungen zu sehen, sondern meistens Kombinationen von verschiedenen Künstlerinnen und Künstlern. Auch temporäre Installationen finden hier einen Platz, wobei dem Arbeitsprozess ebenso viel Wert beigemessen wird wie dem fertigen Kunstwerk.

Das Kellerkino war bereits im Grundkonzept fest eingeplant. 1978 konnte das Kulturhaus die gesamte Einrichtung des Basler Kinos Cinémiroir kaufen und im alten Postgebäude einbauen. In den Anfangszeiten leitete Palazzo-Mitgründer Peter Jakob das Kino, danach lösten sich verschiedene Programmleiter ab. Neben dem Normalprogramm, das vor allem aus Studiofilmen besteht, beherbergt das Palazzo jeden Donnerstag das ‹Landkino›, das Filmfenster des Kantons Baselland.

«Das Palazzo ist das erste und einzige Kulturzentrum mit all diesen Funktionen in der Region», stellt Niggi Messerli selbstbewusst fest. Dass das Kulturhaus auf dem richtigen Weg ist, bestätigte auch David Streiff, Direktor des Bundesamtes für Kultur, in seiner Rede zum 15-jährigen Jubiläum im Jahr 1994. Er unterstrich die Bedeutung, die kulturelle Qualität und die Kontinuität der Institutionen, die im Palazzo untergebracht sind. «Wichtig ist, dass das ganze Jahr über Kultur stattfindet,

Installation von Marlene McCarty für Lilput, 1980.

nicht ein Feuerwerk und danach nichts mehr»,
meint Niggi Messerli bescheiden. Es komme alles
still daher, mit Events sei das Palazzo eher zurück-
haltend.

reits Mitte dieses Monats eröffnen können und hoffe
sehr, dass sich sein Betrieb lebhaft und erfolgreich an-
lässt. Die von Ihnen so initiativ in die Wege geleitete
Neubelebung eines ehrwürdigen und erhaltenswerten
Gebäudes erscheint mir vorbildlich und beachtens-
wert.»

Anmerkungen

1 Kurios mutet heute das ‹Kleberverbot› an, das die
junge Palazzo AG von der Polizeidirektion aufge-
brummt bekam. Die Verwendung des ‹Baselbieter-
Stabes› wurde ihr untersagt, weil sie damit gegen das
‹Bundesgesetz zum Schutz öffentlicher Wappen und
anderer öffentlicher Zeichen› verstiess. Die Aufkleber
waren mit den Worten «autonom, chaotisch, selbstbewusst» versehen.

2 Aus einem Brief von Bundespräsident Hans Hürlimann an das Kulturhaus Palazzo vom 9. Mai 1979:
«Ich freue mich, dass Sie Ihr Liestaler Kulturhaus be-

Der Baselbieter Kulturbeauftragte Niggi Ullrich stellt 1989 im Palazzo Liestal das Kulturkonzept Baselland vor.

Baustelle Kaserne Basel *Verena Stössinger*

Nicht nur äusserlich ist die Kaserne seit langem eine Baustelle. Durch den plötzlichen Abgang des Intendanten Eric Bart und die Entdeckung des Finanzlochs, das er hinterliess, geriet das Kulturhaus in Kleinbasel im Herbst 2003 gar an den Rand des Ruins. Sanierung, Reorganisation und künstlerische Neupositionierung des Hauses unter der Leitung von Urs Schaub haben seither alle Energien absorbiert; jetzt zeichnet sich endlich eine Zukunft ab.

Der neue Direktor der Kaserne, Urs Schaub, und die Bereichsleiterin Presse und Dramaturgie, Barbara Riecke.

Wenn Ende Oktober 2004 der Grosse Rat dem Vorschlag der Regierung folgt und die Subvention für die Jahre 2005 bis 2007 bewilligt, kann aufgeatmet werden. Denn dann ist klar, dass die Kaserne Basel, das Kulturhaus am Kleinbasler Rheinufer, eine Zukunft hat und sich endlich wieder den Aufgaben widmen kann, die seine eigentlichen sind: im Rossstall und in der Reithalle ein Kulturangebot bereitzustellen, das dem Rang des Hauses als ambitioniertes Zentrum der Musikszene gerecht wird, die Theater- und Tanzszene sichtbar macht und ihr mit Gastspielen, Festivals, Diskussionsveranstaltungen und thematischen Schwerpunkten auch einen Hallraum verschafft. Und damit Quartier, Stadt und Region belebt.

Das Aufatmen, das heisst natürlich die Weiterarbeit, ist der Kaserne und Basel zu wünschen. Die Institution hat in ihrer bewegten Geschichte schon viel zur kulturellen Vielfalt beigetragen und sich dabei auch als veränderbar erwiesen (und erweisen müssen).

Der Blick zurück

1966, nach dem Abzug der Armee, ist das Kasernen-Areal schrittweise umgenutzt und umgestaltet worden – begleitet von politischen Beschlüssen, Volksabstimmungen sowie der 1974 gegründeten ‹Interessengemeinschaft Kasernenareal›. Neben anderen Initiativen kristallisierte sich dabei 1978 das Projekt der Kulturwerkstatt heraus, die 1980 schliesslich in Betrieb ging[1]: ein sehr bescheiden ausgestattetes, kollektiv geführtes Kulturhaus mit basisdemokratischem Anspruch, das mit der Zeit dann in die Jahre kam und dem 2000 zusammen mit dem neuen Namen Kaserne Basel eine konventionelle Direktoriumsstruktur verpasst und gleichzeitig die längst fällige Renovation und Erweiterung bewilligt wurden.

Damals wurde Eric Bart vom Lausanner ‹Théâtre Vidy› als Leiter ans Haus geholt; die Findungskommission hatte sich vom charmant-chaotischen ‹Risikospieler›[2] und seinem ‹Lokomotiven-Programm›[3] begeistern lassen. Bart, der seine Kontakte zur Crème der internationalen Theaterszene zu nutzen versprach, überraschte denn auch in seinen kurzen, von Renovationstranchen unterbrochenen Spielzeiten mit einzelnen aufwändigen Events – unter anderem holte er Produktionen von Ariane Mnouchkine und Peter Brook ins Kleinbasel –, doch sein Programm und auch die Art und Weise, wie er das Haus führte, blieben umstritten. Die Kaserne kam nicht zur Ruhe und auch wirtschaftlich schaffte sie es auf keinen grünen Zweig.

Ende 2002 wurde noch eine Vertragsverlängerung mit Eric Bart angekündigt, doch nur ein paar Monate später überschlugen sich die Ereignisse. Ende Juni 2003 konnten sich der Vorstand der Kaserne und Eric Bart nicht auf einen neuen Vertrag einigen, worauf Bart die Kaserne von einem Tag auf den anderen verliess. Er wollte eine vom Vorstand aufgrund der bisherigen Betriebsführung verfügte Reorganisation der Leitungsstruktur nicht hinnehmen und neben sich keinen Finanzchef dulden.[4] Er hinterliess im Haus einen Scherbenhaufen. Zwar konnte im August schon Urs Schaub als interimistischer Leiter der Kaserne verpflichtet werden, ein Theaterprofi mit Leitungserfahrung und ausgeprägt demokratischem Führungsverständnis (der als Regisseur auch schon am Theater Basel gearbeitet hatte), doch die Krise war damit leider nicht abgewendet.

Denn unter dem Scherbenhaufen wurde bald ein riesiges Finanzloch sichtbar. Eric Bart hinterliess ein Desaster: hatte er doch bis zum Sommer 2003 die gesamte Jahressubvention – insgesamt 1,7 Millionen Franken, zwei grosse Sonderbeiträge eingerechnet – schon ausgegeben. Die ‹Kaserne Basel› stand damit faktisch vor dem Konkurs[5] und nur die entschiedene Anstrengung der Kasernenleute einerseits und der Kulturpolitiker von Basel-Stadt und Basel-Landschaft andererseits haben sie überleben lassen – und es stand dabei nicht nur ein Kapitel (Klein-)Basler Theatergeschichte auf dem Spiel. Mitbetroffen vom ‹Tod› der Kaserne wären auch das Birsfelder Roxy gewesen, der Raum 33 in der St. Alban-Vorstadt, das Theaterfestival ‹Welt in Basel› und das Tanzfestival ‹Steps›, mit denen Kooperationen bestanden oder geplant waren.

Der Neuanfang

Die Kasernenleute haben durch teilweisen Lohnverzicht, durch Spendensammlungen und ein Benefizfestival das Ihre zur Sanierung beigetragen, die Kulturpolitiker sorgten für einen Überbrückungskredit und verordneten die Durchleuchtung des Betriebs durch die Finanzkontrolle sowie ein Bewährungsjahr. Wichtig war Urs Schaubs Bereitschaft, den Interimsvertrag zu verlängern – «Ich mach das jetzt zu meiner Sache», hat er in einem Interview erklärt[6] –; sie verlieh der Neuordnung nach innen und nach aussen Ruhe und Glaubwürdigkeit. Und umsichtig, zäh und unbeeindruckt von gelegentlichen medialen Tiefschlägen – den ‹Zwölf ketzerischen Fragen zur Zukunft der Kaserne› der Basler Zeitung etwa, die nicht nur die künstlerische Ausrichtung und organisatorische Struktur der Kaserne in Frage stellten, sondern auch die Befähigung des neuen Leiters[7] – hat Schaub die Wende geschafft.

Im Herbst 2004, am Ende der Bewährungsfrist, präsentiert sich die Situation folgendermassen:

• das neue Leitungsteam der Kaserne ist komplett.

Neben Urs Schaub als künstlerischem Leiter gibt es einen Geschäftsführer (Pascal Biedermann); neu sind David Schärer als Kommunikationsleiter und Barbara Riecke als Dramaturgin. Neu besetzt wird auch die Leitung der Musik, und die Technik wird neu von zwei Leuten aus dem bisherigen Team geführt;

• manche bisherige Sponsoren, unter anderem Manor, konnten neu überzeugt und dadurch gehalten werden;

• die zweite Renovationsetappe, die wegen Eric Barts ständigem Eingreifen in die Bauarbeiten gestoppt wurde, ist inzwischen ausgeführt worden. Eine dritte Etappe, die dem Haus in den beiden Rossställen endlich betriebsbereite und gelüftete Räume für Konzerte, Kleintheater/Lesungen und ein Foyer verschaffen soll, braucht noch einen zweiten Baukredit des Kantons, der vermutlich Ende 2004 vor den Grossen Rat kommt, und kann hoffentlich im Sommer 2005 realisiert werden;

• die juristische Einigung mit Bart hat der Kaserne einiges Geld eingebracht: ihren Anteil an der Verwertung einer in Basel produzierten Brook-Produktion nämlich;

• und das Programm ist neu definiert, die Vernetzung wird dabei weiter ausgebaut. Das ist das eigentlich Zukunftsweisende des Neuanfangs.

Urs Schaub hat in Susanne Winnacker, die schon im Sommer 2004 das Festival ‹Welt in Basel› konzipierte und dabei in innovativer Weise auf die Kaserne zuschnitt, nämlich eine Partnerin auch für kommende Festivals gefunden; und der Jahresspielplan und das zweijährliche Festival sollen sich dabei deutlich bedingen und ergänzen. Für die Sommer zwischen den Theaterfestivals ist neu eine Kooperation mit Helmut Bürgel und seinem ‹Stimmen›-Festival, dem hochkarätigen Konzertprogramm, geplant, das künftig von Lörrach aus auch das Kleinbasel ‹infizieren› soll, wie Schaub

Die neue Produktion ‹Janei› von Metzger/Zimmermann/de Perrot als Schweizer Erstaufführung in der Kaserne Basel: eine Tanz-Zirkus-Musik-Vorstellung, hochpräzis und bildstark (Januar 2004).

es nennt[8], und auch die Kooperationen mit dem Birsfelder Roxy und dem aus einem Dramatikerfördermodell herausgewachsenen Raum 33 sollen vorangetrieben werden – das erste ‹Treibstoff›-Festival im September 2004 hat erst ahnen lassen, welches Potenzial in der freien Szene (doch, noch) vorhanden ist.

Die Kasernen-Baustelle könnte also bald ausgerüstet werden, im buchstäblichen wie im übertragenen Sinne – jetzt muss nur noch das finanzpolitische Signal erfolgen. Wenn, wie gesagt, der Grosse Rat Ende Oktober 2004 der Kaserne Basel die notwendige Subvention für die nächsten drei Jahre zuspricht, steht dem Neubeginn nichts mehr im Wege und wir dürfen gespannt sein auf ein neues Kapitel in der wechselvollen Geschichte der profilierten Institution. Wenn nicht, dann … – nein; diese Möglichkeit wollen wir gar nicht erst in Betracht ziehen.

Anmerkungen

1 Daten zur Geschichte der Kaserne etwa in: ‹Kulturverführer. Eine Tour durch ausgewählte Kulturhäuser im Raum Basel›, ProgrammZeitung Verlags AG 2003, S. 57.

2 Basler Zeitung vom 12. September 2003.

3 Basler Zeitung vom 5. Dezember 2003.

4 Zu Eric Barts weiterer Begründung seiner Kündigung siehe u.a. Basellandschaftliche Zeitung vom 25. Juni 2003.

5 Siehe u.a. Basler Zeitung vom 12. September 2003.

6 Basellandschaftliche Zeitung vom 24. Oktober 2003.

7 «Urs Schaub – who? [...] Er ist verbindlicher und offener im Wesen als sein Vorgänger Eric Bart und professioneller beim Organisieren und Kommunizieren. Aber das Pulver, das die Phantasie zum Leuchten bringt im Kleinbasler Kulturzentrum, das hat er nicht erfunden», in: Basler Zeitung vom 12. Februar 2004.

8 In einem Gespräch vom 17. September 2004, das im Hinblick auf diesen Artikel geführt wurde.

‹Reiher› von Simon Stephens: die Koproduktion des Staatstheaters Stuttgart, des jungen theaters basel und der Kaserne (Regie: Sebastian Nübling), ein Stück über Jugendgewalt und soziale Ausweglosigkeit (März 2004).

In den Dunkelkammern des goldenen Jenseits

Alexander Marzahn

Tutanchamun im Antikenmuseum lockte die Massen und verzauberte die Stadt

Die Ausstellung ‹Tutanchamun – das goldene Jenseits› stellte selbst in der kultur-verwöhnten Museumsstadt Basel alles in den Schatten: 620 000 Besucher huldigten im Antikenmuseum dem rätselhaften Pharao, der nach über zwanzig Jahren erstmals wieder in Europa zu sehen war. Das Geheimnis um den spektakulären, mit Sponsoring-Geldern der UBS finanzierten Kulturtransfer wurde ähnlich gut gehütet wie die 120 Grabobjekte selbst.

Die Statuette, stuckiert und vergoldet, zeigt Tutanchamun als König von Unterägypten (aus dem Grab von Tutanchamun).

Es ist nicht alles Gold, was glänzt. Manchmal darf es auch Ebenholz und Elfenbein, Silber und Ala-baster, Glas und Obsidian sein – und das Gesicht eines Museums-direktors, vor dessen Haus die Menschen fünf Monate lang Schlange standen, um endlich ihn zu sehen: Tutanchamun, den königlichen Jüngling aus der 18. Dynastie, auf rätselhafte Wei-se ums Leben gekommen vor fast 3500 Jahren, auf spektakuläre Art wiedergeboren 1922, als der Brite Howard Carter kurz vor seiner Abreise das fast unbe-rührte Grab im Tal der Könige doch noch entdeckte. 620 000 Besucherinnen und Besucher waren es am Ende, die sich im Basler Antikenmuseum von einer Ausstellung verführen liessen, die selbst besonnene Gemüter in schwärmerische Begeisterung versetzte. Eine Ausstellung, die nach allen Regeln der Kunst in-szeniert worden war, sodass am Ende gar eine prunklose Klei-derbüste oder der hölzerne ‹Kopf eines Kalbes› zu verheissungs-vollen Botschaftern einer fernen Kultur wurden.

‹Das goldene Jenseits› – bes-ser hätte man eine Sonderschau

nicht betiteln können, die aus einem Museum einen Ort des Begehrens, Berauschens und Bestaunens machte. Die Ausstellung stellte eine sagenumwobene Hochkultur ins gedämpfte Licht der Ewigkeit – und vieles in den Schatten, was in der kulturverwöhnten Museumsstadt Basel bis dahin zu sehen war. Nicht nur hinsichtlich des Publikums setzte ‹Tutanchamun› neue Massstäbe, bringen es doch die rund dreissig Basler Museen gemeinsam in einem durchschnittlichen Jahr gerade mal auf doppelt so viele Besucher wie ‹Tutanchamun› allein in fünf Monaten. Ohne Vorbild in der Schweizer Museumslandschaft war aber auch der Schulterschluss zwischen einer öffentlichen Kulturinstitution und dem privaten Geldgeber: Selten hat sich ein subventioniertes Haus so vorbehaltlos privaten Händen anvertraut, selten auch war das Budget für eine einzige Schau derart grosszügig angelegt, und wohl noch nie hat eine vergleichbare Medienpräsenz eine Ausstellung begleitet: Allein zur Eröffnung kamen 200 Medienvertreter, 80 davon aus dem Ausland.

Dies lag natürlich daran, dass die Grabschätze des Tutanchamun erstmals seit über zwanzig Jahren das Nationalmuseum in Kairo wieder verlassen durften. Es lag aber auch am potenten Hauptsponsor, dessen Profis aus der Abteilung Eventmarketing nichts dem Zufall überliessen. Hatte der mit dem Museumsdirektor Peter Blome befreundete UBS-Verwaltungsratspräsident Marcel Ospel dem Antikenmuseum Basel schon 2001 einen neuen Ägypten-Saal finanziert, nutzte man die Gunst der Stunde und setzte 2004 mit ‹King Tut› auf das wohl zugkräftigste Pferd im Stall der antiken Kulturen.

Der genaue Betrag, den die Grossbank für die Ausstellung bereitstellte, wurde gehütet wie ein Staatsgeheimnis. Auf fünf Millionen Dollar soll sich die Leihgebühr belaufen haben; mit Transport, Versicherungen, Präsentation und Werbung belief sich das Gesamtbudget wohl auf über 20 Millionen Franken – nicht eingerechnet die Arbeitszeit von mehreren Dutzend Mitarbeitern in verschiedenen Abteilungen der Bank und des Museums. Ein Betrag, der die jährliche Subvention, die das Antikenmuseum vom Kanton erhält, etwa ums Fünffache übersteigt.

Während Kritiker noch monierten, die im Ausstellungsbetrieb unübliche Leihgebühr degradiere das Kulturgut zur Handelsware im Dienste der Aufmerksamkeit, hatte die Euphorie über den unerwarteten Gast bereits die ganz Stadt erfasst. Geschichtslehrer änderten ihren Stundenplan, Reiseveranstalter stellten Sonderprogramme zusammen, Hotelmanager und Stadtmarketing entwarfen Kombitickets, und Bierbrauer und Zuckerbäcker liessen ihre Kreativität walten. Überall in der Stadt lächelte das Antlitz des Tutanchamun, als handle es sich dabei nicht um eine ziemlich staubige Wüstenmumie, sondern um den gefeierten Star eines neuen Hollywoodfilms. Aus vielen Basler Schaufenstern strahlte am Ende jene weltberühmte Goldmaske, die in Ägypten wie ein Heiligtum verehrt und gehütet wird – und die in Basel ebenso wenig zu sehen war wie später in Bonn oder in den USA, wo Tutanchamun seine Tournee fortsetzen sollte.

Dass die 120 Grabschätze aus dem Tal der Könige zuerst in Basel zu sehen waren, war aber nicht nur eine Frage des Budgets – obwohl die ägyptische Altertümerverwaltung, mit tausend archäologischen Pflegefällen heillos überfordert und mit ambitionierten Plänen für ein neues, milliardenschweres Nationalmuseum im Gepäck, das Schutzgeld dringend benötigt. Viel wichtiger waren, zumindest am Anfang, das Verhandlungsgeschick und die Beharrlichkeit, mit der die Basler Delegation zu Werke ging, wobei die Schweizer Botschaft in Kairo eine wichtige Funktion als diplomatische Drehscheibe übernahm. Dass der Deal auch eine Geste der Wiedergutmachung nach dem Attentat von Luxor gewesen sei, wurde zwar vermutet, von den ägyptischen Behörden aber vehement in Abrede gestellt.

Was war also zu sehen, als das Antikenmuseum Basel am 7. April 2004 nach mehrjähriger Verhandlungsphase und einjähriger Vorbereitungszeit die Türen öffnete? Von den 120 Objekten stammten 50 aus dem Grab des Tutanchamun, dessen fast vollständig bemalte Grabkammer zudem als Nachbau in Originalgrösse zu sehen war. Ergänzt wurde der berühmte Grabschatz mit 70 weiteren Beigaben aus früheren Gräbern der 18. Dynastie (15. und

14. Jh. v. Chr.), die einen Vergleich zwischen königlicher und nicht-königlicher Grabausstattung ermöglichen sollten.

Da das Antikenmuseum bei der Auswahl der Objekte nicht wählerisch sein konnte, hatte nicht wie üblich eine These die Aufbereitung im Museum bestimmt, sondern die Verfügbarkeit nachträglich ein Konzept geboren. So wirkte die Fragestellung im voluminösen Katalog, wie denn «eine Grabausstattung aus der 18. Dynastie im Tal der Könige beschaffen» sei, ein wenig wie ein heuristisches Alibi – was der Faszination an diesem erstaunlichen Ensemble frühester Kunst- und Kultgegenstände freilich keinen Abbruch tat.

Die Ausstellung befreite, das war ihr grösster Trumpf wie auch ihr grösstes Manko, die Grabschätze vom Ballast der Geschichte und dem Geist der Wissenschaft. Um in den engen Korridoren des Antikenmuseums den Besucherfluss nicht zu gefährden, wurde dem Betrachter nur ein Minimum an Texttafeln zugemutet. Was sollten sie denn anderes tun als stolz zu glänzen und beredt zu schweigen, diese Objekte, über welche die Lupen der Forscher schon hundert Mal gewandert sind, ohne ein Zeichen ungedeutet zu lassen, ohne einen Kratzer, der auf Alltagsgebrauch hinweisen könnte, zu übersehen?

So war im Antikenmuseum das Licht gedämpft, die Atmosphäre feierlich. Überwältigung, nicht Belehrung hiess die Devise, und wer nach dem Einführungsraum die Treppe hinabstieg und auf die ersten Exponate traf, der kam sich vor, als stehe er mit einem Bein tatsächlich in einem goldenen Jenseits. Der Rundgang begann mit einer Granitstatue

Der vergoldete äussere Sarg der Tuja, das grösste Objekt der Ausstellung (aus dem Grab von Juja und Tuja).
Die Spruchfolge auf den Schriftbändern enthält den Wunsch, Juja möge unversehrt in ihrem Sarg ruhen.

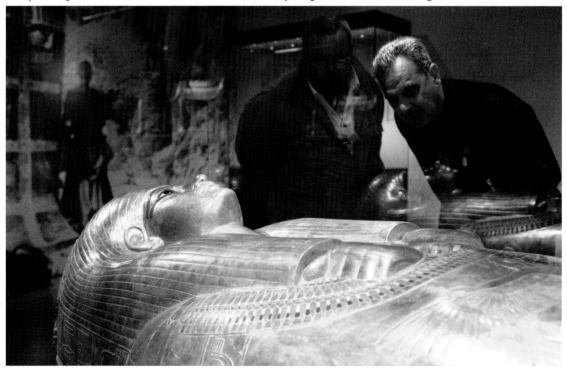

von Thutmosis IV. an der Seite seiner Frau, traf bald auf das mächtigste Schaustück, den vergoldeten Sarkophag aus dem Grab von Juja und Tuja, höfischen Beamten und Eltern der Gemahlin eines anderen Königs, Amenophis II. Ihnen folgte dessen Sohn, der Religionsstifter Echnaton, wobei die wenigen Reliefs und Büsten vom radikalen Umbruch dieser Zeit nur wenig verraten konnten. Endlich landete man in zwei grossen Sälen bei den Grabbeigaben des Tutanchamun, die von geradezu unwirklicher Schönheit aus ihren Vitrinen strahlten: feinstes Kunsthandwerk, über und über mit Hieroglyphen besetzt. Die (magische) Schrift wurde hier zum Ornament, seine Bedeutung zur geheimnisvollen Aura der Imaginationen. Über die einzelnen Objekte wie über die Ausstellung selbst hatte sich ein feines Tuch aus Ahnung, Wunder, Heiligkeit gelegt.

Ägypten sei das Land, das «die Zauberkraft hat, die besten Leute träumend zu machen», hatte 1774 der Gelehrte Herder erkannt. So träumte man auch in Basel vor den Zeugen einer vergangenen Zeit, die von allem entkleidet schienen, was auf irdische Herkunft und profane Zeitlichkeit hingewiesen hätte. Bei der Statuette des Duamutef zum Beispiel, die man eingewickelt in ein schmutziges Leinentuch im Grab gefunden hatte, liess man auch den mit Harz geschwärzten Schrein in Kairo, obwohl dieser für die Forschung mindestens so bedeutsam ist wie sein glänzender Inhalt selbst. In Basel stand, prächtig und erhaben, allein ein stolzer Gott aus Gold.

Königliche Kanopenbüste aus Kalzit (Alabaster) aus dem Grab von Tutanchamun. Sie bildete einen von vier Deckeln des so genannten Kanopenkastens, in den nach der Mumifizierung die inneren Organe des Verstorbenen eingelagert wurden.

Kein Orchester für Baselland Alfred Ziltener

Sinfonietta-Abstimmung im Baselbiet

**Die Baselbieter Stimmbürger haben eine Übernahme der ‹basel sinfonietta›
durch ihren Kanton abgelehnt.
Nun steht das Orchester vor gravierenden finanziellen Problemen.**

Die Sinfonietta ist im Baselbiet nicht erwünscht.

Weitsichtige Musikförderung
Ausgerechnet die Spielzeit
2005/06, in welcher die ‹basel
sinfonietta› ihr 25-jähriges Bestehen feiert, könnte auch ihre
letzte werden: Im Sommer 2004
haben die Baselbieter Stimmberechtigten einen Beschluss des
Landrats klar abgelehnt, von
2004 bis 2006 die Subventionie-
rung des Ensembles zu übernehmen – ein Votum, das für das
selbst verwaltete Orchester das
Aus bedeuten könnte.

Die Abstimmungsvorlage ging
zurück auf einen Vorstoss des
damaligen Baselbieter Erzie-
hungs- und Kulturdirektors Peter
Schmid. Dieser hatte im Sommer
2002 vorgeschlagen, als Beitrag
zur kulturpolitischen Aufgaben-
teilung zwischen den beiden
Halbkantonen die ‹basel sinfonietta› aus dem Vertragsverhält-
nis mit der Stadt zu lösen und in
die Verantwortung von Baselland
zu übernehmen. Zugleich wollte
er den Unterstützungsbeitrag
deutlich erhöhen: Bislang erhielt
das Orchester 305500 Franken
von Basel-Stadt plus 50000 Franken aus der Kulturvertragspau-
schale – das entsprach 17,8 Prozent seines Budgets, den Rest

erwirtschafteten die Musiker selbst. Ab 2004 sollten nun jährlich 650 000 Franken aus der Liestaler Kasse fliessen.

Damit wollte Schmid eine Politik fortsetzen, die sich schon vorher stark auf die Musik konzentriert hatte, einerseits mit der Förderung von Jugendmusikschulen, Laienchören und Musikvereinen, andererseits mit der Unterstützung für das Festival ‹Neue Musik in Rümlingen› und für die ‹Gare du Nord›, die eben erst, im Februar 2002, eröffnet worden war. Das Eintreten für die ‹basel sinfonietta› sollte diese Politik abrunden: Ihre eigenwilligen, gross angelegten Projekte gerade im Bereich der Gegenwartsmusik hätten das vorwiegend kammermusikalische Angebot in Rümlingen und im Musikbahnhof ergänzt; zudem sollte sie als Partner der Laienchöre zum kantonalen Musikleben beitragen und sich in der Musikerziehung engagieren.

Ein weiterer Grund für Schmids Vorstoss war die Tatsache, dass sich 2002 der im Kulturvertrag festgehaltene Beitrag des Landkantons an die Kulturinstitutionen der Stadt massiv verringert hatte, da er an die – damals rückläufigen – Steuererträge der natürlichen Personen gekoppelt ist. Die Aufnahme der ‹basel sinfonietta› in ein reguläres Subventionsverhältnis sollte die Kulturpauschale entlasten.

Im November 2003 überwies der Regierungsrat die Vorlage an den Landrat. Peter Schmid war inzwischen zurückgetreten und Urs Wüthrich hatte als sein Nachfolger die Erziehungs- und Kulturdirektion übernommen. Ihren Entscheid begründete die Regierung unter anderem mit der Qualität, dem internationalen Ruf und der wirtschaftlichen Eigenleistung des Orchesters. Zudem hielt sie fest, er sei Ausdruck «eines gewachsenen Verantwortungsbewusstseins gegenüber dem regionalen Kultur- und Kunstschaffen».

Opposition von rechts

Anders sah das die Opposition, die sich in der Zwischenzeit auf der Rechten formiert hatte. Sie warf der Stadt vor, sie wolle einmal mehr auf Kosten des Landkantons sparen, und der eigenen Regierung, sie versuche mit einer ‹Salamitaktik›

den Kulturvertrag auszuhöhlen. Zudem werde das Geld für die ‹basel sinfonietta› ausgegeben auf Kosten der eigenen kulturellen Veranstaltungen, der Waldenburger Konzerte und der Ebenrain Konzerte, sowie der ‹Wintergäste›-Lesungen; die Entgegnung, diese Reihen würden nicht aufgegeben, sondern neu gestaltet, fand kein Gehör. Auch die Behauptung der Gegner, die ‹basel sinfonietta› sei im Landkanton gar nicht präsent, versuchten die Befürworter vergebens zu widerlegen mit dem Hinweis, dass das Orchester seit Jahren auch Baselbieter Chöre begleite und dass die Aktivitäten in Zukunft stärker auf den Landkanton ausgerichtet würden. Das Hauptargument der Rechten aber war der Verweis auf die desolate Finanzlage des Kantons: Im Sommer 2003 hatte die Regierung eine generelle Überprüfung der Staatsaufgaben lanciert, mit dem erklärten Ziel, massive Einsparungen vorzunehmen. In dieser Situation ein Orchester zu übernehmen, betrachtete die Opposition als widersinnigen Luxus. Vergebens stellte die Kulturdirektion richtig, dass die ‹sinfonietta›-Gelder durch Umlagerungen im Kulturbudget frei würden, also nicht zu Mehrausgaben führten.

Einen ersten Versuch der ‹Schweizer Demokraten›, das Projekt bereits in der Budget-Debatte im Dezember 2003 abzuwürgen, wies der Landrat zurück. Anfang Februar 2004 kam die Vorlage vors Parlament und wurde mit 52 zu 37 Stimmen angenommen. CVP, Grüne und SP hatten sich dafür entschieden, SVP, SD und die Mehrheit der FDP dagegen. Zwei Tage später kündigte die SVP das Referendum an und Anfang April übergab sie der Staatskanzlei 2700 Unterschriften, 1200 mehr als nötig.

Zusätzliche Probleme ergaben sich, als Ende April bekannt wurde, dass die Baselbieter Kulturdirektion irrtümlich im Vorjahr 250 000 Franken aus dem Kulturbudget widerrechtlich an die ‹sinfonietta› überwiesen hatte: Zwar war der Betrag im Budget bereitgestellt worden, hätte aber nicht ohne Landratsbeschluss ausgegeben werden dürfen. Die Forderung der Rechten, die Summe müsse zurückgezahlt werden, wies die Regierung jedoch ab, da das Orchester das Geld in gutem Glauben entgegengenommen und bereits ausgegeben habe.

Verzerrungen und Unterstellungen

Obwohl eine Konzertsaison eine längerfristige Planung braucht, bemühte sich das Orchester, im Landkanton vermehrt präsent zu sein. So traten die Bläser am 6. Juni im Kantonsmuseum Liestal mit einem kammermusikalischen Programm auf. Am 2. Juli gastierte die ‹sinfonietta› zusammen mit den Absolventen des Zürcher Opernstudios in der Muttenzer ‹Mittenza›. Anfang September führte sie zusammen mit dem Gymnasium Liestal und Primarschulklassen aus Bubendorf, Gelterkinden, Rickenbach, Rothenfluh und Liestal das innovative Schulprojekt ‹Sternschnuppe(r)n› durch. Und den Start in die neue Saison verlegte sie kurzerhand in die Kantonshauptstadt: An zwei Konzerten am Bettags-Wochenende dirigierte Julia Jones in der Stadtkirche Liestal Kompositionen von Igor Strawinsky, Karl Amadeus Hartmann und Franz Schubert.

Inzwischen war der Abstimmungskampf in vollem Gang, ein Abstimmungskampf, der von Seiten der Gegner teilweise mit Verzerrungen und Unterstellungen geführt wurde, die in einzelnen Fällen an Rufmord grenzten. – Am Wochenende vom 26. September wurde die Vorlage von 62,7 % der Stimmenden abgelehnt; einzig in Arlesheim fand sich eine Ja-Mehrheit, wohl nicht zufällig in einer der wenigen Baselbieter Gemeinden mit einer eigenen langjährigen Konzerttradition. Es wäre zweifellos falsch, dieses Resultat als Votum gegen die ‹basel sinfonietta› zu sehen. Das Orchester war, wie vorauszusehen, dem allgemeinen Spardruck zum Opfer gefallen.

Die Folgen sind verheerend: Ohne die Gelder von Baselland bleiben an Subventionen nur noch die von Basel-Stadt für das Kalenderjahr 2005 zugesagten 305 000 Franken. Dann läuft der Vertrag mit dem Stadtkanton aus und ab 2006 hängt

Noch ist die Zukunft der Sinfonietta offen.

das Orchester in der Luft. Dazu kommt, dass einige
der bisherigen Sponsoren ihre Unterstützung abhängig machen von einer Grundsubventionierung,
die Qualität und Kontinuität garantiert. Trotzdem
zeigte sich Harald Schneider, der Geschäftsführer
des Orchesters, im Gespräch Ende November 2004
zuversichtlich: Die Signale aus den Rathäusern von
Liestal und Basel seien positiv; in beiden Halbkantonen sei man sich offenbar einig, dass das Orchester weiter bestehen müsse, und suche nach Lösun-
gen. Dabei werde wohl auch die Bewertung des
Orchesters in der vom baselstädtischen Erziehungsdepartement bei der Londoner Beratungsfirma IMG
Artists in Auftrag gegebenen Analyse des Basler
Musiklebens eine wichtige Rolle spielen. – Die Musiker jedenfalls beschlossen an ihrer Generalver-
sammlung im November, alles daran zu setzen, dass
die ‹basel sinfonietta› ihre Arbeit in der bisherigen
Form fortsetzen kann – jetzt erst recht!

Die Sammlung Im Obersteg im Kunstmuseum Basel

Hans Furer
Henriette Mentha

Rückkehr einer Basler Privatsammlung

Mit der Heimkehr der in Basel entstandenen Sammlung Im Obersteg ist eine hochkarätige Privatsammlung der Kunst der Klassischen Moderne im Januar 2004 im Kunstmuseum Basel eingezogen. Für das Kunstmuseum bedeutet diese Dauerleihgabe einen ausserordentlich gehaltvollen Zuwachs. Die Sammlung ist auf Initiative des Basler Spediteurs und Kunstkenners Karl Im Obersteg (1883–1969) und seines Sohnes Jürg (1914–1983), Professor für Gerichtsmedizin, entstanden. Sie wurde 1992 von der Witwe von Jürg Im Obersteg, Doris Im Obersteg-Lerch, in eine Stiftung überführt und von 1995 bis 2002 in Oberhofen am Thunersee in einem Privatmuseum jeweils während den Sommermonaten der Öffentlichkeit zugänglich gemacht.

Pablo Picasso,
Buveuse
d'absinthe, 1901,
Öl auf Leinwand,
Sammlung
Im Obersteg,
Depositum
im Kunstmuseum
Basel.

Ein wegweisender Entscheid für die Stiftung

Am 5. Juni 2002 hat der Stiftungsrat entschieden, die Werke der Stiftung nicht mehr in Oberhofen, sondern ab 2004 im Kunstmuseum Basel zu zeigen. Diesem Entscheid ist ein sorgfältiges Evaluationsverfahren vorausgegangen, denn sowohl das Kunstmuseum Bern wie das Kunstmuseum Basel haben sich für die Aufnahme der Sammlung beworben.

Mit dem Auszug der Paul-Klee-Stiftung in das neue Klee-Zentrum am Stadtrand von Bern ist in Bern ein Vakuum entstanden. Das Kunstmuseum Basel zeigte Interesse, weil die Sammlung Lücken schliessen (Jawlensky, Soutine) und Akzente verstärken (Chagall, Picasso, Nolde) konnte. Bern bot an, die gesamte Sammlung zu zeigen, Basel garantierte der Stiftung, permanent mindestens 41 Werke auszustellen. Der Entscheid fiel zu Gunsten von Basel, weil die Sammlung hier und im Kontext mit der Öffentlichen Kunstsammlung Basel entstanden ist und die Werke der Sammlung des Basler Kunstmuseums das Stiftungsgut besser zur Geltung bringen. Zudem sind die persönlichen Bindungen der Stifterin zu Basel eng. Gemäss dem Stiftungsvertrag soll in regelmässigen Abständen (alle sechs bis sieben Jahre) eine umfangreiche Präsentation der Stiftungsbestände im Kunstmuseum Basel stattfinden. Die Eröffnungsausstellung, die vom 13. Februar 2004 bis 2. Mai 2004 dauerte, wurde von über 39 000 Besucherinnen und Besuchern enthusiastisch gefeiert. Die Werke wurden zum Teil erstmals seit ihrem Erwerb (ab 1916) in Basel ausgestellt.

Vom 4. September bis 30. November 2003 wurde die Sammlung unter dem Titel ‹Im Bann der Moderne, Picasso, Chagall, Jawlensky› im Kunstforum Wien gezeigt. Dort sahen sie über 100 000 begeisterte Besucherinnen und Besucher. Sowohl Basel Tourismus, das Stadtmarketing wie auch das Kunstmuseum konnten für sich und Basel erfolgreich werben.

Für das Basler Kunstmuseum ist diese kapitale Ergänzung – die Sammlung umfasst 188 Werke – die bedeutendste seit 1963, als die letzten Teile der Schenkung Dr. h.c. Raoul La Roche Einzug in das Museum hielten.

Sammlungsgeschichte

Der Hauptbestand der Sammlung ist der Aktivität und Leidenschaft Karl Im Oberstegs zuzuschreiben, der 1916 sein erstes Gemälde – ein Blumenstillleben von Cuno Amiet – und später wichtige Werke von Marc Chagall, Alexej von Jawlensky, Paul Klee, Pablo Picasso, Chaïm Soutine und anderen erwarb. Das Sammeln prägten Freundschaften mit Künstlern und die Vorliebe für eine expressiv-figurative Malerei. Dabei bildet nicht nur die Ausdruckskraft der Farbe eine leitmotivische Konstante, sondern auch der eindringliche, bisweilen melancholische Blick auf die menschliche Existenz. Die zufällige Begegnung mit russischen Exilkünstlern in Ascona 1919 begründete die kontinuierliche Sammeltätigkeit Karl Im Oberstegs und gipfelte in lebenslangen Freundschaften, besonders zu Jawlensky. Heute darf die Sammlung mehr als dreissig Werke des Russen ihr Eigen nennen, was neben der Familiensammlung Jawlenskys der umfangreichste und wichtigste Bestand in der Schweiz ist.

Seit den zwanziger Jahren richtete Karl Im Obersteg seine Sammeltätigkeit vermehrt auf internationale Kunst aus. Einen ersten Höhepunkt realisierte er mit dem Ankauf zweier Hauptwerke Pablo Picassos: ‹Arlequin›, 1923, der nach dem Tod Im Oberstegs (1969) verkauft werden musste, und ‹Buveuse d'absinthe›, 1901, einem Frühwerk der ersten eigenständigen Stilphase des Künstlers, der Blauen Periode. Dieses Gemälde zählt zu den wichtigsten und rätselhaftesten Werken der Sammlung Im Obersteg. Auf seiner Rückseite befindet sich ein zweites Gemälde, ‹Femme dans la loge›, das kurz vor der melancholischen ‹Buveuse d'absinthe› noch unter dem Einfluss von Toulouse-Lautrec, Manet und Van Gogh entstanden ist. Ein kleiner Akt der dreissiger Jahre und die aus zwei Spielzeugautos sowie vorgefertigten Keramikteilen zusammengebaute Bronzeplastik ‹La guenon et son petit› ergänzen die heterogene Werkgruppe Picassos.

Mit der Hinwendung zu Picasso begann sich Karl Im Obersteg, auch infolge seiner europaweiten Speditionsgeschäfte, vermehrt nach Paris auszurichten, wo er Werke von Paul Cézanne, Léon Bonhomme, André Derain, Aristide Maillol, Amedeo Modigliani, Maurice de Vlaminck, Georges Rouault, Auguste Rodin und anderen erwarb. Sieben Gemälde des in Paris lebenden Aussenseiters Chaïm Soutine bilden eine eigenwillige Werkgruppe dieser Ausrichtung, welche die Hingabe des Sammlers an eine die Farbe zelebrierende ‹Peinture› verrät und auf seine Vorliebe für die Malerei des russischen Kulturkreises hinweist.

1936 konnte der Sammler – wohl nur dank seiner persönlichen Beziehung zu Marc Chagall – ein enigmatisches, maskenhaft verspieltes Selbstbildnis des jungen Künstlers und die weltbekannten, mächtig wirkenden Judenbildnisse von 1914 erwerben. Der Ankauf verlieh seiner exquisiten und sehr persönlichen Kollektion unweigerlich eine den privaten Rahmen sprengende Dimension und Bedeutung. Die einzigartigen Frühwerke aus Chagalls Zeit in Russland, die zwischen erdverhaftetem Wirklichkeitsbezug, formaler Reduktion und Träumerei oszillieren, waren seit den zwanziger

Jahren, als der Maler wieder nach Paris zurückgekehrt war, sehr gefragt. Dies verleitete ihn zum Malen von Repliken. Die drei Juden der Sammlung Im Obersteg jedoch sind Erstfassungen von bewegender Intensität.

Nach der lange währenden Präferenz für eine gegenständlich bestimmte Moderne des französischen und russischen Kulturraumes öffneten sich Karl Im Obersteg und nun auch sein Sohn Jürg nach dem Zweiten Weltkrieg neuen künstlerischen Tendenzen gegenüber. So wurden Werke von jüngeren Vertretern der ‹Ecole de Paris› erworben, mit dem heute eher kritisch beurteilten Existenzialismus von Bernard Buffet als Schwerpunkt. Farbbestimmte Abstraktion wurde zum Thema, etwa bei Serge Poliakoff, aber auch der Entdecker der ‹Art brut›, Jean Dubuffet, fand Eingang in die Sammlung, ebenso die unkonventionellen Materialbilder von Antoni Tàpies und – durch die Initiative Jürg Im Oberstegs – die dramatischen Fingermalereien von Louis Soutter. Nach dem Tod von Karl Im Obersteg widmete sich Jürg sowohl den Geschäften seines Vaters als auch der Pflege der Kunstsammlung. Gemeinsam mit seiner Ehefrau Doris lebte er – wie bereits sein Vater – umgeben und in einem intensiven Austausch mit den Werken. Ergänzend zum Bestand erwarb er Arbeiten von Lyonel Feininger, Emil Nolde, Kurt Seligmann und Marianne von Werefkin.

Neben seiner Liebe für die französische Nachkriegskunst – besonders für Bernard Buffet, den er seinem Vater vorgestellt hatte – begeisterte sich Jürg Im Obersteg für die Kunst des Konstruktivismus. Durch den Ankauf von je einer Arbeit auf Papier Alexander Rodtschenkos und Theo van Doesburgs eröffnete er diesen neuen Sammlungsbereich, den Doris Im Obersteg weiter ausbaute.

Prägende Freundschaften

«Sie, lieber Herr Im Obersteg, sind unser Schweizer für alles! Denn wir haben keinen anderen ...» Diese Worte des russischen Künstlers Robert Genin vom 5. März 1921 charakterisieren Karl Im Obersteg trefflich. Dieser setzte sich für seine Künstler persönlich ein. Er organisierte ihnen Ausstellungen, vermittelte Verkäufe, führte Bildertransporte durch, befasste sich mit Zoll- und Versicherungsfragen, und leistete auch direkte finanzielle Hilfe. Für Alexej von Jawlensky beispielsweise war die legendäre Hilfsbereitschaft Karl Im Oberstegs überlebenswichtig. Die desolate Wirtschaftslage der Weimarer Republik erschwerte von der zweiten Hälfte der 1920er Jahre an das Leben des in Wiesbaden lebenden Malers, und als sich auch noch sein Gesundheitszustand verschlechterte – er litt an einer schweren rheumatischen Krankheit, die zu Lähmungen und später zum Tod führte – wurde der Kontakt zu seinem Schweizer Freund Im Obersteg noch wichtiger. Mit Im Oberstegs Hilfe konnte der Künstler weiterhin Werke in der Schweiz verkaufen, denn in Deutschland war es ihm infolge des Ausstellungsverbots durch die Nationalsozialisten versagt.

Mit Cuno Amiet bestand eine vergleichbare Freundschaft, die über das Persönliche hinaus eine geschäftliche Seite hatte. Der Briefwechsel mit Ernst Ludwig Kirchner, von dem Im Obersteg nie ein Bild erworben hat, erstreckte sich über die Jahre 1935 bis 1937 und bezieht sich vor allem auf Ausstellungen seines Schaffens im Kunstmuseum Basel (1935) und in der Kunsthalle Basel (1937). 1933 beginnt die Korrespondenz mit Marc Chagall. Im Obersteg, der nun eine Rolle im kulturellen Leben von Basel spielte, bemühte sich, dem Russen eine Ausstellung in der Schweiz und in London zu vermitteln. Karl Im Obersteg war Mitglied der Kunstkommission der Öffentlichen Kunstsammlung und begleitete am 30. Juni 1939 Georg Schmidt, den neuen Direktor des Kunstmuseums Basel, nach Luzern zur Auktion von ‹entarteter› Kunst; das Kunstmuseum legte mit den Ankäufen das Funda-ment seiner überragenden Sammlung der Klassischen Moderne. Im Obersteg setzte sich auch sonst aktiv für Ankäufe ein und machte seine guten Kontakte in Paris nutzbar. In der Zusammenarbeit zwischen der Stiftung Im Obersteg und dem Kunstmuseum hat diese alte Beziehung eine Fortsetzung gefunden.

Marc Chagall,
Der Jude in Grün,
Der Jude in
Schwarz-Weiss,
Der Jude in Rot,
alle 1914,
Öl auf Karton,
auf Leinwand auf-
gezogen,
Sammlung
Im Obersteg,
Depositum
im Kunstmuseum
Basel.

Albert E. Kaiser *Hans Hafen*

11. August 1920 bis 5. Dezember 2004

Eine grosse Trauergemeinde nahm am 13. Dezember 2004 Abschied von Albert E. Kaiser, der mit dem ‹Collegium Musicum Basel› das Musikleben der Stadt während mehr als fünfzig Jahren entscheidend mitgestaltet hat. Ein Musiker von grosser Ausstrahlungskraft und Durchhaltevermögen, der auf ein reiches Leben für die Musik zurückblicken konnte, hat uns verlassen.

Albert Kaiser, der schon als Kind wusste, dass er Musiker werden wollte, genoss seine berufliche Ausbildung am Konservatorium Zürich bei Volkmar Andreae und Silvia Kind. Er war zuerst am Schauspielhaus Zürich tätig, das in jener Zeit noch viele musikalische Werke aufführte. Musikalischer Oberleiter war Paul Burkhard, mit dem ihn eine lebenslange Freundschaft verband und dessen ‹Zeller-Spiele› Kaiser immer wieder aufführte. Der Dirigent Clemens Krauss nahm Albert Kaiser nach Salzburg mit und wollte ihm eine Karriere in Deutschland ermöglichen. Doch Kaiser konnte in der Unfreiheit des total kontrollierten Nazi-Reichs nicht atmen und kehrte darum nach Zürich zurück, diesmal als Korrepetitor und Operettendirigent am Zürcher Stadttheater. 1945 konnte Kaiser ans Stadttheater Basel wechseln. In dieser jahrelangen Theatertätigkeit, die zwischen Korrepetition und dem Dirigieren von grossen Opern alles umfasste, lernte der Dirigent einen grossen Apparat zu leiten, er lernte aber vor allem Sänger zu führen und auf sie einzugehen. Sie schätzten ihn dafür sehr.

Aus der Arbeit mit dem Orchester der ‹Basler Orchestergesellschaft› am Basler Stadttheater wuchs dann das spätere Orchester des ‹Collegium Musicum› heraus, das vor drei Jahren sein 50-jähriges Jubiläum feiern konnte. Es wurde auch das Orchester des jungen Schweizer Fernsehens, und Albert E. Kaiser konnte für das Fernsehen viele Musikreihen produzieren, die auch die neueste Musik umfassten oder sich der Förderung junger Solisten widmeten. Das Fernsehen lohnte dem Orchester und seinem Dirigenten die Treue, die sie ihm in einem harten Kampf mit der Musikergewerkschaft gehalten hatten und dafür aus dem Musikverband ausgeschlossen worden waren, schlecht, denn es musste das Orchester aus finanziellen Gründen bald darauf entlassen. Kaiser nahm aus Solidarität ebenfalls den Hut, stand aber praktisch vor dem Nichts. Er konnte dann die Leitung von zwei Blasmusikkorps übernehmen und als Folge davon auch die Ausbildung der Blasmusikdirigenten an der Musikakademie. Das gewährte eine gewisse materielle Sicherheit. Nebenher ging eine teilzeitliche Tätigkeit als Musiklehrer an Schulen.

Aus der Arbeit für das Fernsehen ging auch der erste Chor hervor, der 1956 unter dem Namen ‹Chor des Collegium Musicum Basel› an die Öffentlichkeit trat. 1963 erfolgte die Gründung des Oratorienchors Baselland. Die beiden Chöre traten immer gemeinsam auf, jährlich in zwei Konzerten. Sie ermöglichten es, im Programm der Abonnementskonzerte des ‹CMB› ein grosses

Chorkonzert anzubieten, was zur Attraktivität der Konzertreihe beitrug.

Und dann rief wieder das Theater. In Interlaken gründete Kaiser 1961 die Internationalen Mozart-Wochen. Von Interlaken führte später ein Faden nach Wien, wo er zwölf Jahre lang als Gastdirigent an der Wiener Volksoper wirkte, ein Höhepunkt seiner Laufbahn. Die Rücksicht auf die Familie und die Anhänglichkeit an die Schweiz bewogen ihn, ein Angebot, nach Wien zu übersiedeln, auszuschlagen und seine Tätigkeit wieder ganz auf die Schweiz zu konzentrieren.

Wie schlägt sich ein quasi selbständiger Unternehmer mit seinem Orchester, dem ‹Collegium Musicum Basel›, in der Schweiz durch? Er dirigiert gegen ein sehr bescheidenes Honorar und kämpft zusammen mit dem Vorstand und dessen Präsidenten, die grosse Arbeit leisteten, um Sponsorenbeiträge und um Subventionen. Eine Zeit lang fand das ‹Collegium Musicum› in der ‹Migros-Genossenschaft Basel› einen grosszügigen Gönner, der später aber wieder wegfiel, da er seine Kulturpolitik neu orientierte. Schliesslich bewilligte Basel, später auch Baselland eine im Vergleich zu andern Veranstaltern bescheidene Subvention. In der Programmgestaltung musste der künstlerische Leiter zwischen den grossen, hochsubventionierten Konzertveranstaltern die Marktlücke suchen, die ihm Erfolg bringt. Das war die Ausrichtung auf das klassisch-romantische Repertoire, das den Konzerten des ‹Collegium Musicum› heute die grösste Abonnentenzahl aller Konzerte in Basel sichert, auch nachdem die Abonnentenzahlen bei allen Veranstaltern stark zurückgegangen sind. Dennoch können auch in diesem Bereich immer wieder wenig bekannte Werke ans Licht gebracht werden oder es lässt sich ein Abstecher ins 20. Jahrhundert wagen, wie mit dem Oratorium ‹Le Laudi› des Baslers Hermann Suter oder dem ‹Roi David› von Arthur Honegger, von denen sich auch ein anfänglich skeptisches Publikum mitreissen liess.

Nachwuchsförderung war immer ein grosses Anliegen von Albert E. Kaiser. Neben seiner Lehrtätigkeit an Musikakademie und Schulen ist zu erwähnen, dass er Musikstudenten immer wieder

Albert E. Kaiser prägte über fünfzig Jahre lang das Basler Musikleben.

Gelegenheit gab, im Berufsorchester mitzuwirken und erste Erfahrungen zu sammeln, und dass er seit vielen Jahren Preisträger der Genfer und Münchner Musikwettbewerbe in einem Konzert vorstellte und ihnen so ermöglichte, vor einem breiteren Publikum zu spielen. Die grösste Tat Albert Kaisers in der Nachwuchsförderung ist aber wohl die Gründung des Jugendsymphonieorchesters der Regio im Jahre 1971. Damit ermöglicht er jungen Laien, unter professioneller Leitung in einem regelrechten Sinfonieorchester mitzuspielen und in Konzerten vor Publikum aufzutreten. Die jungen Leute, die ja freiwillig mitmachen, danken ihm sein Engagement mit grossem Einsatz und einer erstaunlichen Probenpräsenz von nahezu 100 Prozent.

Im Sommer 2003 musste sich Albert Kaiser einer schweren Operation unterziehen, der weitere Eingriffe folgten. Dennoch fand er die Kraft, in seinem letzten grossen Konzert am 3. November 2003 mit dem Deutschen Requiem von Brahms eine mustergültige und ergreifende Aufführung zustande zu bringen. Dann übergab er die Leitung der beiden Orchester und der Chöre an jüngere Kräfte. Mit grosser Zähigkeit hat er mit seiner Krankheit gerungen. Am 5. Dezember 2004, am Todestag Mozarts, ist sein Leben erloschen.

Für sein Wirken im Dienste der Musik schuldet ihm die Nachwelt grossen Dank.

Wissenschaft und Bildung

Die Universität im Umbruch

Den Bildungsinstitutionen wie den Studierenden wird immer deutlicher, dass sich auch der Bildungssektor in einer Marktsituation befindet. Neben der internationalen wissenschaftlichen Konkurrenz macht vor allem die ökonomische Konkurrenz im nationalen Rahmen der Basler Universität das Leben schwer. Denn in der Bildung ist es wie im Sport (vgl. den Beitrag von Thomas Bürgi in diesem Band): Es braucht, um erfolgreich sein zu können, eine kritische Grösse, herausragende Akteure und vor allem gesicherte finanzielle Mittel der öffentlichen Hand. Und: Die Uni muss sich angesichts ihrer mittleren Grösse und auf Grund der beschränkten Mittel auf ihre Stärken konzentrieren.

Andrea Mašek beschreibt, was die Portfoliobereinigung ausgelöst hat, Rolf Soiron, Präsident des Unirates appelliert – nachdem die Uni ihre Aufgabe gemacht hat – zu Recht und mit Nachdruck an die Verantwortung der beiden Basel, Gian-Reto Plattner zeichnet die Entstehung des ETH-Instituts in Basel nach, und Christoph Dieffenbacher und Peter Dalquen berichten von den jüngsten Studierenden und dem grossen Erfolg, der der Kinder-Universität beschieden war.

Weitere Themen

- Auch die Ausbildung von Lehrkräften und Sozialarbeiterinnen und Sozialarbeitern musste im Zuge der Reformen und Konzentrationen der Fachhochschulen neu geordnet werden: Anton Hügli schildert den Weg von «wegweisenden Anfängen und grossen Visionen zur heutigen Hochschule für Pädagogik und Soziale Arbeit beider Basel (HPSA BB)».
- Die reich illustrierten Meier-Bücher sind legendär. Kein anderer Basler Lokalhistoriker hatte so viel Erfolg mit seinen stadtgeschichtlichen Büchern wie Eugen A. Meier. Urs Hobi würdigt das historiografische Werk des 2004 Verstorbenen.

Tausende wehren sich gegen Fächerabbau

Andrea Mašek

Die Portfoliobereinigung der Universität Basel

Um konkurrenzfähig zu bleiben, muss die Universität Basel ihr Leistungsangebot verbessern und gleichzeitig ihrer prekären Finanzsituation gerecht werden. Der Universitätsrat hat der Universität deshalb Anfang Jahr einen entsprechenden Bericht zur Stellungnahme vorgelegt. Er gilt als Grundlage für die Leistungsvereinbarung 2005–2008 mit den Kantonen Basel-Stadt und Baselland. Darin wird unter anderem die Schliessung von Fächern vorgesehen, was zu grossen Protesten geführt hat.

Mit einem Paukenschlag beginnt das Jahr 2004 für die Universität Basel. Der Universitätsrat stellt am 22. Januar die Perspektiven für die nächsten vier Jahre vor, im Hinblick auf die Leistungsvereinbarung 2005–2008 mit den Kantonen Basel-Stadt und Baselland. Der Rat stützt sich dabei auf eine Standortbestimmung, die in Anbetracht der finanziellen Schwierigkeiten, in denen sich die Institution befindet, gemacht worden ist. Die Universität rechnet bis 2008 mit einem jährlichen Defizit von 23 Millionen Franken. Da nicht alles den Trägerkantonen Basel-Stadt und Baselland angelastet werden kann, wurde eben eine so genannte Portfoliobereinigung ausgearbeitet.

Diese wird das ganze Jahr über für Unruhe sorgen. Zum ersten Mal überhaupt sieht sich die Universität mit Sparmassnahmen in grossem Stil konfrontiert. Der Universitätsrat setzt seine Akzente klar zugunsten der Life Sciences, aber auch der Rechts- und Gesellschaftswissenschaften. Auf kleinere Fächer mit geringer Nachfrage und ohne grosse wissenschaftliche Brillanz wie Astronomie, Kernphysik, Geologie und Slavistik soll ganz verzichtet werden. Bei vielen anderen sind Kürzungen (Geschichte, Musik, Chemie, Mathematik, Biologie) oder Zusammenlegungen (zum Beispiel die Zahnmedizin mit Bern) vorgesehen. Die Sportwissenschaften sollen an die Fachhochschule ausgelagert, der Botanische Garten dem Kanton übergeben werden. Insgesamt könnten so 7,9 Millionen Franken eingespart werden.

Betroffen von diesen Massnahmen wären rund 150 Studierende und 16 Professuren. Nicht eingerechnet die administrativen Stellen, die ebenfalls verloren gehen würden. Auch das Personal muss Opfer bringen: Bis 2008 sollen die Gehälter zwei Mal um je ein Prozent gesenkt werden (Sparpotenzial 3,6 Mio.). Eine Straffung der Zentralen Verwaltung ist ebenfalls eingeplant (1 Mio.).

Um die Qualität und Attraktivität dennoch steigern zu können, sieht der Universitätsrat auf der anderen Seite 16,2 Millionen Franken an Investitionen vor. Dieses Geld soll laufenden Berufungen, der juristischen und medizinischen Fakultät, der Soziologie, den Medienwissenschaften, der Pharmazie, Nanotechnologie, Informatik, Psychologie und der Universitätsbibliothek zugute kommen. Geld würde zudem in die Lehre und in Apparate gesteckt.

Der Universitätsrat unterlässt es nicht, einen eindringlichen Appell an die Trägerkantone zu richten, mehr Geld zu sprechen. Die Portfoliobereinigung geht sodann in die interne Vernehmlassung.

Es wird demonstriert

Die ersten Reaktionen fallen heftig und emotional aus. Die Universitätsangehörigen zeigen sich geschockt, obwohl der Universitätsrat bereits im Herbst 2003 etwa Massnahmen in der Philosophisch-historischen Fakultät angekündigt hat. ‹Spar-Operation gelungen – Bildung tot›, skandieren Studierende und Assistierende. Sie fürchten um die gute Ausbildung und eine Rufschädigung der Universität. Immer wieder kommt der Vorwurf, kein Mitspracherecht gehabt zu haben. Auch in höheren Ämtern akzeptiert man die ‹diktatorische› Art und Weise nicht, wie der Universitätsrat informiert hat. Dieser hält seinerseits fest, dass alle zuständigen Stellen zur Mitarbeit eingeladen gewesen seien.

Der Widerstand formiert sich schnell. Bereits am 29. Januar kommt es zu einer grossen Demonstration gegen den geplanten Abbau. 2500 Studierende und Sympathisanten ziehen vom Kollegiengebäude vors Rathaus. Auf Flugblättern wird die Politik des Universitätsrates kritisiert, die die Institution zu einem standortgerechten, rentablen Unternehmen mit möglichst kostengünstigem Kerngeschäft machen wolle. Die Demonstrierenden fordern Unirat, Regierung und Parlament auf, zu einer verantwortungsvollen Bildungspolitik zurückzukehren.

Der Februar verläuft ruhiger. Alle Betroffenen arbeiten bis Ende Monat ihre Vernehmlassungen aus.

Im März herrscht gespannte Ruhe. Der Universitätsrat lässt sich nicht in die Karten schauen. Präsident Rolf Soiron spricht aber gegenüber der Basellandschaftlichen Zeitung von einer enormen Beteiligung. Selbst 600 externe Zuschriften seien

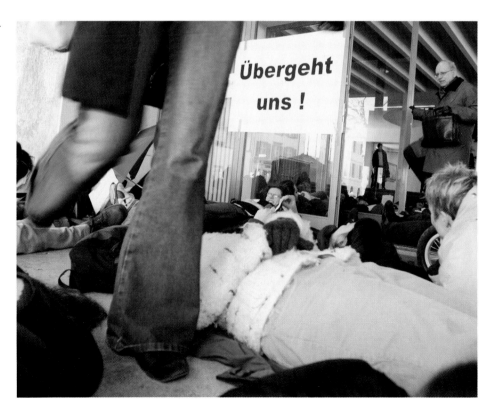

5. Februar 2004: Studierende protestieren gegen die Sparmassnahmen.

eingegangen, Institute in der ganzen Welt seien mobilisiert worden. Am häufigsten würden die Schliessungen von Astronomie und Slavistik kritisiert, sagt Soiron.

Mit 16 538 Unterschriften wird dem Grossen Rat am 22. März eine Petition eingereicht. Darin fordert der ‹Verein Botanischer Garten beim Spalentor› den Verbleib bei der Universität. Man wehrt sich für die Qualität, die an die Forschung und damit ans Botanische Institut gekoppelt ist.

Am 7. April tritt der Universitätsrat vor die Medien. Er macht deutlich, dass er an seinen Spar- und Ausbauplänen festhalten will. Der Philosophisch-historischen und der Philosophisch-naturwissenschaftlichen Fakultät, die 1,65 respektive sechs Millionen Franken einsparen müssen, gesteht er eine Gnadenfrist zu. Sie dürfen bis Ende Juni ihre eigenen Vorschläge ausarbeiten. Wobei ihr

Spielraum beschränkt bleibt: Separate Studiengänge in Slavistik, Geologie und Astronomie kommen nicht in Frage. Abgeschafft werden sollen Grundlagen-Sprachkurse.

Beim Botanischen Garten allerdings lenkt der Rat ein – wenn dieser künftig betriebswirtschaftlich geführt wird. Auch die Sportwissenschaften bleiben wegen des eingeführten Numerus clausus bei der Universität. Das neu geschnürte Portfolio-Paket wird den beiden Basler Regierungen übergeben.

Das lange Warten auf die Regierungen
Erneut zeigen sich Studierende, Assistierende und Universitätsangestellte enttäuscht. Keiner ihrer Vorschläge sei berücksichtigt worden. Wütend sind sie zudem, weil die Medienorientierung kurzfristig verlegt worden ist – um sie fernzuhalten. Die Studierenden berufen deswegen am 14. April eine

Sparen und gleichzeitig qualitativ und quantitativ wachsen? Ein Balanceakt.

Vollversammlung ein. Doch zu wenige lassen sich mobilisieren.

Erst am 27. Mai tut sich wieder etwas im ‹Lager der Gegner›. Rund 100 Personen aus Politik, Universität, Gewerkschaften und weiteren Organisationen schliessen sich zum ‹Forum Demokratische Uni› zusammen. Sinn und Zweck des Vereins ist die Vernetzung der breiten Ablehnung der Portfoliobereinigung. Als Ziele genannt werden: Verzicht auf Streichung und Reduktion von Fachrichtungen, eine Änderung des Universitätsgesetzes (die Institution soll autonom bleiben, aber strategische Entscheide gehören in die Kompetenz der Parlamente) sowie die Vermeidung von Lohnkürzungen und Stellenabbau. Weiter wird dafür gekämpft, dass die Trägerkantone ihre finanziellen Beiträge erhöhen und dass die Universität demokratisiert wird. Mit Protestaktionen tritt der Verein an der Uni-Nacht vom 18. Juni erstmals öffentlich in Erscheinung.

Ende Juni geben die Philosophisch-historische und die Philosophisch-naturwissenschaftliche Fakultät ihre Sparvorschläge ab. An die Öffentlichkeit dringt davon nichts. Erst am 19. August äussert sich der Universitätsrat dazu – nach seiner Budgetsitzung. Rolf Soiron zeigt sich verärgert über die Regierungen beider Basel. Die Universität müsse endlich wissen, wie es weitergeht. Für das Jahr 2005 könne nur provisorisch budgetiert werden, sagt er. Die Massnahmen des Portfolioberichts seien aber nur umsetzbar, wenn Klarheit über die künftigen Finanzen bestehe.

Überraschend mild fällt die Beurteilung der Fakultätsvorschläge aus: Der Rat lobt die konstruktive Arbeit. Er erklärt sich bereit, auf die Restrukturierungspläne einzugehen, obwohl die Sparvorgaben etwa seitens der Philosophisch-naturwissenschaftlichen Fakultät nicht eingehalten worden sind. Die Fakultäten werden Umlagerungen und Departementsbildungen (zum Beispiel Umweltwissenschaften) vornehmen, Kooperationen mit anderen Hochschulen anstreben (in Geowissenschaften und Astronomie) sowie auf Studiengänge mit sehr kleinen Studierendenzahlen verzichten. Der Rat billigt, dass Fächer nicht geschlossen werden, die Fakultäten sich dafür zu Mehreinnahmen

verpflichten, zum Beispiel indem mehr Studierende angeworben werden. Uni-intern ist die Stimmung trotz des unerwarteten Einlenkens des Universitätsrates gedämpft. Das Wort ‹Notprogramm› ist in aller Munde.

Erst am 26. Oktober ‹erlösen› die Regierungen beider Basel die Universität. Sie beantragen ihren Parlamenten Sonderbeiträge von je drei Millionen Franken an das Globalbudget 2005 und schlagen zudem ein Datum der gemeinsamen Trägerschaft vor: den 1. Januar 2007. Das Echo ist freudig – nur im Kanton Baselland regt sich bereits Widerstand. Man ist sich aber bewusst, dass noch vieles offen ist. Allem voran muss die finanzielle Trägerschaft ausdiskutiert werden. Und die Universität braucht mehr als ein Plus von sechs Millionen Franken. Ansonsten kann sie sich vom internationalen Bildungsmarkt verabschieden, wie Rolf Soiron verschiedentlich gewarnt hat.

Die Portfolio-Analyse oder: Wohin geht die Uni? *Rolf Soiron*

Die Lehre wurde flächendeckend überdacht, modernisiert und auf ‹Bologna› ausgerichtet.

1. Basel erwartet viel von seiner Universität. Darauf hat sie seit Mitte der 90er Jahre mit einer bewussten Entwicklung nach vorne geantwortet. Stärken wurden gefestigt, so das Biozentrum. Vernachlässigte Positionen wurden erneuert – Beispiele sind die Pharmazie und die Psychologie. Es wurde aber auch ganz Neues aufgebaut, wie die Medienwissenschaften, die Nanotechnologie und die Informatik. Die Lehre wurde flächendeckend überdacht, modernisiert und auf ‹Bologna› ausgerichtet. Infrastrukturen – namentlich Gebäude – und Organisation – die Finanzen oder die IT – wurden auf einen besseren Stand gebracht. Vieles bleibt zu tun, aber einiges kann sich sehen lassen. Davon zeugen Preise, Projekte, Berufungen, steigende Studierendenzahlen. Basel zählt zu den 100 besten Universitäten der Welt.[1] Das ist nicht selbstverständlich.

2. Gratis ist nichts zu haben. Strategiepapiere, Eingaben und Debatten hatten Öffentlichkeit und Behörden seit langem und unablässig auf den Widerspruch zwischen den Erwartungen an

die Universität und ihrer finanziellen Ausstattung durch die Träger sowie auf die Notwendigkeit zusätzlicher Mittel hingewiesen. Dies wurde nie bestritten, auch von den beiden Basler Regierungen nicht. Aber der Stadtkanton, selber in finanziellen Nöten, erwartete von der Landschaft, deren Studierendenzahl diejenige der Stadt seit langem übertraf, die Übernahme eines grösseren Teils der Lasten. Liestal stimmte dem Prinzip einer ‹Vertiefung des Universitätsvertrages› zu, vermied es aber, sich auf Genaues festzulegen. 1999 hatten die beiden Basel Verhandlungen aufgenommen, aber man trat an Ort. Da sich die Kostenschere derweil immer weiter öffnete und Defizite in zweistelliger Millionenhöhe drohten, musste der Universitätsrat Jahr um Jahr härtere Reduktionen des Budgets verfügen.

3. Die Verhandlungen der Kantone drehten sich weiter im Kreis. In einer Klausur kamen Universitätsrat und Rektorat im September 2002 zum Schluss, nur Einsparungen könnten Spielraum für Notwendiges schaffen, da finanzielle Verbesserungen ausgeblieben seien. Zwar stimmte die Landschaft 2003 erfreulicherweise einem Jahresbeitrag von 7 Millionen Franken für den Unterhalt der Liegenschaften zu, die Stadt reduzierte aber umgehend ihre Leistungen entsprechend, sodass für die Universität wieder nichts gewonnen war. So legte das Rektorat dem Universitätsrat im September 2003 erste Verzichts-Varianten vor, die es mit den Dekanen vorbereitet hatte. Darunter figurierte einiges, was später im definitiven Beschluss enthalten sein sollte. Allerdings machten diese Vorschläge nur etwa 5 Millionen Franken frei, und das genügte dem Universitätsrat nicht: Er wollte eine griffigere und umfassendere Strategie.

Mit vehementen Reaktionen der Betroffenen war zu rechnen. Darum legte der Rat Wert auf sorgfältige Argumentation und eine gute kommunikative Vorbereitung. Fakultäten und Dekane sollten stufengerecht in die Entscheidungen einbezogen werden. Öffentlichkeit und Behörden sollten die Richtungsänderungen durch den Einbau in die schon lange zu erneuernde Leistungsvereinbarung debattieren und sanktionieren können.

Unverzüglich wurden die Kriterien vorgestellt, nach denen allfällige Abbauten zu beurteilen seien.[2] Die Reaktionen und Diskussionen waren noch ziemlich flau. Ein Ausschuss von Universitätsrat und Rektorat machte sich daran, weitere Vorschläge im Einzelnen durchzugehen. Parallel dazu wurden die städtischen Parlamentsfraktionen und einzelne Medien über das Projekt informiert. Sie wurden vorgewarnt, dass eine heftige Debatte im Anzug sei. Im Dezember informierten Präsident und Vizepräsidentin des Universitätsrats die Regenz, bestätigten, dass ein Plan des Universitätsrats auf Ende Januar 2004 zu erwarten sei; er werde dann den Fakultäten zur Vernehmlassung übergeben.

4. Als der Universitätsrat am 22. Januar 2004 Dekanen, Regenz und Öffentlichkeit seinen Vorschlag vorstellte, war aus der reinen Verzichtsplanung mehr geworden. Der Bericht sagte nämlich jetzt auch, welche Ausbauten unerlässlich seien. Da der Universitätsrat überzeugt war, er könne von den Kantonen nicht nur fordern, wurden auch Einsparungen, ja Schliessungen genannt, und zwar dort, wo es – nach Auffassung des Universitätsrats – in der Schweiz genügende Alternativen gab, kein vitales Basler Interesse bestand und tiefe Studierendenzahlen die Aufwendungen nicht rechtfertigten. Abstriche wurden auch in der Verwaltung und bei den Gehältern vorgeschlagen.

Die Reaktionen waren heftig. Schon während der Pressekonferenz demonstrierten Studierende gegen die Vorschläge, die sie noch gar nicht kannten … Bald folgten Dozierende und Studierende der betroffenen Fächer. Dekane, die noch im Herbst selber Verzichtsplanungen zugestimmt hatten, wurden zu Kritikern. Die Vorschläge, obwohl erst zur Vernehmlassung vorgelegt, wurden als Diktat gebrandmarkt. Die Medien gaben den Kritiken breiten Raum, und zwar während Wochen. Der Akzent lag fast ausschliesslich auf den Einsparungen und Schliessungen, während die bereits geschehenen oder vorgeschlagenen Ausbauten sowie der politische und finanzielle Gesamtrahmen der Universität wenig zur Sprache kamen. Eine knappe Woche später demonstrierten Tausende auf dem Marktplatz gegen den ‹Raubbau an der Bildung›. Aktions- und Diskussionsveranstaltungen folgten. Auf dem Internet wurden Institute und Institutionen in der ganzen Welt mobilisiert. Es trafen einige Hundert Protestschreiben von Universitäten und von Akademien, Botschaften, von Verbänden und von Einzelnen ein.

Es gab auch andere Stimmen. Manche in der Universität stimmten dem institutionalisierten Protest nicht zu. Staatssekretär Kleiber zollte dem Willen Respekt, Veränderungen vorzunehmen, genauso wie die Regierungen, Parlamentarier beider Kantone und von verschiedenster Couleur, die Handelskammer, usw. Die Vereinigung der Universitätsrektoren sagte weitere ‹Eingriffe von oben› voraus, falls die Universitäten das Notwendige nicht selber regelten; wenig später publizierten sie einen klaren Vorschlag, wie bei Fächern mit sehr kleinen Studierendenzahlen zusammenzuarbeiten sei.[3]

5. Die Stellungnahmen der meisten Fakultäten, Departemente, Vereinigungen – auch der kaum Betroffenen! – und der Personalverbände waren aus den verschiedensten Gründen negativ. Alternativen zu den Einsparungen oder Vorschläge, welche die Ausstattung der Universität verbessert hätten, nannten sie kaum.

So blieb denn der Universitätsrat in seinem definitiven Antrag an die Regierungen vom 6. April bei seinen Grundsatzlinien, wonach
• mit der Leistungsvereinbarung die grundsätzlichen Richtungsänderungen, Ausbauten und Abbauten auch von Trägerseite zu unterstützen seien,
• die beiden Kantone sich auf die Erhöhung ihrer Globalbeiträge 2005 bis 2008 um 17 Millionen Franken
• sowie auf angemessene Beiträge an den Erneuerungs- und den Immobilienfonds sowie auf ein Investitionsprogramm für die Bauten zu einigen hätten;
• ferner wurde einmal mehr die ausstehende gesetzliche und finanzielle Regelung der klinischen Medizin erwähnt

• und auf die begonnenen Diskussionen über die Zusammenarbeit der medizinischen Fakultäten von Bern und Basel sowie eine gesamtschweizerische Lösung in der Zahnmedizin hingewiesen.

Den Fakultäten Phil. I und II wurde zugestanden, die Einzelheiten der Sparmassnahmen zu überarbeiten; allerdings war die Summe der Einsparungen zu respektieren und auf lineare Einsparungen zu verzichten. Ende Sommersemester lagen diese Entwicklungspläne vor, erfreulich präzise formuliert. In beiden Fakultäten wurde die Notwendigkeit von Veränderungen eingesehen. Am 18. August konnte der Universitätsrat den vorgeschlagenen Anpassungen zustimmen. Dies bedeutet:
• In der Phil. I-Fakultät wird auf ein selbständiges Masterstudium der Slavistik verzichtet und ihre Ausstattung erheblich reduziert. Die Mittel der Musikwissenschaft und der Ur- und Frühgeschichte sowie in geringerem Ausmass die anderer Fächer werden zurückgefahren. Die Fakultät gliedert sich in Departemente, um die Zusammenarbeit zusammengehöriger Fächer zu verstärken.
• Die Phil. II-Fakultät verzichtet auf selbständige Masterstudien in Astronomie und Erdwissenschaften und reduziert deren Ausstattung. Hier sowie in der Botanik, in Mathematik, Chemie und Kernphysik werden gezielte Einsparungen vorgenommen. Ferner verpflichtet sich die Fakultät, bestimmte Zusatz-Einnahmen durch höhere Studierendenzahlen zu erzielen. Ein Departement ‹Umweltwissenschaften› soll diverse Institute zusammenfassen und dadurch stärken.

6. Die Auseinandersetzungen in der Universität und in der Öffentlichkeit waren hart. Aber sie liessen die Einsicht in die Grenzen der Möglichkeiten sowie in die Notwendigkeit von Veränderungen wachsen, intra et extra muros. Der Plan, der nun vorliegt, ist durch die Diskussionen solide geworden. Ja, es kann sein, dass auch das Selbstbewusstsein der Gremien auf allen Ebenen gewachsen ist. Dies konnte jedenfalls den Besuchern der ‹Uni-Nacht› am 18. Juni, Leistungsschau und Fest zugleich, so scheinen.

Zum Zeitpunkt dieses Berichts ist allerdings etwas Entscheidendes – noch – enttäuschend: Zwar bestätigen beide Regierungen und Stimmen aus den Parlamenten die Unerlässlichkeit finanzieller Entscheide zugunsten der Universität immer wieder. Aber die Delegationen, die seit fünf Jahren verhandeln, konnten sich über Konkretes immer noch nicht einigen. Die Universität hat ihre Hausaufgaben gemacht. Aber sie wartet immer noch…

P.S. Ende Oktober erhob die basellandschaftliche Regierung die Mitträgerschaft an der Universität auf den 1. Januar 2007 zu ihrem Ziel. Und am 4. Januar 2005 stellten beide Basler Regierungen ihr Modell vor, nach welchem künftig die Kosten zu verteilen seien. Man weiss nun also, wie der Kuchen verteilt werden soll, doch nicht, wie gross er sein wird. So wartet die Universität noch immer …

Anmerkungen

1   Jiao Tong University Shanghai, Academic Ranking of World Universities, 2004.

2   Dieser Kriterienkatalog findet sich – wie alle andern relevanten Dokumente – auf der Homepage der Universität.

3   Universitätslandschaft Schweiz: Ziele 2015, publiziert am 15. April 2004.

Stärken wurden gefestigt, so das Biozentrum.

Wie kam die ETH nach Basel? *Gian-Reto Plattner*

Vom BIDA zu SystemsX

Alles begann im Oktober 2000 mit einem formlosen Gespräch. Was folgte, war kreatives Chaos. Am Ende steht – nach vielen Irrungen und Wirrungen – ein ETH-Institut in Basel und ein potenter ‹Life Sciences›-Verbund der drei Nordwestschweizer Hochschulen. Wie ist es dazu gekommen? Erinnerungen eines Mitbeteiligten.

Der Anfang war leicht …

Alles begann im Oktober 2000 mit einem Gespräch zwischen dem neuen Vizerektor der Uni Basel (dem Autor) und drei Forschern des Friedrich Miescher-Instituts FMI (G. Thomas, P. Caroni und W. Krek)[1]. Wir überlegten, wie der ‹Life Science›-Forschungsplatz Basel gestärkt werden könnte.

Die drei Forscher schlugen vor, ein ‹Basel Biology Network› einzurichten, welches die ‹Life Sciences› der Region Basel (aus Akademie, Klinik und Industrie) zusammenfassen sollte. Wir wussten: Ein Zusammenschluss der intellektuellen und materiellen Kapazitäten von Uni, FMI und ‹Life Science›-Industrie würde der Forschung in der Region neuen Schub geben.

Das Projekt BIDA …

Rasch fanden sich zwei Dutzend Menschen aus Uni, FMI, Spitälern, Novartis, Roche und kleineren Firmen zusammen. Schon im Januar 2001 war die Idee ‹BIDA› geboren: ein ‹Basel Institute for Diseases of Ageing›, das sich der Erforschung alterungsbedingter Krankheiten widmen sollte. Am 14. Februar 2001 verschickten wir ein ‹Statement of Intent› an einen breiten Kreis möglicher Stake-holder – was würde ihre Reaktion sein?

… bleibt am Boden

Wie oft in solchen Fällen landeten die in ihren Traum verliebten Initianten unsanft auf dem Boden. Zwar wurde unsere Initiative als exzellent bezeichnet, aber: Schlugen wir die richtigen Themen vor? Waren die Stärken der Region gut genutzt? Warum nicht BIDA als Uni-Institut? Vor allem: Wer sollte das bezahlen?

Die Resonanz war immerhin so positiv, dass der Unirat und die Regierungen beider Basel 500 000 Franken für die Projekt-Entwicklung bereitstellten. Alle verstanden, dass mit BIDA die Region Basel eine der ersten Adressen für biomedizinische Forschung bleiben würde. Wir konnten ein hochkarätiges Patronatskomitee zusammenstellen, das BIDA am 29. November 2001 der Öffentlichkeit vorstellte. Die Resonanz war gross.

Doch: Der Durchbruch zur Realisierung misslang! Von Beginn an litt BIDA unter dem Missverständnis, dass wir ein ‹Geriatrie-Forschungszentrum› aufbauen wollten. Das Management der grossen Pharmakonzerne stand diesem Thema skeptisch gegenüber; auch der Bund – der Mit-Geldgeber sein sollte – biss nicht an. Die Bewegung drohte zu versanden.

Der Wendepunkt …

Die folgende Phase war chaotisch und unangenehm; wir verloren den Zusammenhalt, es kam zu Ärger. Nur die wissenschaftliche

Kerngruppe gab nie auf … und hatte schliesslich Erfolg, allerdings von einer Art, welche einige der Aktivsten unter ihnen zutiefst verletzte.

Ich erinnere mich an ein Essen mit Staatssekretär Kleiber im Frühjahr 2002 in Bern, an dem er mir ein von der ETH Zürich geführtes und finanziertes Forschungsinstitut in Basel vorschlug und fragte, ob ich dieser Lösung zustimmen würde. Ich sagte verblüfft Ja … kam es auf mich an? …, und plötzlich ging es wieder vorwärts! Im Rückblick empfinde ich das als den Wendepunkt, obwohl ich nicht weiss, auf welchem Weg Kleibers Vorschlag zustande kam.

… zur Idee ‹ETH Basel› …

Die Idee ‹ETH Basel› stiess in der Region Basel auf Begeisterung. In der Uni gab es keine Bedenken gegen die ‹Konkurrenz› aus Zürich … sehr selbstbewusst! Der Basler Industrie gefiel es, mit der ETH Zürich eine zweite Hochschule in ihre Nähe zu bekommen, die – wie das Biozentrum – in den ‹Life Sciences› Weltrang hat und deren Führung sie als effizient betrachtet. Die Handelskammer beider Basel verstand, dass der Bund als Investor in die regionalen ‹Life Science›-Kapazitäten zu gewinnen war; und die Basler Regierungen stellten sich sofort hinter die Neuausrichtung.

Der Bund nahm die Zügel in die Hand (‹Situationsanalyse› der AG BIDA, Oktober 2002):

«Verschiedene Gespräche … führten zu einem Treffen … zwischen einer Bundesdelegation (Frau Bundesrätin Dreifuss, Präsident ETH-Rat Waldvogel, ETHZ-Vize Suter) und einer Basler Delegation (Regierungsräte Eymann und Schmid, Uniratspräsident Soiron, Rektor Gäbler, der Basler Ständerat und Vertreter der AG BIDA).

Das Treffen verlief positiv. Es wurde beschlossen, ein von Staatssekretär Kleiber einzuberufendes Leitungsgremium zu bitten, Mandate für zwei Projektarbeitsgruppen aller Partner zu definieren.

Das Ziel der Erforschung von ‹Diseases of Ageing› gemäss Konzept von BIDA wurde als wertvoll bezeichnet, kann aber in keiner Weise als Bedingung für das Projekt ETH BS gelten.»

… unter Opferung des BIDA

Damit war klar, dass es ab sofort für alle Stakeholder aus der Region Basel nur noch ein strategisches Ziel geben konnte: das Projekt ‹ETH Basel›. Ihm musste das nicht erfolgreiche Projekt BIDA geopfert werden. Dies tat den AkivistInnen der wissenschaftlichen Kerngruppe überaus weh; Wunden wurden aufgerissen; einige haben deswegen der Entwicklung den Rücken gekehrt.

Das Projekt ‹Systembiologie›

‹Diseases of Ageing› waren out: Was sollte an ihre Stelle treten? Unter dem Präsidium von Regierungsrat Eymann suchte die Projektsteuerung ein neues wissenschaftliches Konzept. Bald rückte ‹Systembiologie› ins Zentrum; ein weites Feld …, doch Charakteristika lassen sich benennen: Ihr Ziel ist ein quantitatives Verständnis ganzer biologischer Systeme, zum Beispiel der Zelle. Das braucht Forschung als methodische Einheit von Theorie, Experiment und Modellierung, und ein interdisziplinäres Zusammenspiel von Biologie, Medizin, Chemie, Physik, Mathematik und Informatik[2].

Was sagen die Zürcher dazu?

‹ETH Basel› war nach wie vor ein Basler Projekt. Der Bund stand nun dahinter, doch musste ‹seine› Hochschule ETH Zürich überzeugt werden. Präsident Kübler fing bald Feuer, die Schulleitung liess sich gewinnen, aber die WissenschaftlerInnen waren skeptisch: Würden ihre Budgets wegen des neuen Instituts leiden? Machte es Sinn, die Forschung der ETH in den ‹Life Sciences› auf zwei Standorte zu verteilen?

Sehr hilfreich war in dieser Phase die unbeirrbare Unterstützung der Vertreter von Roche und Novartis, R. Imhof und P. Herrling. Entscheidend blieb aber die Frage, ob zusätzliche Mittel für das neue Projekt verfügbar würden oder ob mit konstanter Finanzierung Zusätzliches bezahlt werden müsse. Die Basler Regierungen und Parlamente antworteten mit einem genialen ‹Pass vors Tor›: Sie sprachen Ende 2003 je 10 Millionen Franken für das neue ETH-Institut in Basel und überspielten so die Mauer … !

Wir Initianten hatten aber einen kapitalen Fehler zu korrigieren: Die Uni Zürich war vergessen worden! Dies war unbedacht, weil die Zürcher Hochschulen eng miteinander verbunden sind, besonders in den ‹Life Sciences› – welche Braut sieht ohne Sorgen, dass ihr Bräutigam mit einer Dame jenseits des Juras flirtet? Die Uni Zürich fühlte sich vor den Kopf gestossen. Zudem ist es falsch, die grösste Hochschule der Schweiz – mit Renommee in den ‹Life Sciences› – auszuschliessen, wenn dank intellektueller und materieller kritischer Masse den Forschungszentren in Übersee Konkurrenz gemacht werden soll!

Das Projekt drohte zu scheitern, da ihm wegen der Absenz der Uni Zürich keine Bundesmittel für Projektzusammenarbeit zugesprochen werden sollten. Schliesslich gelang es aber in zähen Verhandlungen der Präsidenten/Rektoren Kübler, Weder und Gäbler, die Uni Zürich so einzubinden, dass das Projekt sehr wesentlich gestärkt wurde. Damit einher ging eine entsprechende Namensänderung: aus ‹ETH Basel› wurde ‹SystemsX› … dies der Titel der Vereinbarung, welche die drei Hochschulen abgeschlossen haben.

SystemsX 2004

‹SystemsX› ist ein gemeinsames Projekt der drei Hochschulen. Sie verpflichten sich, ihre Forschung in den ‹Life Sciences› aufeinander abzustimmen und – in Autonomie – zusammenzuarbeiten. Andere Hochschulen können beitreten.

Die Hochschulen unterstützen ihre Forschungsgruppen, sich interdisziplinär in variablen Clustern zu gruppieren und an gemeinsamen Fragestellungen im Bereich der Systembiologie zu arbeiten.

Die Zusammenarbeit in Systembiologie soll zu einer abgestimmten Professurenplanung sowie zu gemeinsamen Forschungsprojekten und Lehrangeboten führen.

Die ersten konkreten Initiativen im Rahmen von SystemsX sind:
• Aufbau des Zentrums für ‹Biosystems Science and Engineering› (C-BSSE) der ETH in Basel (mit garantierter Anschubfinanzierung bis 07/08 von zirka 35 Mio. CHF) und entsprechende Cluster-

bildung an der Uni Basel, und
• Bildung eines ‹Cluster Biosystems Science› (CLU-BSS) an ETH und Uni in Zürich.[3]

SystemsX in der Zukunft

‹SystemsX› ist gestartet, als glückliches Ausnahmeprojekt einer zögerlichen Schweiz, obwohl nie alles klar und gesichert war (und auch nie sein wird!). Doch die Chancen überwiegen die Risiken!

Die InitiantInnen des ‹BIDA›, welches am Anfang des ‹SystemsX›-Werdeganges stand, setzten 2001 unter ihr Positionspapier ein Shakespeare-Zitat:

There is a tide in the affairs of men,
Which, taken at the flood, leads on to fortune
…
On such a full sea are we now afloat,
And we must take the current when it serves,
Or lose our ventures.[4]

Wir haben die Strömung genutzt. Sie hat uns zu neuen Territorien getragen, die wir nun besiedeln werden, zum Nutzen unserer Region, unseres Landes und der Wissenschaft.

Anmerkungen

1 Dies ist ein persönlicher Bericht, geschrieben im Wissen um mein selektives Gedächtnis. Ich entschuldige mich bei jenen, deren Erinnerung nicht meiner entspricht.

2 G.R. Plattner, ‹SystemsX›, Projekt für eine neue biologische Wissenschaft in der Schweiz, in: Chimia Vol. 58, Nr. 11 (2004), p. 783, November 2004.

3 Eine Beschreibung von ‹SystemsX› findet sich im in Anm. 2 erwähnten Artikel in Chimia.

4 ‹Julius Caesar›, 4. Akt, 3. Szene, 217 ff.

Ritter, Fliegen, Gott & Co.

Erfolgreiche Kinder-Universität Basel

Christoph Dieffenbacher
Peter Dalquen

So jung waren die Studierenden in Basel noch nie: Im Frühling öffneten sich die Türen zur Kinder-Universität, an der Hunderte von Acht- bis Zwölfjährigen aus der Nordwestschweiz und dem nahen Ausland teilnahmen. Wegen des Grossandrangs wurden die Vorlesungen doppelt geführt. Die Erwachsenen mussten für einmal draussen bleiben ...

An einem Dienstag im April 2004, kurz vor 17 Uhr, war es soweit: Im Zentrum für Lehre und Forschung ging die Tür zur ersten Basler Kinder-Uni auf. Mit neuen Ausweisen um den Hals traten die jungen Studierenden, die meisten in Grüppchen zusammen mit Schulkollegen oder Nachbarskindern, in den grossen Hörsaal mit seinen steil ansteigenden Sitzreihen. Ohne lange zu warten, drängten sie zu den vorderen, besten Plätzen. Der Saal füllte sich rasch. Wie die an den Stühlen angebrachten Klapptische funktionierten, durchschauten die Kinder gleich. Es wurde geschwatzt, gestaunt, gegähnt, einige zogen den Pulli aus, liessen Kaugummis platzen. Um 17.15 Uhr – also 17 Uhr ‹cum tempore› – begrüsste Rektor Ulrich Gäbler sein junges Auditorium, und dann erläuterte Mittelalter-Historiker Werner Meyer, warum es heute keine Ritter mehr gibt. Nach seiner unterhaltsamen, mit vielen Bildern illustrierten Vorlesung zog es viele Mädchen und Buben nach vorne, um sich den mitgebrachten Holzbecher und den Armbrustbolzen von nahem

Kinder diskutieren an der Kinder-Uni die von der Gender-Forscherin Andrea Maihofer gestellte Frage, warum Mädchen Hosen tragen, aber Buben keine Röcke.

anzusehen – und um gleich auch ein Autogramm des Professors zu holen.

Nach dem Auftakt folgten alle zwei Wochen die weiteren Vorlesungen. ‹Warum tragen Mädchen Hosen, aber Buben keine Röcke?› war das Thema von Andrea Maihofer, Professorin für ‹Gender Studies›. Darauf behandelte der bekannte Entwicklungsbiologe Walter J. Gehring die Frage ‹Warum haben Fliegen andere Augen als wir?›. Die Neurobiologin Anna Wirz-Justice nahm sich einer der wohl häufigsten Kinderfragen an: ‹Warum müssen wir schlafen?›. Und zum Abschluss der ersten Vorlesungsreihe versuchte der Theologe Hans-Peter Mathys die Frage ‹Wo wohnt Gott?› kindergerecht zu beantworten. Für die zweite Vorlesungsreihe beantwortete der Biologe Daniel Haag-Wackernagel die Frage ‹Warum gibt es so viele Tauben in der Stadt?›.

Zunehmende Routine

Die jungen Studierenden strömten jeweils pünktlich und mit jedem Mal routinierter in den Hörsaal, besetzten ihre Plätze und warteten auf die Antworten, die ihnen die Wissenschaft in Gestalt von echten Professorinnen und Professoren geben sollte. Neben ihrem Kinder-Uni-Ausweis sowie Schreibzeug und Papier hatten sie ein Vorlesungsblatt dabei, das sie vor der Vorlesung (von Gleichaltrigen) abstempeln lassen konnten. Der Hörsaal war immer voll besetzt, die Kinder folgten den Vorlesungen durchwegs interessiert und sehr aufmerksam – nur selten segelte einmal ein Papierflugzeug über die Köpfe. Regelmässig nach etwa einer halben Stunde nahm aber die Konzentration merklich ab. Die junge Hörerschaft war kritisch und reklamierte, wenn eine Frage einmal nicht griffig genug beantwortet wurde. Nach jeder Vorlesung durften etwa fünfzig der Kinder die Fragebögen der pädagogischen Begleituntersuchung ausfüllen.

Bereits gleich nach Bekanntwerden des Angebots war der Ansturm auf die Kinder-Uni riesig. Kaum hiess es in den Zeitungen, dass man sich jetzt einschreiben kann, wurden die Organisatoren von elektronischen Anmeldungen regelrecht überhäuft: Das erste E-Mail traf bereits frühmorgens um 5.30 Uhr ein, bereits kurz vor Mittag waren die ersten 450 Plätze vergeben, nach weiteren 24 Stunden noch einmal 450 – am Schluss waren es im Ganzen rund 1500 interessierte Mädchen und Jungen aus der Region. (Für die Anmeldungen per Postkarte wurde eine Quote offen gehalten, diese Möglichkeit für Familien ohne Computer wurde aber kaum genutzt.) Um die Enttäuschung in Grenzen zu halten, wurde die Vorlesungsreihe kurzfristig verdoppelt.

Reaktionen positiv bis euphorisch

Die Anfänge der Basler Kinder-Uni gehen auf den Basler Pathologen Michael J. Mihatsch zurück: Durch einen Zeitungsbericht auf die erste deutsche Kinder-Universität in Tübingen aufmerksam geworden, regte er an, auch hier etwas Ähnliches auf die Beine zu stellen. Vom Rektor erhielt er grünes Licht, und bald darauf bildete sich eine Arbeitsgruppe mit Personen aus der Universität und der ‹Basler Zeitung›, darunter den Schreibenden und Redaktor Martin Hicklin. Nach ersten Kontakten mit den Tübinger Organisatoren war klar, dass das dortige Modell sozusagen eins zu eins übernommen werden konnte: Die Vorlesungsreihe sollte kostenlos, auf 8- bis 12-Jährige zugeschnitten sein und nur im Sommersemester stattfinden – nicht zuletzt damit die Kinder noch bei Tageslicht nach Hause kommen. Die Professoren und Professorinnen verzichteten auf ihr Honorar, der Hörsaal war kostenlos, Sponsoren leisteten Unterstützung. Auch innerhalb der Universität war der Plan von Kinder-Vorlesungen auf Anklang gestossen: Auf einen ersten internen Rundbrief, wer von den Dozierenden gerne mitmachen würde, meldeten sich rund vierzig Uni-Angehörige.

Die Kinder-Uni Basel geht weiter. Das Angebot kann als Teil des Engagements der Universität angesehen werden, sich dem Publikum zu öffnen und der Bevölkerung zu zeigen, was innerhalb ihrer Mauern geforscht und gelehrt wird. Nach Volkshochschule, Tagen der offenen Tür, Uni-Nacht und Senioren-Universität: Nun kommen die Kinder an die Reihe. Viele von ihnen erzählten zu Hause und bei ihren Kameraden denn auch positiv bis euphorisch von ihren Erlebnissen und Erkenntnissen im Hörsaal. Ziel ist es zudem, ihr Interesse für die Wissenschaft zu wecken – dies allerdings weder als Konkurrenz zur Schule noch als Begabtenförderung. Die Universität will sich den Kindern als Ort (auch) vergnüglicher Wissensvermittlung präsentieren, als Bildungsinstitution und als Ort des lebenslangen Lernens. Denn: Lernen an der Universität setzt ja nicht zuletzt Freiwilligkeit und nie erlahmende ‹kindliche› Neugier voraus.

Die Kinder-Uni als weiterer ‹Event› unter vielen? Nicht nur. Die Begleituntersuchung ergab unter anderem, dass neben dem Ereignischarakter der Vorlesungen auch inhaltlich einiges in den Köpfen der jungen Studierenden hängen bleibt. Trotzdem wollen die Vorlesungen nicht in erster Linie abfragbares Wissen vermehren, sondern auch zur Nachdenklichkeit und zum Selberdenken anregen. Einzelne Eltern erzählten, ihr Nachwuchs habe wieder Spass beim Lernen bekommen. Und eine Mutter berichtete gar, ihre Tochter habe sich entschlossen, mehr für die Schule zu arbeiten, weil sie es unbedingt einmal an die Universität schaffen wolle …

Weitere Informationen und Begleitstudie zur Kinder-Uni Basel: http://www.zuv.unibas.ch/kinder-uni

Das Interesse der Kinder ist riesengross.

Die neue Hochschule für Pädagogik und Soziale Arbeit beider Basel (HPSA BB)

Anton Hügli

Die Basler Lehrerinnen- und Lehrerbildung im schweizerischen Kontext

Der Kanton Basel-Stadt wird seine Lehrerinnen und Lehrer nicht mehr unabhängig von seinen schweizerischen Nachbarn ausbilden; und Lehrkräfte und Sozialarbeiterinnen und Sozialarbeiter haben neuerdings mindestens eines gemeinsam: eine Hochschule.

Am Sandkasten: Primarlehrerkurs mit Methodiklehrer und Schülern der Seminarübungsschule, um 1930.

Lehrerinnen- und Lehrerbildung im historischen Kontext

Lehrkräftebildung ist ein schwieriges, politisch umstrittenes, von Standesinteressen dominiertes Geschäft. Und was dieses Geschäft besonders schwierig macht: Alle glauben zu wissen, wie Lehrerinnen und Lehrer auszubilden sind – denn schliesslich waren alle mal in der Schule; aber in kaum einer andern Berufsbildung ist die Ratlosigkeit der Fachleute derart gross. In den Grundzügen zwar ist die Aufgabe klar: Lehrkräfte sind Fachleute für Unterricht und Erziehung. Sie müssen darum selber kennen, was sie andern zu vermitteln haben, sie sollten sich verstehen auf die Kunst der Vermittlung und sie sollten Zugang zu Kindern und jungen Menschen finden und sie zu den angestrebten Zielen führen können. Fachwissen, Methodik und Pädagogik werden darum in keiner Lehrerinnen- und Lehrerbildung fehlen dürfen. Die Frage ist nur, wie viel von jeder Sorte, zu welchem Zeitpunkt, zu welchem Ziel und in welcher Form. Der einzige Fixpunkt, der schon zu Beginn des 19. Jahrhunderts gesetzt wurde, ist die Ausbildung der Gymnasiallehrer: Ein Universitätsstudium in den zu unterrichtenden Fächern muss es schon sein. Für die Volksschullehrkräfte dagegen gibt es überhaupt keine Fixpunkte; das Wie-viel und Wie-lange war und blieb bis heute eine Frage der Ansprüche, die man an die Schulen und mithin auch an die Lehrkräfte stellt. Indikator für die Höhe der Ansprüche ist der Status der Institution, in der man die Lehrerinnen- und Lehrerbildung untergebracht sehen möchte.

Welche Institution soll es denn sein? Kaum eine Frage hat die Lehrkräftebildung im Verlauf ihrer Geschichte so sehr bewegt wie eben diese und um keine wurde erbitterter gekämpft. Für die Lehrerschaft war sie das Vehikel im Aufstiegskampf. Die europäische Steigerungsform, wie sie exemplarisch in Deutschland durchexerziert wurde, lautet: Seminar, Pädagogische Hochschule, Universität.[1] Am Ende dieser Entwicklung steht heute die – mit Ausnahme Baden-Württembergs[2] – in allen Bundesländern erfolgte Eingliederung der Pädagogischen Hochschulen in die Universitäten.

Die Entwicklung der Lehrerinnen- und Lehrerbildung in der Schweiz

In der Schweiz – in lehrerbildungspolitischen Fragen eine eher retardierte Nation – hat diese europäische Entwicklung keine nennenswerten Spuren hinterlassen. Für die Volksschullehrkräfte war das Seminar noch lange gut genug[3], die Lehrkräfte der anspruchsvolleren Typen der Sekundarstufe I dagegen, die den Anschluss an die höheren Schulen zu gewährleisten haben – je nach Kanton heissen sie Sekundar-, Real- oder Bezirksschulen –, werden, wie die Gymnasiallehrkräfte, von Anbeginn, im Kanton Zürich zum Beispiel bereits seit 1867, an der Universität ausgebildet.[4]

Der einzige nennenswerte Diskussionspunkt in der Ausbildung der Primarlehrkräfte – von pädagogischen Richtungsstreitigkeiten und der Geschlechterfrage abgesehen – ist die Frage der Studiendauer. Bis zum Ende des 19. Jahrhunderts schafft man gerade noch die Verlängerung von zwei, respektive drei auf vier Jahre, das Lehrerseminar wird zu einer Mittelschule, vergleichbar dem Gymnasium, mit Schwerpunkt allerdings auf den erziehungswissenschaftlichen und musischen Fächern.[5]

Erst in den 70er Jahren flammt die Lehrerbildungs-Diskussion erstmals richtig auf: Entzündet hat sie sich vor allem am Problem der mangelhaften Allgemeinbildung der Volksschullehrkräfte. Eine 1971 von der Schweizerischen Konferenz der Erziehungsdirektoren (EDK) eingesetzte Kommission zur Frage der Lehrerbildung von morgen – kurz ‹LEMO›-Kommission genannt – kommt nach siebenjähriger intensiver Reformarbeit zu dem gut eidgenössischen Kompromiss: Es gibt zwei im gleichen Masse empfehlenswerte Wege zur Lehrerbildung: der seminaristische Weg und der maturitätsgebundene Weg.[6]

Mit der zweijährigen nachmaturitären Ausbildung ist man, zumindest auf dem Papier – in den Kantonen Zürich, Aargau, Schaffhausen schliesslich auch in der Wirklichkeit –, dort angekommen, wo die Lehrerbildung im Kanton Basel-Stadt 1892 begonnen hatte. In Basel tickten die Uhren offensichtlich anders.

Lehrerbildung in Basel:
Visionen und viel versprechende Anfänge

Der erste Versuch einer eigenständigen Lehrerbildung in der Stadt Basel, das von Gymnasialrektor Rudolf Hanhart 1820 gegründete private Schullehrerseminar, wurde mit dessen Weggang aus Basel im Jahr 1830 wieder eingestellt.[7] Erst 1873 wird dann an der Universität Basel das Pädagogische Seminar, die Vorgängerinstitution des heutigen Philosophischen Seminars, gegründet mit dem Auftrag, Studierende des höheren Lehramtes wissenschaftlich und praktisch auszubilden.[8] Für die Ausbildung von Primarlehrern werden, mit Grossratsbeschluss vom 11. Januar 1892, dreisemestrige nachmaturitäre ‹Fachkurse› geschaffen. Eine nachmaturitäre Primarlehrerbildung – damals weit herum ein Novum – bedurfte besonderer Begründung: «Wir halten dafür», schreibt der Regierungsrat in seinem Antrag an den grossen Rat, «dass der Primarlehrer eine den übrigen Berufsarten ebenbürtige wissenschaftliche Vorbildung haben soll. Eine solche befähigt ihn nicht nur, die besondere berufliche Bildung leichter und mit besserem Verständnis zu empfangen, sondern auch in seiner zukünftigen Lebensstellung eine seines Standes würdige Stufe einzunehmen.»[9]

Es blieb nicht bei dieser einen Pioniertat. Der entscheidende Anstoss kam von zwei aus ländlichen Kantonen zugezogenen Pädagogen: dem Luzerner Dr. Xaver Wetterwald (1854–1930) und dem St. Galler Dr. Theodor Moosherr (1865–1936). Beide hatten zeitweise in Jena studiert und hatten dort die Gelegenheit, das von dem Herbart-Schüler[10] Wilhelm Rein geleitete pädagogische Universitätsseminar mit seiner angegliederten Übungsschule kennen zu lernen, das einzige noch verbliebene seiner Art in Deutschland. Dieses Seminar hatte eine doppelte Aufgabe, es sollte «einerseits der Fortentwicklung der pädagogischen Wissenschaft, andererseits der theoretischen und praktischen Ausbildung wissenschaftlich strebsamer Erzieher dienen».[11]

Sowohl Wetterwald wie Moosherr sind begeistert von diesem – in der Tat bis heute wegweisenden – Modell.[12] Wetterwald beschreibt das Jenaer Seminar ausführlich in einem 1900 publizierten Artikel und preist es als Vorbild für die von ihm anvisierte Reform der Basler Lehrerbildung.[13] Am 18. November 1902 doppelt Theodor Moosherr nach mit einem Vortrag vor der Freiwilligen Schulsynode von Basel-Stadt. Die von ihm vertretenen Thesen lauten:

«1. Die Kandidaten des Lehramts führen ihre allgemein wissenschaftliche Fortbildung zuerst vollständig zu Ende, und zwar schliessen die Primarlehrer ab mit der Maturität, die Lehrer der oberen Stufen mit dem Staatsexamen.

2. Die Lehramtskandidaten aller Stufen erhalten ihre Berufsbildung an dem mit einer Schule verbundenen pädagogischen Universitätsseminar unter Leitung des Professors der Pädagogik und der einzelnen Übungslehrer.

3. Zur Fortbildung in den Schulwissenschaften werden besondere Kurse eingerichtet (Lehrerpädagogium).»[14]

Die Synode hat Moosherrs Thesen – zu seiner eigenen Überraschung – einstimmig angenommen und dem Erziehungsrat als offizielle Eingabe unterbreitet. Der Erziehungsrat setzt eine 21-köpfige Kommission ein, die sich zu den Thesen von Moosherr äussern soll. 1905 liegt der Bericht der Kommission vor, aber es dauerte dann noch 17 Jahre, bis endlich – nach zahlreichen Vernehmlassungen, parlamentarischen Vorstössen, Einsetzung von Sonderkommissionen und mehreren Wechseln im Erziehungsdepartement – das neue Lehrerbildungsgesetz am 16. März 1922 vom Grossen Rat verabschiedet wird. Eine Spezialkommission unter der Leitung von Xaver Wetterwald wird mit dem Vollzug dieses Gesetzes beauftragt, und 1926 wird das Kantonale Lehrerseminar eröffnet. Moosherrs Postulate haben ihre Wirkung getan, allerdings mit erheblichen Abstrichen.

Entstanden ist ein weit über die Schweiz hinaus singuläres Institut[15], das seiner Zweckbestimmung nach den Lehramtskandidatinnen und -kandidaten aller Stufen, einschliesslich des Kindergartens und des Gynmasiums, die pädagogische Grundausbildung in Theorie und Praxis zu vermitteln hat.

Die Fortbildung dagegen wird dem Erziehungsdepartement übertragen. Die Maturität gilt zwar als allgemeine Voraussetzung, von der Regel ausgenommen sind aber die Kindergärtnerinnen, die Koch- und Haushaltslehrerinnen. Massive Abstriche gibt es auch in wesentlichen Punkten. Statt des Universitätsseminars will man lieber ein autonomes, von der Universität unabhängiges Institut. Die zentrale Idee, der Seminardirektor müsse zugleich Ordinarius für Pädagogik sein, wird fallen gelassen. Eine eigene Übungsschule gibt es zwar, aber ohne die akademische Freiheit, mit der allein – gemäss der ursprünglichen Idee[16] – wissenschaftlich angeleitete Experimente im Praxisfeld hätten stattfinden können. Mit der Gründung dieses den damaligen

pädagogischen Hochschulen in Deutschland durchaus ebenbürtigen Instituts – der irreführende Name ‹Lehrerseminar› wurde erst in den 8oer Jahren ersetzt durch die Bezeichnung ‹Pädagogisches Institut› (PI) – hat Basel die Fakten geschaffen, welche die Basler Lehrerbildung fortan bestimmen werden.

Das Kantonale Lehrerseminar und seine Geschichte
Innerhalb des durch das Lehrerbildungsgesetz vorgegebenen Rahmens gibt es immer wieder kleinere oder grössere inhaltliche Reformen, sei es von der ursprünglichen Idee weg – wie bei der Öffnung des Zugangs zur Primarlehramtsausbildung für Absolventinnen und Absolventen der Diplommittelschule

Von 1959 bis 2003 Hauptgebäude des Pädagogischen Instituts Basel-Stadt: das Landhaus zur Sandgrube.

Kandidatin Fräulein Lang mit Schülern der Seminarübungsschule am Münsterplatz, um 1945.

– oder auf die ursprüngliche Idee hin, wie bei der Mittel- und Oberlehrerreform im Jahr 1979.[17] Die wohl konsequenteste aller inhaltlichen Reformen ist die – durch die Basler Schulreform notwendig gewordene – Neukonzeption der Sekundarstufe-I-Ausbildung in den 90er Jahren.[18] Mit ihr wird eine einheitliche Stufenlehrkraft geschaffen, die fragwürdige Trennung zwischen Realschul- und Sekundarschullehrkräften also aufgehoben, und die bisherigen Monofachausbildungen in Hauswirtschaft, Textilarbeit und Werken werden eingegliedert in die allgemeine Fächerpalette der Lehrstufe-I-Lehrkräfte mit einer Unterrichtsberechtigung in drei bis vier Fächern.

Am strukturellen Rahmen aber hat sich nichts geändert. An neuen Anläufen zur Verwirklichung der alten Visionen von Theodor Moosherr hat es zwar nicht gefehlt, aber sie sind allesamt gescheitert, so der unter der Federführung des damaligen Direktors des Kantonalen Lehrerseminars, Dr. Hanspeter Müller, von den Mitgliedern des Seminars erarbeitete Entwurf für ein neues Gesetz zur ‹Lehrerbildung, Lehrerfortbildung und pädagogischen Forschung›, der dem Erziehungsdepartement 1969 unterbreitet worden ist[19], und so auch der vom Regierungsrat 1971 in seinem Ratschlag zum neuen Universitätsgesetz eingebrachte Gegenvorschlag zur Schaffung einer erziehungswissenschaftlichen, die Lehrerbildung umfassenden Fakultät. Das letzte Scheitern aber kommt erst – mit der Reaktion auf die jüngste, gesamtschweizerische Entwicklung.

Der schweizerische Aufbruch in den 90er Jahren und das Ende der baselstädtischen Lehrerbildung
Mit der Öffnung nach Europa will die Schweiz auch im Hochschulbereich nachvollziehen, was in anderen europäischen Ländern längst selbstverständlich ist: durch Schaffung von Fachhochschulen und – im pädagogischen Bereich – durch eine konsequente Ansiedlung der Lehrerbildung auf Hochschulstufe. Was die Lehrerbildungsexperten im LEMO-Bericht nicht einmal zu denken wagten, wird ihnen nun plötzlich von aussen offeriert – als ‹Geschenk› der Politik. Im Eilzugstempo muss gedanklich nachvollzogen werden, was diesem Prozess eigentlich

hätte vorangehen müssen. Die EDK setzt zu diesem Zweck eine Arbeitsgruppe unter dem Präsidium des Verfassers ein. Das Produkt dieser Arbeit sind die 1993 erschienenen ‹Thesen zur Entwicklung pädagogischer Hochschulen› (EDK-Dossier 24). Die in diesen Thesen formulierten Ansprüche orientieren sich an den europäischen Standards: Gefordert wird eine wissenschaftliche, das heisst – im Klartext – universitäre Ausbildung.[20] Die von der EDK auf der Grundlage dieser Thesen erlassenen Empfehlungen vom 16. Oktober 1995 schrauben diese Ansprüche jedoch wieder zurück[21]: Pädagogische Hochschulen sind, wie es nun lapidar heisst, Fachhochschulen. Auch die Forderung nach dem Zugang über die Matur wird – auf Druck der Diplommittelschul-Kantone – wieder aufgeweicht.

Im Übrigen aber geht die EDK entschieden daran – durch den Erlass von Anerkennungsreglementen und die Einsetzung von Anerkennungskommissionen –, ihren Empfehlungen Nachdruck zu verleihen. Da die Anerkennungsreglemente nur Minimalforderungen stellen, ist es den Kantonen freigestellt, von sich aus auch höhere Ansprüche zu stellen, etwa – dem Beispiel Genfs folgend – durch konsequente Eingliederung der Lehrerbildung in die Universität.

Das Erziehungsdepartement des Kantons Basel-Stadt (ED) sieht die Entwicklung der Lehramtsbildung in der Tat in dieser Richtung und stellt im April 1996 – leider zu hastig und ohne Rücksprache mit den Betroffenen – dem Universitätsrat Antrag auf Eingliederung der Mittel- und Oberlehrerbildung in ein zukünftiges Departement für Psychologie und Erziehungswissenschaften. Der Universitätsrat stimmt diesem Antrag zu und erklärt sich im Nachgang auch bereit, die ausgesparte Primar- und Kindergärtnerinnen-Ausbildung mit in das Paket aufzunehmen. Doch es kommt anders. Der Vorstand der Schulsynode und Teile der Seminarlehrerschaft laufen gegen dieses Vorhaben Sturm, man lässt angestaute anti-universitäre Reflexe spielen und malt das Gespenst einer praxisfernen, ‹verakademisierten› Lehrkräftebildung an die Wand. Das ED weicht dem Druck der (standespolitisch nicht eben weit blickenden) Lehrerschaft und

sieht am Ende nur noch eine Option: die ohnehin angesagte Kooperation mit dem Kanton Basel-Landschaft, der sich mit seinem 1962 gegründeten eigenen ‹Kantonalen Lehrerseminar› bereits zielstrebig auf den Weg gemacht hat zur Gründung einer Pädagogischen Hochschule.[22]

Das ED ergreift die dargebotene starke Hand des basellandschaftlichen Erziehungsdirektors Peter Schmid. Es wird sie, geschwächt durch die folgenden rapiden Wechsel in der Vorsteherschaft, auch weiterhin nicht mehr loslassen. Eine gemeinsame Arbeitsgruppe erhält den Auftrag, die möglichen Kooperationsmodelle zu entwickeln – unter zwei Prämissen allerdings: der von der Erziehungs- und Kulturdirektion BL gesetzten Prämisse, «dass ein universitärer Ausbildungsgang für Lehrkräfte an Kindergärten und Primarschulen nicht angestrebt werden soll»[23], und unter der von der Schulsynode Basel-Stadt deklarierten (inoffiziellen) zweiten Prämisse, dass die Berufsausbildung aller Lehrkräfte an einem einzigen Institut stattfinden müsse. Die Arbeitsgruppe weiss diese Vorgaben zu respektieren und kommt zu dem wenig überraschenden Schluss: Nur eine Pädagogische Hochschule kann es sein. Die Erziehungsräte beider Basel beschliessen auf der Grundlage dieses Berichts im Februar 1997, «dass eine pädagogische Hochschule beider Basel geschaffen werden soll».

Bis es so weit ist, wird es dann allerdings nochmals sechs lange Jahre dauern, mit Komplikationen auf allen Ebenen, äusseren Komplikationen wie dem Beschluss der beiden Basler Regierungen im März 2000, auch die Fachhochschule für Sozialarbeit mit der künftigen Pädagogischen Hochschule zu fusionieren und eine Hochschule für Pädagogik und Soziale Arbeit beider Basel zu gründen (HPSA BB), insbesondere aber auch inneren Komplikationen auf Grund der Unvereinbarkeit der basellandschaftlichen und basel-städtischen Ideen zur Reform der Primarlehramtsausbildung. Als im Jahr 2001 nach zähem Ringen schliesslich ein Kompromissmodell verabschiedet werden kann, beginnen die politischen Schwierigkeiten. Im Mai 2002 – unmittelbar nach der Einsetzung der Mitglieder des designierten Hochschulrates und der Wahl der

Hochschuldirektion – weisen zunächst der Grosse Rat des Kantons Basel-Stadt, dann der basellandschaftliche Landrat die HPSA BB-Vorlage zu weiteren Abklärungen an die Regierungen zurück. Übergangsordnungen müssen in Kraft gesetzt und die seit 2001 – nach dem Übertritt des PI-Direktors an die Universität – bestehende Interimsleitung am PI verlängert werden. Am 21. Mai 2003 endlich stimmt der Grosse Rat der HPSA BB-Vorlage mit grosser Mehrheit zu. Im Landrat findet die Vorlage am 5. Juni zwar ebenfalls Zustimmung, aber, wegen des Widerstands der SVP, ohne das erforderliche Quorum. In der Volksabstimmung vom 30. November 2003 wird das Vertragswerk der beiden Basel dann auch im Kanton Basel-Landschaft mit 78,5 % Ja-Stimmen gutgeheissen.

Am 1. Januar 2004 nimmt die HPSA BB ihre Arbeit auf, bereits unterwegs zur nächsten Fusion mit anderen nordwestschweizerischen Pädagogischen Hochschulen unter dem grossen Dach der Fachhochschule Nordwestschweiz, mit einer langen Liste ungelöster Probleme vor sich: von der noch immer offenen Frage der Zuordnung der Fortbildungsinstitutionen über die geplante Aufnahme des aus der Universität nunmehr ausgegliederten Instituts für Spezielle Psychologie und Pädagogik ISP[24] bis hin zur mühevollen Suche nach einem gemeinsamen Domizil und einer Forschung, die den Namen Hochschule überhaupt rechtfertigen könnte[25]. Gewiss ist vorderhand nur eines: Die Geschichte der basel-städtischen Lehrerinnen- und Lehrerbildung ist unwiederbringlich zu Ende.

Anmerkungen

1 Vgl. etwa Helmuth Kittel, Die Entwicklung der Pädagogischen Hochschulen 1926–1932, Berlin, Hannover, Darmstadt 1957. – Hans-Karl Beckmann, Lehrerseminar – Akademie – Hochschule, Weinheim 1968.

2 Zu den notorischen Problemen Pädagogischer Hochschulen vgl. Strukturkommission-Lehrerbildung 2000, Lehrerbildung in Baden-Württemberg, hrsg. Ministerium für Wissenschaft und Forschung Baden-Württemberg, Stuttgart 1993.

3 Zu den Anfängen der Lehrerbildung in der Schweiz

vgl. etwa Rolf von Felten, Lehrer auf dem Weg zur Bildung. Das Verhältnis von Allgemeinbildung und Berufsbildung in den Anfängen der Lehrerbildung in der deutschen Schweiz, Bern 1970. – Wilhelm Brenner, Die Lehrerseminare der Schweiz, Frauenfeld, Leipzig 1941.

4 Vgl. Bruno Krapf/W. Christen: Sekundarlehrerausbildungen an Schweizer Universitäten, Zürich 1981.

5 Als illustratives Beispiel für die allgemeine Stagnation vgl. etwa die Klage von Peter Waldner, Gedanken zur Seminarreform im Kanton Solothurn. Vortrag am Solothurner Kantonal-Lehrertag in Dornach, 6. September 1952, Separatum 1952, S. 12.

6 Fritz Müller u. a. (Hrsg.), Lehrerbildung von morgen. Grundlagen, Strukturen, Inhalte, Hitzkirch 1975, S. 62ff.

7 Wilhelm Brenner, Das Kantonale Lehrerseminar Basel-Stadt, Basel 1926, S. 8f.

8 Dr. Largiadèr, Zur Frage des pädagogischen Seminars der Universität, 17.12.1897, Staatsarchiv des Kantons Basel-Stadt, Erziehungsakten CC 1b.

9 Bericht über die Errichtung eines Lehrerseminars im Kanton Basel-Stadt, Basel 1890, S. 8f.

10 Der Pädagoge und Philosoph Johann Friedrich Herbart (1776–1841) hat nicht nur die Schulpädagogik des 19. Jahrhunderts massgeblich bestimmt, sondern auch modellhaft gewirkt durch die Gründung eines der Lehrerbildung dienenden Pädagogischen Seminars an der Universität Königsberg.

11 Wilhelm Rein, Pädagogik in systematischer Darstellung, 2. Band, Langensalza 2. Auflage 1911, S. 315.

12 Zu den Hintergründen damals vgl. Peter Metz, Herbartianismus in der Schweiz – das Beispiel der Lehrerinnen- und Lehrerbildung von Basel-Stadt, in: Rotraud Coriand/Michael Winkler (Hrsg.), Der Herbartianismus – die vergessene Wissenschaftsgeschichte, Weinheim 1998, S. 43–56.

13 Xaver Wetterwald, Pädagogische Universitäts-Seminare, in: Schweizerische Pädagogische Zeitschrift 10 (1900), S. 173–209.

14 Von der Ausbildung der Mittel- und Oberlehrer im Kanton Basel-Stadt. Referat von Dr. Theodor Moosherr vom 18. November 1802. Stellungnahme von Dr. Hans-Peter Müller, Direktor des kantonalen Lehrerseminars Basel-Stadt, Separatum aus dem

10. Bericht des kantonalen Lehrerseminars Basel-
Stadt, Basel 1965, S. 4. – Ursprünglich: Theodor
Moosherr, Drei Thesen zur Lehrerbildung, in:
Schweizerische Pädagogische Zeitschrift 13, 1903,
S. 281–297. – Ders., (Lehrerbildung) Referat. [Bei-
lage zum] Bericht über die Tätigkeit der Freiwilligen
Schulsynode von Basel-Stadt für das Jahr 1902,
Basel 1903.

15 Über die Einschätzung des Kantonalen Lehrerseminars im damaligen Kontext vgl. Hanspeter Müller,
Die Basler Konzeption der Primarlehrerausbildung,
Separatum, Basel 1957 (auch in: Basler Schulblatt
1957, S. 121ff.).

16 Wilhelm Rein, a.o. (Anm. 11), S. 318.

17 Basierend auf Bericht und Antrag der Arbeitsgruppe
für die Reform der Mittel- und Oberlehrerausbildung
an den Erziehungsrat vom 10.12.1976.

18 Anton Hügli, Die Reform der Lehrerausbildung im
Kanton Basel-Stadt: Verfahren, Ideen, Prinzipien und
erste Ergebnisse, in: Beiträge zur Lehrerbildung
8. Jahrg. 2/1990, S. 180–191.

19 Vgl. Hanspeter Müller, Ein Institut jubiliert: Das kantonale Lehrerseminar, Separatdruck aus dem Basler
Stadtbuch 1975, S. 138ff.

20 Vgl. Anton Hügli, Argumente für pädagogische Hochschulen, in: Schweizer Schule 1, 1994, S. 3–10.

21 Vgl. die kritische Bilanz in Anton Hügli, Die Empfehlungen der EDK zur Lehrerbildung: ein Blick zurück
und ein Blick nach vorn, in: Schweizer Schule 1, 1996,
S. 3–9.

22 Zur Geschichte der Lehrerbildung im Kanton Baselland vgl. Arbeitsgruppe Seminarreform, Ein Blick
zurück – die Geschichte der Lehrerbildung im Kanton
Baselland, in: Vom Seminar zur HPSA BB. Ein Wandel
in Etappen, Verlag Hochschule für Pädagogik und soziale Arbeit beider Basel, Liestal 2004, S. 47–70. – Zur
Zielstrebigkeit: Peter Schmid, ‹Der Weg war kurven-
reich und dornvoll ...›, Memoiren zum Thema, in:
a.a.o. S. 39–46.

23 Fassung vom 29.2.1996.

24 Zur Gründung des ISP vgl. Georg Kreis, Die Universität Basel 1960–1985, Basel 1986, S. 94f.

25 Zu den grundsätzlichen Problemen vgl. Anton Hügli,
Schulpädagogik und Lehrerbildung, in: Hans Badert-
scher/Hans-Ulrich Grunder/Armin Hollenstein (Hrsg.),

Brennpunkt Schulpädagogik. Die Zukunft der Schul-
pädagogik in der Schweiz, Bern, Stuttgart, Wien 1999,
S. 217–242. – Ders., Pädagogische Hochschule,
Lehrerbildung und die unfruchtbare Suche nach einer
neuen Lehrerbildungswissenschaft, in: Schweizer
Schule 10, 2000, S. 3–11.

Literatur

Basler Lehrerinnen- und Lehrerbildung. Einige denkwür-
dige Stationen zwischen 1873 und 2003, Publikation
des Pädagogischen Instituts, Basel 2003.

Wilhelm Brenner, Das Kantonale Lehrerseminar Basel-
Stadt. Im Auftrag des Erziehungsdepartements Basel-
Stadt, Basel 1926.

Wilhelm Brenner, Die Lehrerseminare der Schweiz.
Ausbildung und Bildungsstätten der schweizerischen
Primarlehrer. Ergebnisse einer Umfrage bei Anlass
der schweizerischen Landesausstellung 1939,
Frauenfeld 1941.

Anton Hügli, Die Basler Lehrerbildung und das Problem
der Einheit des Lehrerberufs, in: Beiträge zur Lehrerbildung 7. Jahrg. 1989, S. 349–362.

Anton Hügli, Das Pädagogische Institut Basel-Stadt, in:
Basler Schulblatt 4/1996, S. 4–6.

Anton Philipp Largiadèr, Zur Frage der Lehrerbildung
in der Schweiz, in: Pädagogische Blätter 26, 1897,
S. 580–583.

Peter Metz, Herbartianismus in der Schweiz – das Beispiel
der Lehrerinnen- und Lehrerbildung von Basel-Stadt,
in: Rotraud Coriand/Michael Winkler (Hrsg.), Der Herbartianismus – die vergessene Wissenschaftsgeschichte, Weinheim 1998, S. 43–56.

Xaver Wetterwald, Die Lehrerbildung im Kanton Basel-
stadt. Separatabdruck der Pädagogischen Blätter
(Hrsg. von Muthesius), Gotha 1909.

E. Zollinger, Die Lehrerbildung im Kanton Basel-Stadt.
Bericht an das Erziehungsdepartement, Basel 1905.

Eugen A. Meier (1933–2004) *Urs Hobi*

Nachruf auf einen Stadthistoriker mit enormer Schaffenskraft

Eugen A. Meier ist im Mai 2004 im Oberwallis verstorben, wo er seit einiger Zeit lebte. In der Erinnerung bleibt er als Basel verbundener Geschichtsschreiber, Zünftler und Politiker.

Eugen A. Meier.

Eugen A. Meier – aufgewachsen im Hirzbrunnenquartier – absolvierte nach der obligatorischen Schulzeit eine Lehre als Bibliothekar an der Universitätsbibliothek und konnte in der Folge ans Staatsarchiv wechseln, wo er als Assistent und Sachbearbeiter auf das Fotomaterial stiess, das später die Faszination seiner Bildbände provozierte. Als Mitarbeiter des damaligen Departements des Innern war er überdies während Jahren als Börsenschreiber beschäftigt. Man erkennt ihn auf Bildern jener Tage als Protokollführer innerhalb des Rings in der alten Börse am Fischmarkt. Er verleiht der Hektik des längst vergessenen Handels ‹à la criée› die notwendige amtliche Würde …

Eugen A. Meier war aber nicht nur Beamter (wie man damals sagte), sondern seit seiner Lehrzeit auch historischer Schriftsteller. Bevor ihm im Herbst 1968 mit dem ‹Verschwundenen Basel› ein spektakulärer Auftakt zu einer unglaublich langen Serie von illustrierten Büchern gelang, hatte er sich bereits mit verschiedenen kleineren Publikationen einen Namen gemacht. Es handelte sich in der Regel um historische Inhalte, aber auch volkskundliche (fasnächtliche) oder sportliche Themen tauchten auf. Die Artikel waren gut recherchiert, sorgfältig aufgearbeitet und flüssig geschrieben. Diese Fertigkeiten konnte der Autor in seinen zahlreichen späteren Werken ebenfalls einbringen.

Das ‹Verschwundene Basel› war die Erste zahlreicher Gegenüberstellungen von alten mit aktuellen Bilddarstellungen. Dies faszinierte damals wie heute. Die ersten ‹Meier›, die auch bezüglich Aufmachung kleine Meisterwerke sind, wurden vor der eigentlichen Nostalgiewelle publiziert. Als diese in den siebziger Jahren auch ausserhalb Basels trendig wurde, drängten die Verleger und das Publikum auf Fortsetzungen. So konnte Eugen A. Meier gewissermassen im Jahresrhythmus auf die schönen alten Zeiten hinweisen, wobei verschiedene Titel (erinnert sei an das ‹Süsse Basel›) mehrere Auflagen oder sogar Produktionen erlebten.

Die zünftigen Historiker rümpften ob der ‹Meier-Welle› die Nase. ‹Bilderbücher› werden von den Geschichtsforschern traditionell skeptisch beurteilt, überdies fehlten bei Meier die Fussnoten, die Quellenangaben sollen ungenau gewesen sein, und – vor allem – vermisste man die kritische Beurteilung der zur Diskussion stehenden Epochen. Der Ehrendoktor-Hut der philosophischen Fakultät der Uni wurde dem Stadthistoriker aus diesen Gründen standhaft verweigert, obwohl er ihn eigentlich mehr als verdient hätte, weil kaum ein Autor des vergangenen halben Jahrhunderts ein so grosses Publikum auf stadtgeschichtliche Themen aufmerksam machen konnte. Immerhin wurde er von den Lesern der damaligen ‹Basler Nachrichten› zum ‹Herz-Basler› gewählt, später vom Sperber-Collegium auch zum Ehren-Spalebärglemer.

Meiers bemerkenswerteste historische Produktion ist sein zweibändiger ‹Basler Almanach› (1988/1989), der als Co-Produktion mit der ‹Basler Zeitung› beziehungsweise dem damaligen ‹Basler Magazin› herauskam. Die Aneinanderreihung von Wesentlichem und Unwesentlichem aus 1500 Jahren Stadtgeschichte liefert mehr historische Hintergründe als mancher geschichtsphilosophische Essay.

Meier war nicht nur ein viel gelesener Buchautor, sondern auch ein mustergültiger Verleger, wie das Monumentalwerk ‹Die Basler Fasnacht› (1985) aufzeigt. Der Nicht-Fasnächtler erscheint als Autor von zwei Texten über die Geschichte der Fasnacht. Seine Hauptarbeit war die Redaktion der Beiträge, die von einer Riesenschar prominenter und vor allem kompetenter weiterer Autoren stammten. Es kam ein Werk zustande, das bis zum nächsten Comité-Jubiläum als historisches Gewissen unseres schönen Volksbrauchs Verwendung finden wird. Der Stadthistoriker Eugen A. Meier war auch in den traditionellen städtischen Beziehungsnetzen tätig. So war er Meister der Zunft zu Schiffleuten und schrieb eine sehr schöne Geschichte der Basler Fähren. In der Kleinbasler Gesellschaft zum Rebhaus war er Vorgesetzter, was erklärt, weshalb sein Vogel-Gryff-Buch noch immer das Standardwerk zu diesem Volksbrauch ist. Vor und hinter den Kulissen war er für weitere ‹zünftige› Geschichten zuständig. Zunftmeister Meier war während zwei Jahren auch Vorsitzender des Fünferausschusses der Basler Zünfte und Gesellschaften und durfte in dieser Eigenschaft die ‹runde› St. Jakobfeier des Jahres 1984 organisieren. Schliesslich war er auch auf der Sportszene tätig, und zwar unter anderem im Fussballverband Nordwestschweiz, beim ‹Montibeux-Club›, beim RTV Basel und in der IG der Turn- und Sportverbände. Sein Wissen im Bereich der Leibesübungen liess er in ein anderes Monumentalwerk (‹Baselsport›) einfliessen. In diesem Werk wird die hiesige Sportszene sehr genau nachgezeichnet. Das Buch enthält die lokale Geschichte der verschiedenen sportlichen Disziplinen, eine Übersicht über aktuelle und verschwundene Basler Sportstätten und eine besonders mühsam zu erarbeitende ‹goldene Tafel› des Basler Sports. Der grosse Erfolg beim Publikum unterblieb leider; Sportler und Sportfreunde sind offenbar bessere Fernseher als Leser.

Beim erwähnten Bezugsgeflecht war es fast unvermeidlich, dass sich Meier auch auf politischer Szene betätigte. Für die CVP war er während zwölf Jahren Mitglied des Grossen Rates, später motivierte ihn sein Freund Karl Schnyder, auf der DSP-

Liste zu kandidieren, worauf sich weitere acht par-
lamentarische Jahre anschlossen. Ein Vielredner
war Eugen A. Meier nicht. Sein bemerkenswertes-
ter politischer Auftritt hatte interessanterweise ein
Verbot zur Folge: Die Regierung wollte vor einem
Vierteljahrhundert den Wildwuchs an Geldspiel-
automaten eindämmen – und Meiers fulminantes
Votum gegen abzockende Automatenhersteller
hatte ein Totalverbot zur Folge, das in einer Volksabstimmung bestätigt wurde.

Aufgrund seiner freundschaftlichen Beziehungen zu vielen Parlamentsmitgliedern und Regie-
rungsräten aller Parteien konnte Eugen A. Meier
aber innerhalb und ausserhalb des Rathauses zahl-
reiche Geschäfte aufgleisen. Es war fast logisch,
dass er Ende der Siebzigerjahre auch Gründungs-
mitglied des ‹Tischs der Wahrheit› war, der vom
‹Gifthüttli› aus eine Art Gegenwelt des parlamentarischen Geschehens im Rathaus bildete.

Am 5. Mai 2004 verstarb Stadhistoriker Eugen
A. Meier 71-jährig an seinem Wohnort im Oberwallis.

Archäologie

Themen

- Auch heute noch gibt es immer wieder paläontologische Überraschungen: 1990 fand der Laienforscher Fritz Schmutz erste versteinerte Dinosaurierknochen am Farnsberg bei Ormalingen. Aber erst nachdem der Berg 2002 die Knochenschicht freigegeben hatte, konnten die Knochen ausgegraben, dokumentiert und konserviert werden. Nun wissen wir, welche Saurier in diesem Gebiet gelebt haben.

- Die Umnutzung von Wohnraum des obersten Preissegmentes führt in der Altstadt zum Bau von Garagen, Wellnesszonen, Schwimmbädern und grosszügigen Kellern. Dadurch werden immer mehr archäologische Notgrabungen nötig. Ist somit der Konflikt zwischen Bauherren und Archäologen vorprogrammiert? Der Kantonsarchäologe Guido Lassau sieht Anzeichen, dass sich der Respekt vor den Zeugnissen der Vergangenheit verbessert hat.

Am Anfang war ...
das Paradies?

Barbara den Brok
Christian Meyer
Pascal Favre

Knochenfunde geben Einblick in das tierische Leben der Urzeit

Am Farnsberg bei Ormalingen entdeckte Fritz Schmutz höchst interessante Knochen im Gestein. Zusammen mit Archäologie und Museum des Kantons Basel-Landschaft wurde nun weitergegraben. Das Resultat ist der Nachweis von drei verschiedenen Saurierarten, die hier vor lang vergangener Zeit gelebt haben. Das wissenschaftlich Besondere an diesen Funden ist, dass bis jetzt exakt aus diesem erdgeschichtlichen Zeitraum weltweit kaum Vergleichbares gefunden werden konnte.

Vor sage und schreibe 175 Millionen Jahren fängt unsere Geschichte an. Damals sah es hier in der Stadt und auf dem Land noch ganz anders aus. Menschen und Häuser gab es nicht, noch nicht mal Gras und Bäume existierten; da war nur überall Wasser, ein weites, flaches Meer. Die Küste lag Richtung Norden etwa 50 Kilometer entfernt, die Hügel der Vogesen und des Schwarzwaldes waren schon damals sichtbar. Das Klima war deutlich wärmer, als es heute ist, und das Wasser dürfte eine angenehme Badetemperatur von 20 bis 23 Grad Celsius gehabt haben.

In diesem Meer tummelten sich Lebewesen mit phantastischen Namen wie ‹Staufenia staufensis› oder ‹Ludwigia murchisonae›. Bei diesen handelt es sich um Ammoniten, die in grosser Zahl und Vielfalt vorkamen. Am Boden des Meeres fanden sich Seeigel, Seesterne, Seelilien und muschelähnliche Armfüsser. Dazwischen schwammen Fische und Quallen, es krabbelten Krebse und krochen Schnecken, die von grösseren Räubern gejagt wurden. Solche Räuber waren

Ichthyosaurier

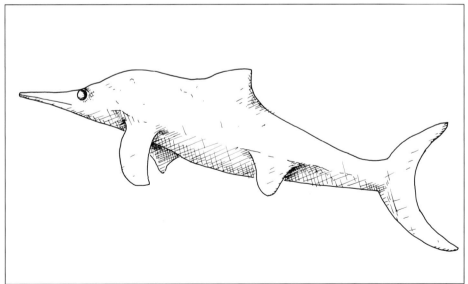

Tintenfische wie zum Beispiel Ammoniten oder Reptilien wie Ichthyosaurier, Steneosaurier oder Plesiosaurier. Die Ichthyosaurier konnten bis zu 18 Metern gross werden. Ihre Vorfahren waren vom einstigen Landleben wieder ins Wasser zurückgekehrt und hatten ihre Körper der Lebensweise angepasst: Ihre äussere Gestalt glich der heute lebender Delfine. Zum Atmen gingen sie an die Oberfläche und sie waren lebend gebärend. Die Steneosaurier waren die schlanken und schnellen Krokodile der Jurazeit. Sie bewohnten küstennahe Gewässer, da sie zur Eiablage an Land gingen. Die Plesiosaurier besassen einen langen Hals, einen gedrungenen Rumpf und vier gleich grosse Flossen, mit denen sie sich nach Art der Meeresschildkröten durch das Wasser bewegten. Wahrscheinlich haben sie ihre Jungen wie die Ichthyosaurier im Wasser geboren.

Dann, vor etwa 65 Millionen Jahren, wurde das Meer durch Hebungsvorgänge auf dem Land verdrängt. Alles was darin gelebt hatte, blieb zurück. Allerdings fand das Meer in den nachfolgenden Millionen Jahren noch ein paar Mal Wege, um bis in unseren Raum vorzudringen, bis es sich vor 10 Millionen Jahren endgültig vom europäischen Kontinent zurückgezogen hatte. Zu dieser Zeit wurden auch im Zusammenhang mit den Gebirgsbildungsprozessen in den Alpen die jurassischen Alpen aufgebaut. Der Faltenjura wurde zusammengestaucht und der sich nördlich anschliessende Bereich, der Tafeljura, wurde bis 600 Meter herausgehoben. Durch die Hebung brach die Erdoberfläche in Stücke und die einzelnen Blöcke wurden gegeneinander versetzt. Flüsse haben sich eingegraben und es bildete sich eine Landschaft aus Hügeln und Tälern. Hier endet der erste Teil der Geschichte.

Plesiosaurier

Steneosaurier

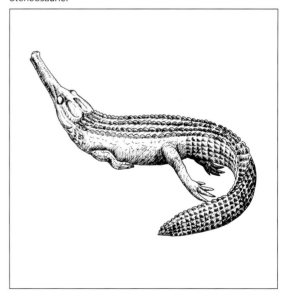

... und was davon übrig blieb

Die Landschaft veränderte sich im Verlauf der letzten Millionen Jahre weiter. Mit den Menschen kam der Ackerbau und viel später die Industrie: Häuser, Fabriken und Strassen veränderten die Hügel und Täler innerhalb der letzten zwei Jahrhunderte rasant und radikal. Tief im Boden und in den Gesteinen finden sich noch die Spuren der Meereslebewesen von einst. Und hier beginnt der Geschichte zweiter Teil, der von einem Fund handelt, den wir ruhigen Gewissens aussergewöhnlich nennen können. 1990 entdeckte Fritz Schmutz in einer schwer zugänglichen Schutthalde am Farnsberg ob Ormalingen einen Gesteinsbrocken mit einem auffälligen Einschluss. Der passionierte Laienforscher erkannte in der fast kreisrunden, abgeflachten Struktur einen versteinerten Knochen. Während der nächsten sechs Jahre suchte er das Gelände immer wieder ab, weitere Funde folgten und brachten die Gewissheit: Er hatte die Reste urzeitlicher Wirbeltiere entdeckt. Dies bestätigten auch die Fachleute der zuständigen kantonalen Stellen, welche 1996 beigezogen wurden und die Funde als bedeutungsvoll einstuften.

Dennoch gab der Berg sein Geheimnis vorerst nicht preis: Lange suchte Fritz Schmutz vergeblich nach jener Stelle im Fels, wo die Funde herausgebrochen waren. Erst im Frühjahr 2002, nachdem die Winterkälte das Gestein bewegt hatte, entdeckte er in der Wand den daumendicken Querschnitt eines Fingerknochens. Endlich wusste man, woher die Knochen kamen.

Einer Ausgrabung stand nun nichts mehr im Weg: Im Sommer 2003 barg Fritz Schmutz in Zusammenarbeit mit den Grabungstechnikern und -technikerinnen der Archäologie des Kantons Basel-

Wirbel eines Steneosauriers.
Der Wirbel ist etwa 20 Zentimeter lang.

Eine Ansammlung verschiedener Knochen und ein Ammonit wurden so präpariert, dass sie noch die Fundsituation widerspiegeln. Sie werden von einer Schale aus dem sie ursprünglich umgebenden Gestein umschlossen. Bei den Knochen handelt es sich um Paddel- und Fingerknochen von Plesiosaurier und um Rippenfragmente (nicht zuordbar). Die Länge des Objektes entspricht in etwa 25 Zentimetern.

Landschaft einen grossen Block von 14 Quadratmetern. Nach einer ersten Begutachtung durch Experten vom Naturhistorischen Museum Basel und dem Museum.BL Liestal konnten aus diesem Gesteinsverband bis heute 45 einzelne Knochen oder Knochenfragmente herauspräpariert werden. 50 weitere Knochenreste fanden sich in der Schutthalde. Die Knochen gehören zu drei verschiedenen Meeresreptilien, dem Ichthyosaurier, dem Plesiosaurier und dem Steneosaurier. Wahrscheinlich wird von keinem ein vollständiges Skelett geborgen werden können, da die Knochen nicht sofort zugedeckt und begraben worden sind. Dennoch sind diese Funde wissenschaftlich sehr bedeutend, da aus dieser Zeit der Erdgeschichte, dem mittleren Jura (Aalenium), weltweit nur drei bis vier Beschreibungen von Knochenfunden dieser Meeresreptilien vorliegen.

In einem ersten Schritt wurden die Knochen nach der Bergung noch aus dem Gestein präpariert. Jetzt sind die Fachpersonen des Naturhistorischen Museum Basel und des Museum.BL damit beschäftigt, die Funde genauer zu untersuchen, das heisst es folgen noch eine genauere Beschreibung und Zuordnung der Fundstücke und eine Rekonstruktion der damaligen Lebens- und Ablagerungsbedingungen. Dereinst sollen die Funde der Öffentlichkeit präsentiert werden, und die Geschichte liesse sich dann weiter schreiben.

Fritz Schmutz

Der Vergangenheit die Zukunft sichern

Guido Lassau

Die Archäologische Bodenforschung im Spannungsfeld zwischen Bauen, Erhalten, Forschen und Vermitteln

Die Archäologische Bodenforschung ist eine kantonale Fachstelle und gehört zum Ressort Kultur des Erziehungsdepartementes. Sie setzt sich für die Sicherung, Pflege, Erforschung und Vermittlung des archäologischen Erbes des Kantons Basel-Stadt ein. Der Boden ist ein Archiv, worin sich Zeugnisse menschlicher Tätigkeit von der Frühzeit bis zur Gegenwart erhalten haben. Dieses kulturelle Erbe muss auch heute – trotz grossem Ausgrabungsbedarf (unter anderem verursacht durch Bauvorhaben auf dem Münsterhügel) bei gleichzeitigem Spardruck – bewahrt werden.

Die neu gestaltete Website www.archaeobasel.ch gibt umfassend Auskunft über die Arbeit der Archäologischen Bodenforschung.

Mit dem Ziel, die archäologischen Quellen für die Rekonstruktion der frühen Kantons- und Stadtgeschichte zu sichern und zu erschliessen, schuf der Kanton Basel-Stadt – als einer der ersten Kantone in der Schweiz – 1962 eine eigene Fachstelle: die Archäologische Bodenforschung. Heute sind auf Kantonsgebiet zirka 2250 Fundstellen bekannt. Der Auftrag, der im Gesetz über den Denkmalschutz von 1980 verankert ist, gehört in den Bereich der Kulturpflege und beinhaltet drei Hauptaufgaben:

Sicherstellen und Dokumentieren archäologischer Zeugnisse: Diese Aufgabe umfasst die fachgerechte Durchführung und Dokumentation archäologischer Ausgrabungen und Sondierungen, nach Möglichkeit vor oder während der Ausführung öffentlicher oder privater Bauvorhaben, sowie das Erfassen und Auswerten anderer historischer Quellen, und die wissenschaftliche Aufbereitung der Grabungsresultate. 60–70 % der Mittel werden dafür eingesetzt. Zusätzliche Budgetmittel durch Sondervorlagen sind fast immer für die Durchführung von Rettungsgrabungen bestimmt.

Bewahren und Pflegen des archäologischen Kulturgutes: Dazu zählen die fachgerechte Pflege, die wissenschaftliche Aufbereitung, der Ausbau und die aktive Bewirtschaftung der archäologischen Quellensammlungen (Dokumentationen, Planarchiv, Funddepots, Diathek, Bibliothek) und das Nachführen eines archäologischen Plans für Forschungszwecke sowie für Baubehörden. Die Funde werden vor der Übergabe an die Museen inventarisiert. Die Grundlagen werden der archäologischen Forschung und anderen historischen Disziplinen sowie weiteren interessierten Kreisen zur Verfügung gestellt. Geschätzte 20 % der personellen Ressourcen werden von der Archivierung und Fundinventarisation gebunden. Budgetmittel sind allerdings praktisch keine vorhanden.

Vermittlung und Beratung: In diesen Aufgabenbereich gehören die Vermittlung archäologisch-historischer Prozesse und Zusammenhänge mittels Medienmitteilungen und Publikationen, die Verbreitung der wichtigsten Resultate über elektronische Medien, Vorträge, Ausstellungen, Führungen und andere Veranstaltungen sowie der Ausbau und die Pflege der archäologischen Informationsstellen. Daneben spielt die Beratung bei öffentlichen und privaten Bauvorhaben eine wichtige Rolle. Diese Aufgabe bindet zirka 20 % der personellen und finanziellen Ressourcen.

Zerstörung durch Ausgraben

Im traditionellen, wissenschaftlich motivierten Archäologie-Verständnis stehen Grabungen im Zentrum. Mit Hilfe von Grabungen betreiben Archäologen Grundlagenforschung und vertiefen ihren Einblick in die Geschichte. Die Fundstelle, die eine einmalige Quelle für die Rekonstruktion der Vergangenheit darstellt, wird durch eine vollständige Ausgrabung unter sorgfältiger Anfertigung einer Dokumentation unwiederbringlich zerstört. Für die Nachwelt bleiben nur noch die Dokumentation, die Funde und die Auswertungsergebnisse.

Die Fragestellungen der Forschung und die Untersuchungsmethoden haben sich in den letzten Jahrzehnten ständig weiterentwickelt und werden sich auch in Zukunft verbessern. Jede Grabung verwehrt jedoch zukünftigen Generationen die Möglichkeit, neue Erkenntnisse aus der Originalquelle zu ziehen und ihre eigene Geschichte zu schreiben. Wegen der vielen Grabungen wird die wissenschaftlich korrekte Auswertung oft vernachlässigt. Dies ist nicht mit dem Grundanliegen vereinbar, ein immer besseres Verständnis der Geschichte zu gewinnen. Die Auswertung der Grabungsdokumentation und der Funde sowie deren Archivierung, sichere Aufbewahrung und Erschliessung müssen gewährleistet sein, damit auch zukünftige Generationen sich mit ihrer Vergangenheit auseinander setzen können.

Ausgrabung in der keltischen Siedlung Basel-Gasfabrik im Zusammenhang mit dem Bauprojekt Campus der Novartis AG.

Der Münsterhügel – eine Fundstelle von nationaler Bedeutung

Das Gebiet des Münsterhügels ist von grösster Bedeutung für das Verständnis der Stadtentwicklung Basels. Die archäologischen Schichten sind dort für Schweizer Verhältnisse ungewöhnlich mächtig: Sie messen über 2,5 Meter und enthalten einzigartige Informationen aus einem Zeitraum von mehr als 3000 Jahren. Der gesamte Münsterhügel wird deshalb auch durch den Bund als Fundstelle von nationaler Bedeutung eingestuft.

Im Rahmen des Aktionsprogramms ‹Stadtentwicklung Basel› sollen 5000 neue Wohnungen erstellt werden, und es kommt im für die Stadtgeschichte respektive -archäologie hochsensiblen Gebiet des Münsterhügels zu Verkäufen und Umnutzungen von staatlichen Liegenschaften. Die Umnutzung zu Wohnraum des obersten Preissegments löst den Bau von Garagen, Wellnesszonen, Schwimmbädern und grosszügigen Kellerräumen aus. Darum muss die Archäologische Bodenforschung immer wieder Rettungsgrabungen durchführen, welche ihre personellen und finanziellen Ressourcen überfordern. Die absolut notwendige Auswertung der Funde und der Befunde sowie die Archivierung der Dokumentation und die Aufbewahrung des wertvollen Fundgutes sind nicht über Sondermittel gedeckt. Deshalb sollte wenigstens teilweise ein Erhalt der wertvollsten archäologischen Schichten angestrebt werden.

Mit dem Grundsatz des Erhalts archäologischer Fundstellen bewegt sich die Archäologie in einem gesellschaftlichen Umfeld, welches durch die verschiedensten Interessen geprägt ist. Bauvorhaben wie am Münsterplatz und an der Martinsgasse führen zu Konflikten zwischen ökonomischen Inte-

Fundinventarisation am Petersgraben 11, dem Sitz der Archäologischen Bodenforschung.

ressen und der Notwendigkeit des Erhalts respektive der Sicherstellung des archäologischen Erbes. Für die politische Meinungsbildung muss die Archäologische Bodenforschung – als Anwältin des archäologischen Erbes von Basel-Stadt – versuchen, den Wert und die Einzigartigkeit dieses kulturellen Erbes stärker im Bewusstsein der Entscheidungsträger und der Öffentlichkeit zu verankern.

Bauen und Archäologie: Konflikt vorprogrammiert?
Im Folgenden soll an einigen Beispielen erläutert werden, dass sich die Einstellung gegenüber archäologischen Fundstellen zu ändern beginnt. Diese – wenn auch kleinen – Teilerfolge sind ein ermutigendes Signal für einen in Zukunft nachhaltigeren Umgang mit dem archäologischen Erbe der Stadt Basel, wo heute Bäumen teilweise ein höherer Schutz beigemessen wird als archäologi-

schen Fundstellen, die nicht wie Bäume nachwachsen können.

Am Münsterplatz 1 und 2 gelang es, wenigstens nachträgliche Projektänderungswünsche – wie das Tieferlegen der Garage – abzuwenden und einzelne Mauerteile einer bislang unbekannten romanischen Kirche zu erhalten. Im Fall der Martinsgasse 6 und 8 war der Handlungsspielraum bezüglich einer Redimensionierung der Tiefgarage nach jahrelangen Verzögerungen und dem Entscheid des Verwaltungsgerichtes nur mehr äusserst klein. Die verantwortlichen Regierungsvertreter setzten sich jedoch für die notwendigen finanziellen Mittel und die zeitlichen Voraussetzungen zur Durchführung der Rettungsgrabung ein. Die geplante Hofabsenkung und Erweiterung des Museums der Kulturen betrifft ebenfalls wertvolle archäologische Substanz. Noch in der Planungsphase werden die

Filmaufnahmen am Münsterplatz 2 für die Sendung MTW (Menschen – Technik – Wissenschaft) des Schweizerischen Fernsehens.

voraussehbaren Schäden für das archäologische Erbe durch die Verlagerung von unterirdischen Infrastrukturbauten in bereits durch frühere Bodeneingriffe gestörte Bereiche verringert. Mit den Industriellen Werken Basel liess sich ein Ort für eine Transformatorenstation zur Stromversorgung der Herbstmesse finden, wo der unvermeidliche Verlust an archäologischer Substanz in Grenzen gehalten werden kann.

Sensibilisieren durch Vermitteln

Die Archäologische Bodenforschung muss in Zukunft noch verstärkter die breite Öffentlichkeit über die Ergebnisse ihrer Arbeit informieren. Dazu dienen die Einrichtung von archäologischen Informationsstellen, die Herausgabe von Publikationen und Informationsbroschüren, eine sorgfältig gestaltete Website und verschiedene Veranstaltungen wie Tage des offenen Bodens, Führungen zur Stadtgeschichte, der Auftritt an der Museumsnacht und die Beteiligung an Ausstellungen. Seit der Schliessung der permanenten Ausstellung zur Basler Archäologie im Historischen Museum fehlt eine Plattform für die attraktiven Funde aus Basels Boden, die eine zeitgemässe Präsentation in einem Museum verdienen. Nur wenn die Resultate der Arbeit der Archäologischen Bodenforschung einer breiten Öffentlichkeit zugänglich gemacht werden, lassen sich die Voraussetzungen für einen verantwortungsvollen Umgang unserer Gesellschaft mit dem archäologischen Erbe schaffen. Auch in Zeiten des Sparens und der Events für Tutanchamun darf Basel ein nachhaltiges Management seines archäologischen Erbes, das einige Highlights zu bieten hat, nicht aus den Augen verlieren.

Meterhohe archäologische Schichten auf dem Münsterhügel an der Martinsgasse 6 und 8.

Architektur und Städtebau

Neue Zentren

Im letztjährigen Stadtbuch haben wir die Vision eines von Grund auf erneuerten Dreispitzareals vorgestellt, nun geht es um neue Zentren im Norden und im Süden der Stadt.

Martin Josephy, von 2002 bis 2004 Leiter des ETH Studios Basel, unternimmt eine kritische Bestandesaufnahme der geplanten Projekte im St. Johann sowie im Gebiet Erlenmatt, und Sabine Braunschweig beschreibt den Umnutzungsprozess des Sulzer-Burckhardt-Areals im Gundeldinger-Quartier und damit den Wandel des Industrieareals zu einem Ort der sozialen und kulturellen Begegnung.

Weitere Themen

- Noch ragt er aus dem Häusermeer empor: der CIBA-Hochkamin, der mit seinen 120 Meter Höhe immer noch 15 Meter höher als der Messeturm ist. Nun wird das frühere Symbol wirtschaftlicher Prosperität abgerissen, nachdem seine Unterschutzstellung nicht zustande gekommen ist.
- Noch viel höher, nämlich 250 Meter hoch ist der Chrischona-Sendeturm, der vor 20 Jahren eingeweiht wurde und von wo aus seit genau 50 Jahren gesendet wird.

Hot Spots Martin Josephy

Eine kritische Bestandsaufnahme aktueller Planungsprojekte in Basel

Im engen Korsett der Kantons- und Landesgrenzen folgt die städtebauliche Entwicklung von Basel einem allgemeinen Muster, das sich hier in besonderer Kompaktheit abzeichnet. In den meisten Städten sind grössere Areale, die sich im Besitz der öffentlichen Hand befinden, und Industrieflächen in Privatbesitz nicht etwa zufällig über das Stadtgebiet verteilt, sondern nach einer räumlich-zeitlichen Logik angeordnet. Heute stellen diese Flächen ein grosses Potenzial, aber auch eine planerische Herausforderung dar.

Unter dem Druck der Industrialisierung breiteten sich die Städte in der zweiten Hälfte des 19. Jahrhunderts schlagartig über die bis dahin weitgehend unangetasteten Befestigungsanlagen aus. Nichts lag näher, als diese neu gewonnenen, zentrumsnahen Grundstücke in Staatsbesitz für den Aufbau einer modernen städtischen Infrastruktur in Anspruch zu nehmen. So häufen sich öffentliche Einrichtungen wie Spitäler, Schulen oder Gefängnisse auf den alten Wällen und ihrem Vorland. Spätere Entwicklungsschübe legten weitere Gürtel um die Städte. Güterumschlag, Grossindustrie und Infrastrukturbetriebe benötigten zusammenhängende, gut erschlossene Parzellen, die in den neuen Wohnquartieren bald nicht mehr zu haben und auch nicht erwünscht waren. Anhand von drei aktuellen Beispielen wird im Folgenden aufgezeigt, welche Bedeutung diesen beiden Typologien bei den aktuellen Planungen für die Stadtentwicklung zukommt.

Entlang den ehemaligen Wallanlagen: St. Johann – Schällemätteli – Frauenspital

Auf einem Streifen, der sich vom Schiffterminal unterhalb des St. Johann-Parks bis zum Botanischen Garten zieht, findet sich eine Reihe von Anlagen, welche den durch das Gesetz über die Stadterweiterung von 1859 beförderten Städtebau des späten 19. Jahrhunderts dokumentieren. Nacheinander hatten sich hier folgende Betriebe und Institutionen angesiedelt: 1844 der Bahnhof für die Zuglinie nach St-Louis (damals noch innerhalb der Befestigungsanlagen mit einem eigens für den Zugverkehr angelegten Tor); 1864 auf dem gleichen Areal, nachdem der Bahnhof zugunsten der Elsässerbahn mit Anschluss an das Schweizer Eisenbahnnetz wieder aufgegeben worden war, das Gefängnis ‹Schällemätteli›; 1870 der Schlachthof; in den 1880er Jahren die Stadtgärtnerei (heute St. Johann-Park); 1874 das Bernoullianum; 1888 das St. Johann-Schulhaus; 1886 das Frauenspital; 1896 die Universitätsbibliothek und 1898 der Botanische Garten. Allesamt waren dies Anlagen, welche die Infrastruktur und das neue öffentliche Leben der Stadt bedienten.

Es dauerte fast ein Jahrhundert, bis sich eine neue Tendenz manifestierte. Nach und nach suchten sich der Schlachthof, die Stadtgärtnerei, zuletzt auch das Frauenspital und das Gefängnis neue, inzwischen besser geeignete Standorte. Zwei grössere Areale kristallisierten sich als städtebauliche Entwicklungsgebiete heraus. Mit dem St. Johann-Park auf dem Gelände der Alten Stadtgärtnerei wurde die erste Chance verpasst. Nicht, dass das Stimmvolk 1988 einfach falsch

Rosa Flächen: links oben der ‹Novartis Campus›, auf der anderen Seite des Rheins die Überbauung ‹Erlenmatt› und auf der Höhe der Johanniterbrücke ein Projekt der Universität.

Labels on image:
Rheinhafen
Novartis Campus
Hafen St. Johann
Bahnhof St. Johann
DB-Areal
Bad. Bahnhof
Messe
Schällemätteli / Frauenspital
Kaserne
Universität
Roche
Heuwaage
Bahnhof SBB / SNCF
St. Jakob
Dreispitz

entschieden hätte. Es lag nur nicht das richtige Projekt vor, um an dieser hervorragenden Lage einen wirklichen Volkspark zu realisieren. Die Weichen für das zweite Gebiet mit Entwicklungspotenzial wurden in jüngster Zeit besser gestellt. Eine 2002 von der Universität in Auftrag gegebene Studie von Herzog & de Meuron ordnet das Universitätsviertel zwischen Lyss und Biozentrum neu und zeigt Möglichkeiten zur Verdichtung auf. Gleichzeitig begannen die Vorbereitungen für einen Projektwettbewerb für den Bau des neuen Universitätskinderspitals beider Basel und eine Erweiterung des Biozentrums auf dem Areal des ehemaligen Frauenspitals und des Schällemätteli. 2004 hat sich die Wettbewerbsjury für den Entwurf des Basler Architekturbüros Stump & Schibli entschieden; der Zeitpunkt der Realisierung ist noch offen.

Stellvertretend für weitere Quartiere zeigt das Beispiel St. Johann auf, wie sich die Stadt auch nach innen entwickeln kann. Es bedarf dazu eines weitsichtigen Engagements der öffentlichen Institutionen, welche diese Grundstücke verwalten.

Transformation von Industriearealen I: DB-Areal – Erlenmatt

Mitte der 1990er Jahre gab die Deutsche Bahn bekannt, dass sie ihre Aktivitäten auf dem Güterbahnhof nördlich des Messeareals aufgibt. Für die Stadtentwicklung eröffneten sich neue Ausblicke. Inzwischen liegt ein ausgearbeiteter Plan für das 18 Hektaren grosse Areal vor, dessen Realisierung vom Ausgang einer Referendums-Abstimmung im Februar 2005 abhängt. Die aktuelle Planung ist das Ergebnis von zwei städtebaulichen Wettbewerben (1996/97 und 2001/02), mehrerer Workshops mit Beteiligung der Bevölkerung und der Initiative engagierter Einzelpersonen, die mit dem ‹NT-Areal› eine rasch etablierte Zwischennutzung von Gebäuden und Freiflächen organisierten. Auf der ‹Erlenmatt› sollen innerhalb von 15 Jahren rund 700 neue Wohnungen, Dienstleistungs- und Gewerbeflächen, eine Schule und ein grosser Park entstehen.

Der Planungsprozess hat unter schwierigen Voraussetzungen stattgefunden, die den beteiligten Akteuren wenig Spielraum für grundsätzliche Überlegungen liessen. So stellt sich die Frage nach den Möglichkeiten, entscheidende Rahmenbedingungen für Stadtentwicklungsprojekte rechtzeitig zu beeinflussen. Die folgende Aufzählung zeigt vor allem die Automatismen, welchen Vorhaben in dieser Grössenordnung unterworfen sind:

1. Basel hat sich im Jahr 2000 mit dem Projekt ‹Logis Bâle› zum Ziel gesetzt, «5000 gute Wohnungen innert 10 Jahren» zu bauen. Dieses Programm soll für eine positive Bevölkerungs- und Steuerentwicklung sorgen, hat aber auch zur Folge, dass neue Wohnbauprojekte nicht unvoreingenommen auf ihre Zweckmässigkeit im jeweiligen Kontext geprüft werden.

2. Viel mehr als die fehlenden Nahtstellen zu anderen Stadtquartieren prägen das DB-Areal die beiden in Hochlage geführten Bögen der Nordtangente. Das lange Zeit umstrittene Verkehrsprojekt trägt in seiner jetzigen Form viel zur Abwertung des Erlenmatt-Quartiers bei.

3. Der Mangel an Frei- und Grünflächen im Kleinbasel ist unbestritten. So ist der vorgesehene Park im Projektkatalog eine gesetzte Grösse, droht aber als planerisch nicht bewältigte Restfläche hinter den Erwartungen zurückzubleiben.

4. Um 1905 wurden die für den Güterbahnhof benötigten Grundstücke – bereits damals für den Bau von Wohnungen prädestiniert – aus Privatbesitz zusammengekauft. Seitdem unterliegt der Betrieb des DB-Areals den Bedingungen des Staatsvertrags zwischen der Schweizerischen Eidgenossenschaft und dem Grossherzogtum Baden von 1852. Erst mit einer neuerlichen Umwidmung fällt die Planungshoheit an den Kanton zurück, während der Grundbesitz zu Marktkonditionen zurückgekauft werden muss. In dieser Konstellation ist der Druck auf eine wirtschaftliche Ausnutzung des Areals so gross, dass keine Alternativen zu einer Bebauung mehr diskutiert werden. Ein detailliert geplantes Geschäft regelt nun die Übernahme der Strassen- und sonstigen öffentlichen Freiflächen durch den Kanton und die neue Rolle der ‹Vivico Real Estate›, der heutigen Grundeigentümerin, als Investorin.

So betrachtet stellt das Projekt ‹Erlenmatt› weniger einen Kompromiss als ein Vorhaben dar, das die gesetzten Rahmenbedingungen bestmöglich zu verwerten versucht. Eine Erschliessung des DB-Areals ist für Basel unabdingbar. In Anbetracht der bereits vollendeten Tatsachen hätte sich allerdings als Planungsalternative, ebenfalls streitbar und politisch kaum durchzusetzen, auf einer durchgehenden Freifläche eine punktuelle Konzentration von Wohnungen im vorderen Bereich und Dienstleistungsgewerbe entlang der Autobahn angeboten.

Transformation von Industriearealen II: Novartis Campus

Weitgehend unbeachtet von der Öffentlichkeit, abgesehen von gelegentlichen Berichten in den Medien, vollzieht sich auf dem Novartis-Areal im äusseren St. Johann-Quartier die radikale Umgestaltung einer ‹Stadt in der Stadt›. Bis zum Jahr 2008 wird hier anstelle der ausgelagerten Produktionsanlagen ein Verwaltungs- und Forschungscampus aufgebaut als europäisches Pendant zu den Investitionen, welche das Unternehmen im gleichen Umfang in Boston tätigt. Während Hoffmann-La Roche bei der Anlage ihres Firmengeländes seit den 1930er Jahren nach einer gestalterischen Einheit suchte, verlief die Entwicklung bei der früheren Sandoz in dieser Hinsicht eher planlos. Die bestehenden Bauten auf dem Areal sind zwar wohl geordnet, lassen jedoch ein zusammenhängendes Erscheinungsbild vermissen. Dort setzt der 2001 ausgearbeitete Masterplan des Architekten Vittorio Magnago Lampugnani an: Mit Anklängen an klassische Ordnungen gibt der Plan eine Palette von Kriterien vor, nach welchen zukünftige Bauten anzuordnen und zu entwerfen sind. Im Konzept sind auch die Anlage von Grünflächen, die Beleuchtung und eine Reihe von Kunstprojekten festgeschrieben. Die einzelnen Bauprojekte werden an international renommierte Architekturbüros vergeben, bis jetzt: Diener & Diener, Adolf Krischanitz, Andrea Roost, Peter Märkli, Kazuyo Sejima / Ryue Nishizawa. Im Ansatz vergleichbar, im Ausmass jedoch viel grösser ent-

steht hier ein Architekturpark nach dem Vorbild des Vitra-Firmengeländes in Weil am Rhein.

Indem die Entscheidungsprozesse nur wenige Stufen durchlaufen, können privat finanzierte Bauprojekte in dieser Grössenordnung – das entsprechende Engagement vorausgesetzt – die Stadtentwicklung beschleunigen und nachhaltig prägen. Die ‹Stadt in der Stadt› ist aber auch ein problematisches Konzept. Der Aufenthalt auf dem eingezäunten Campus bleibt im Sinne einer ‹Gated Community› den Mitarbeitern und Gästen des Unternehmens vorbehalten. Während sich die alten Industriekomplexe im allgemeinen Konsens von ihrer Umgebung abschotteten, weckt nun das absehbare Ungleichgewicht zwischen innen und aussen neue Begehrlichkeiten. Die Öffentlichkeit profitiert von diesem ansehnlichen Städtebauprojekt indirekt: einerseits in Form von Steuereinnahmen und hoch qualifizierten Arbeitsplätzen, andererseits mit einer Ansammlung (bau-)kultureller Werte, und schliesslich durch einen bereits sichtbaren Entwicklungs- und Erneuerungsschub entlang der Achse Dreirosenbrücke – Bahnhof St. Johann, wo nach jahrelangen Tiefbauarbeiten für die Nordtangente eine Reihe von städtebaulichen Projekten ansteht.

Neue Zentren
Gundeldinger Feld

Sabine Braunschweig

Vom Symbol des Industriezeitalters zum Symbol der postindustriellen Dienstleistungsgesellschaft

Aus einem ehemaligen Fabrikareal inmitten des grössten städtischen Viertels entstand ein Quartierzentrum, das Raum bietet für verschiedene Nutzungen und Projekte, die ins Quartier, in die Stadt und Region Basel ausstrahlen und das Gundeldinger Feld zu einem sozialen, ökologischen und kulturellen Experimentierfeld machen.

Eingang zum Gundeldinger Feld.

Als 1994 die Maschinenfabrik Sulzer-Burckhardt AG in der Messe Basel ihr 150-jähriges Jubiläum feierte und dies im Basler Stadtbuch gewürdigt wurde, lag eine mögliche Schliessung dieser traditionsreichen Firma in Basel noch in weiter Ferne. Doch am 7. Oktober 1999 erfuhr die Belegschaft vom Entscheid, den Basler Standort aufzugeben und das Werk mit der Produktionsstätte in Winterthur zusammenzulegen. Für die meisten Angestellten, von denen viele während Jahrzehnten hier gearbeitet hatten, war dies eine Hiobsbotschaft. Im Nachhinein erkannten sie klar, dass sich die Annäherung an den Sulzer-Konzern in Winterthur, den vormaligen Konkurrenten in der Kompressorentechnik, seit längerem schrittweise angebahnt hatte.

Kompressoren und Vakuumpumpen
Die Maschinenfabrik Burckhardt hatte im 19. Jahrhundert am Rümelinbach vor dem Steinentor zunächst Maschinen für die Seidenbandindustrie sowie Werkzeug- und Dampfmaschinen hergestellt und dann das Programm

auf Kompressoren und Vakuumpumpen ausgedehnt und konzentriert, mit denen sie weltweit bekannt wurde. Aus Platzgründen liess sie sich 1890 auf dem Gundeldinger Feld nieder. In Krisenzeiten wie etwa den 1930er Jahren diversifizierte sie wieder und baute auch Haushaltungsmaschinen oder Rüstungsgüter für die Schweizer Armee. Um das zunehmende Risiko im Kompressorenbau abzusichern, wurde 1969 das Aktienkapital an den Sulzer-Konzern verkauft, wobei die Basler Firma einstweilen ihre rechtliche Unabhängigkeit behielt. Erst 1982, mit der Namensänderung zu Maschinenfabrik Sulzer-Burckhardt AG (MSB), gewann Sulzer immer mehr an Einfluss. Auch das Management setzte sich vermehrt aus Vertretern aus Winterthur zusammen, die wenig Bezug zur Stadt Basel hatten und sich deshalb dem Erhalt der Arbeits-

plätze hier nicht verpflichtet fühlten. So überraschte der Schliessungsentscheid rückblickend wenig.

Initiative

Als die Stilllegung 1999 publiziert wurde, nahmen zwei Architektinnen und ein Architekt, die sich seit langem mit der Quartierentwicklung auseinander gesetzt hatten, die Chance wahr und arbeiteten ein Konzept für eine neue Nutzung des 12 000 m² grossen Fabrikareals aus. Weil sie im Gundeldinger Quartier wohnten und die Bedürfnisse der Quartierbevölkerung und der hier ansässigen Vereine kannten, konnten sie gezielt ein Projekt entwickeln, das die vielfältigen Interessen berücksichtigte. Ziel war der Aufbau eines sozio-kulturellen Quartierzentrums auf der Grundlage der bestehenden Gebäude. Bis dahin fehlte dem grössten städtischen

Tag der Offenen Türe, 15. Mai 2004.

Viertel in Basel ein solcher Ort, der ausreichend Platz bot für Institutionen, die seit längerem grössere Räumlichkeiten suchten, wie das Familienzentrum oder die GGG-Bibliothek, der aber auch Kindern und Jugendlichen einen Freiraum für ihre Aktivitäten ermöglichte.

Es gab andere Interessenten für dieses geräumige Areal; sie hätten jedoch die Fabrikgebäude abgerissen und Wohn- und Geschäftshäuser erstellt. Den Zuschlag erhielt dann das Architektenteam, dem es gelungen war, Geldgeber zu finden, die sich in der Gundeldinger Feld Immobilien AG zusammenschlossen.

Übergang

Im Jahr 2000 führte die Maschinenfabrik Sulzer-Burckhardt AG den Umzug nach Winterthur durch, nur eine Tochterfirma blieb bis 2002 auf dem Areal. Gleichzeitig begann die Kantensprung AG, die die Liegenschaft im Baurecht von der Besitzerin des Areals übernommen hatte, ihr Umnutzungsvorhaben Schritt für Schritt in die Tat umzusetzen. Um den Übergang vom Alten zum Neuen bewusst zu gestalten, engagierte Kantensprung einen Fotografen, der den Umbau dokumentierte. Zudem beschrieben ehemalige Angestellte in Interviews mit der Verfasserin ihren Arbeitsalltag und schilderten, oft wehmütig, die familiäre Atmosphäre, die dazu beigetragen hatte, dass etliche von ihnen das ganze Arbeitsleben hier verbracht hatten. Diese Dokumente der Vergangenheit und des Übergangs wurden im Mai 2003 in der Ausstellung ‹Kompressionen – Verdichtungen und Erweiterungen eines ehemaligen Basler Industrieareals› an verschiedenen Hör- und Bildstationen präsentiert. Die Ausstellung wollte aber nicht nur der Geschichte die Reverenz erweisen, sondern auch Impulse für die Zukunft geben, die mit den Stichworten Ökologie, Soziales und Kultur zu fassen sind.

Ökologie

Ein zentrales Anliegen von Kantensprung ist die nachhaltige Umnutzung: Schonung der natürlichen Ressourcen, Wiederverwendung von Bauteilen, Einsatz von ökologisch unbedenklichen Baumateria-

lien, sorgfältiger Umgang mit Wasser und Energie. Diese Postulate sind in einer Nachhaltigkeitsvereinbarung festgehalten, die alle Mieterinnen und Mieter auf dem Areal mit der Kantensprung AG unterzeichnen. Der Verein ‹mobilo›, der hier gegründet wurde, erleichtert mit zwei Mietautos, einem Fahrrad- und Rikschaverleih sowie der Abgabe von SBB-Tageskarten den Verzicht auf das Privatauto. Für Besuchende ist die Begrünung augenfällig und vielleicht sehen sie auch die zahlreichen Nistkästen unter den Dächern, die zu einem Vogelansiedlungsprojekt gehören. Die Pro Natura Schweiz, der WWF Basel und weitere Umweltorganisationen und -unternehmen haben ihren Sitz hier gewählt. Damit profiliert sich das Gundeldinger Feld als ökologisches Zentrum, das als Pilotprojekt der 2000-Watt-Gesellschaft ausgewählt wurde und wissenschaftlich begleitet wird. Mit 2000 Watt pro Person könnte unsere Gesellschaft ohne Qualitätseinbusse existieren und funktionieren, tatsächlich brauchen wir heute aber dreimal mehr. Wie weit sich diese Vision hier realisieren lässt, wird die Zukunft weisen.

Soziales

Ein weiteres Anliegen ist der soziale Bezug zum Quartier und zur Stadt: Für alle Altersgruppen besteht ein Angebot: Kleine Kinder können im Familienzentrum spielen, grössere Kinder sind auf dem Spielfeld oder in der Zirkusschule willkommen, Jugendliche können sich in der Theaterfalle und der Medienfalle engagieren. Es besteht eine Anlaufstelle für Hilfesuchende sowie das Brückenangebot für Jugendliche, die (noch) keinen Ausbildungsplatz gefunden haben.

Eine unentbehrliche Dienstleistung übt ‹Transform›, ein Projekt der Psychosozialen Arbeitsgemeinschaft, aus. In den Bereichen Gärtnerei, Wäscherei, Arealunterhalt und der Kantine arbeiten Menschen mit einer psychischen Beeinträchtigung und tragen mit ihrem Einsatz zum Gemeinsinn auf dem Gundeldinger Feld bei.

Für Reisende mit kleinem Geldbeutel offeriert das ‹Basel Back Pack›, das erst noch rollstuhlgängig ist, günstige Übernachtungen.

Kultur

Die kulturelle Vielfalt zeigt sich in zahlreichen Veranstaltungen und Aktivitäten, die hier regelmässig stattfinden: Kunst- und Architekturausstellungen, Boxkämpfe, Theaterstücke, Konzerte, Zirkusvorführungen.

Für die Quartierbevölkerung ist das Querfeld ein wichtiger Ort. Hier treffen sich Quartiervereine, die verschiedenen Migrationsorganisationen feiern ihre traditionellen Feste und vier Mal im Jahr findet der autofreie Flohmarkt statt. Zur Kultur zählt auch die GGG-Bibliothek, die mit Lesungen und Filmnächten zum reichhaltigen Angebot beiträgt. Für das leibliche Wohl sorgen das Edelrestaurant ‹eo ipso›, das Take-away ‹Mükdam›, die ‹Transform-Kantine› und demnächst die ‹Blinde Kuh›, das erste Basler Restaurant im Dunkeln.

Nahezu tausend Personen besuchen heute täglich das Gundeldinger Feld. Damit hat sich der Bedarf für ein solches sozio-kulturelles Zentrum über das Quartier hinaus erwiesen.

Symbol

Die Schliessung der Maschinenfabrik Sulzer-Burckhardt AG im Gundeldinger Quartier symbolisiert den Abschluss eines Stücks Basler Industriegeschichte und bis zu einem gewissen Grad auch das zu Ende gehende Industriezeitalter. Hier entscheidet nicht mehr der langfristige Erfolg, das heisst etwa ein weltweit renommiertes Produkt und volle Auftragsbücher, über Sein oder Nichtsein eines Industriebetriebs, sondern nur mehr dessen kurzfristige Rendite, der ‹Shareholder Value› für die Investoren. Als Folge davon verlieren Fabrikareale, vor allem wenn sie mitten in der Stadt liegen, ihren Wert als Industriestandort und werden entweder geschleift und völlig neu überbaut oder – wie hier – sanft umgebaut und umgenutzt.

Ein Grossteil der heutigen Nutzer und Nutzerinnen bietet kulturelle und soziale Dienstleistungen an, die typisch sind für die moderne Bildungs- und Freizeitgesellschaft. Und mit 220 Arbeitsplätzen hat das Gundeldinger Feld bereits heute das Niveau der MSB in ihrer Endphase erreicht.

Damit wird das Gundeldinger Feld, das in den letzten beiden Jahren mit dem ‹Prix Evenir› der Schweizer Erdöl-Vereinigung und dem Hans E. Moppert-Preis für Nachhaltigkeit ausgezeichnet wurde, zu einem Wahrzeichen für Bedürfnisse und Dienstleistungen des so genannten postindustriellen Zeitalters, so wie die Maschinenfabrik Burckhardt ein Symbol der Gründerzeit und des Industriezeitalters war.

Literatur

Sabine Braunschweig, Maschinen, Bau und Lebensmittel. Geburtstage bei Sulzer-Burckhardt, Stamm und Bell, in: Basler Stadtbuch 1994, Basel 1995, S. 55–63.

Sabine Braunschweig, ‹Wie eine grosse Familie›, Basler Werkplatz, in: Basler Magazin, 26. April 2003.

Hans R. Kläy, Franz Burckhardt, August Burckhardt – ckdt Maschinenbauer aus Basel, in: Schweizer Pioniere der Wirtschaft und Technik, 59, 1994.

Kompressionen – Verdichtungen und Erweiterungen eines ehemaligen Basler Industrieareals: Projektbeschrieb und Schlussbericht, Basel 2003.

Höhe: 120. Wert: 0 *Claudia Kocher*

Der Ciba-Hochkamin WKL-40 wird abgerissen

Seit fast fünfzig Jahren schon steht der Hochkamin auf dem Klybeck-Areal. Er verkörperte einst eine Stadt, die prosperierte. Nun hat das Symbol ausgedient. Der 120 Meter hohe Kamin wird abgerissen. Heimatschutz und Denkmalpflege wehren sich gegen dieses Vorhaben. Der regierungsrätliche Entscheid zeigt: Industrie-Denkmalschutz ist in der Industriestadt Basel noch immer ein Fremdwort.

Der Alltag ist eben. Für die meisten Baslerinnen und Basler jedenfalls. Doch ausserhalb gewohnter Pfade verbirgt sich Sehnsucht – manche nennen es Fernweh. Wir wollen dieses Gefühl jetzt nicht sezieren, denn Sehnsucht wäre nicht Sehnsucht, bliebe sie nicht unerfüllt.

Um die Sehnsucht zu stillen, müssen wir den Asphalt hin und wieder verlassen und in die Höhe (denn ein Meer haben wir nicht). So kommt es, dass wir Türme bauen. Ein Turm, muss man hier erklären, steht für Macht oder Wachsamkeit. In frühchristlichen Zeiten symbolisierte er oft die gesamte ‹heilige Stadt›.

Doch Basel hält nichts von der Heiligkeit: Da steht ein 120 Meter hoher Kamin, zwischen Industrie und Wohngebiet, in Kleinhüningen. Er dient niemandem und nichts. Nicht einmal besteigen kann man ihn, um das Ziehen des Fernwehs zu besänftigen. Ja was denn tun damit?

Darüber haben im Jahre 2003 so manche nachgedacht. Was nützt er uns, hat sich die Novartis Pharma AG und mit ihr der Regierungsrat gefragt. Wofür steht der Hochkamin, überlegten der Heimatschutz und der Denkmalschutz. Zwei verschiedene Betrachtungsweisen, die zu einem Entscheid führten: Der Hochkamin WKL-40 soll abgerissen werden. Die Frage nach der Nutzbarkeit war ausschlaggebend.

Beginnen wir 1863. Schon damals reagierte die Bevölkerung sensibel auf die Abgase der sich ausdehnenden Chemie. Wegen Beschwerden zog sich die Clavelsche Seidenfärberei von der Rebgasse weit hinter die Stadtmauern zurück, auf das Areal der späteren Ciba im Klybeck, Kleinhüningen.

1955/56 bauten dort die Ingenieure Eglin und Deron für die einstige Ciba mit 120 Metern Höhe das damals höchste Gebäude der Schweiz. 30 Jahre lang dampfte der Hochkamin leise vor sich hin, bis er Anfang der 90er Jahre wegen der neuen Luftverordnung stillgelegt wurde.

Die neue Eigentümerin des Geländes, die Novartis Pharma AG, wehrte sich 2002 gegen den Antrag des Basler Heimatschutzes, den Hochkamin ins Denkmalverzeichnis aufzunehmen. Der Regierungsrat schaltete sich ein: «Der Umstand, dass eine künftige Nutzung des Hochkamins durch die Eigentümerin gänzlich ausgeschlossen werden muss, sowie die Kosten für Sanierung und Unterhalt in der Höhe von mehreren Millionen Franken, an welchen sich der Kanton Basel-Stadt im Falle einer Unterschutzstellung aller Voraussicht nach würde beteiligen müssen, würden in keinem vernünftigen Verhältnis zum Nutzen für die Öffentlichkeit stehen.»

Der Obmann des Heimatschutzes, Robert Schiess, kämpfte zusammen mit der Denkmalpflege und dem Denkmalrat auf verlorenem Posten. Der Obmann bedauert, dass in Basel die Industrie-Denkmalpflege nur in Anfängen existiert, anders als in Zürich oder in deutschen Ruhrgebiet-Städten. Für ihn sind Wahrzeichen eine Erinnerung an eine bestimmte Zeit oder einen bestimmten Ort. Der Hochkamin im Speziellen stehe für eine überwundene Technik, für ein Zeichen des Aufbruchs und der Prosperität. Als er errichtet wurde, galt er schon fast für umweltfreundlich, denn er hatte zum Ziel, die Bevölkerung vor Emissionen zu schonen. Deswegen die Höhe von 120 Metern. In seinen Ausführungen zitiert Robert Schiess auch gerne Friedrich Dürrenmatts Erinnerungen. Dieser schreibt: «Mehr noch als der Kirchturm zu Konolfingen ist der Hochkamin das Wahrzeichen des Dorfes.» So war das damals. Nicht mehr die Kirche hatte den höchsten Turm und damit das Sagen. Die Industrie übernahm das Szepter.

Zurück zum Hochkamin WKL-40 an der Klybeckstrasse 191: Er steht auf einem 4,5 Meter eingetieften Fundament von 14 Metern Durchmesser. Zweischalig. Aussenrohr: Stahlbeton (bis 98 Meter Höhe), säurefestes Mauerwerk (bis 118 Meter Höhe). Aussendurchmesser an der Basis: 6,53 Meter, wird nach oben bis auf 3,70 Meter verjüngt. Innenrohr und zugleich Abgaskamin, besteht aus säurefestem Mauerwerk und ist 120 Meter hoch. Gewicht von 2500 Tonnen (Aussenrohr) beziehungsweise 725 Tonnen (Innenrohr) wird direkt aufs Fundament übertragen. Raum zwischen Aussen- und Innenrohr: belüftet.

Ein Gebäude wird erst dann ins Denkmalverzeichnis aufgenommen, wenn es einem allgemeinen öffentlichen Interesse entspricht. Der Regierungsrat schreibt: «Sie müssen breiter abgestützt sein und von einem grossen Teil der Bevölkerung bejaht werden. Der Regierungsrat geht davon aus, dass die öffentliche Meinung zur Schutzwürdigkeit des Hochkamins zumindest geteilt ist und dass dessen Eintragung ins Denkmalverzeichnis bzw. die dafür geforderte Hochrangigkeit von beträchtlichen Teilen der Bevölkerung, insbesondere von

Noch ragt das einstige Wahrzeichen Basels stolz in den Himmel. Morgen wird es nicht mehr da sein. Wer wird es vermissen?

Architektur und Städtebau

der unmittelbar betroffenen Quartierbevölkerung, nicht verstanden würde.»

2003 wurden folgende drei Bauten ins Denkmalverzeichnis aufgenommen: die ‹First Church of Christ› am Picassoplatz, das Kleinhüninger Fischerhaus, die Fassade und das Dach des Geschäftshauses ‹Füglistaller› in der Freien Strasse. Wobei hier anzumerken ist, dass wegen eines Rekurses noch hängig ist, ob nicht das ganze Haus als geschützt erklärt wird.

Nach Angaben der Eigentümerin, schreibt der Regierungsrat weiter in seiner Stellungnahme, sei der stillgelegte Hochkamin eine Altlast und gemäss ökologischer Unternehmenspolitik abzubrechen und zu entsorgen. Eine alternative Nutzung sei aus technischen Gründen nicht mehr möglich. Und kommt zum Schluss: Der Regierungsrat habe objektive und grundsätzliche Kriterien abgewogen, um beim Entscheid einen Ausgleich zwischen kunsthistorischer Erkenntnis und publikumsgängiger Meinung zu finden.

Der Regierungsrat meint zwar, eine Einzigartigkeit im Stadtbild könne für einen Denkmalschutz mitentscheidend sein, sei jedoch nicht alleine ausschlaggebend. Der Bedeutung des Kamins im Stadtbild komme nach seiner Auffassung neben seiner kultur- und entwicklungshistorischen sowie architektonischen Bedeutung eine eher untergeordnete Rolle zu.

Novartis begrüsste den regierungsrätlichen Entscheid. Schliesslich müsste sie als die Eigentümerin den Kamin unterhalten, und eine Instandstellung sei dringlich. Abplatzungen und Risse am äusseren Kamin. Der Innenkamin chemisch belastet.

Eine Sprengung wird's nicht geben. Zu aufwändig. Der Kamin soll abgetragen werden. Von oben nach unten, Stein für Stein.

Auch wenn er nun bald nicht mehr steht: Die Sehnsucht nach Weite, nach Ferne bleibt. Es muss doch etwas geben, das den Alltag überragt. Vielleicht wird es nie mehr so hoch sein wie die 120 Meter des Hochkamins WKL-40. Denn dass man das Bedürfnis nach Sehnsucht und den Drang, den Alltag zu überragen, immer weniger wichtig nimmt, zeigt das Beispiel Messeturm: Dieser misst nur 105 Meter.

Als die Mattscheibe noch ein Luxus war

Dieter Wüthrich

Seit 50 Jahren steht ein Fernmeldeturm auf St. Chrischona, seit 20 Jahren das höchste Gebäude der Schweiz

Im gleichen Jahr, in dem im altehrwürdigen Fussballstadion St. Jakob das erste Spiel über die Rasenbühne ging, erlebte auf der höchsten Erhebung des Kantons Basel-Stadt, auf St. Chrischona, das Fernsehen seine regionale Uraufführung. Und schon bald flimmerte im Rahmen der Fussball-Weltmeisterschaft die erste Direktübertragung aus dem ‹Joggeli› über die Mattscheibe. Im Gegensatz zum Volkssport Fussball blieb das private Fernsehvergnügen in den ersten Jahren allerdings ein Luxus für gut Betuchte.

Werbeinserat für ein TV-Gerät in der ‹Riehener Zeitung› aus dem Jahr 1955. Mit einem Kaufpreis von über tausend Franken war das neue Medium in seinen Anfängen ein Freizeitvergnügen für gut Betuchte.

Er war gross, eckig und schwarz. Und an seinem Sockel waren silberfarbene Zierblenden angebracht. Er stand im Schlafzimmer der Eltern und die ganze Familie lag oder sass auf den Betten und blickte gebannt auf den Bildschirm. Dort betrat in Schwarzweiss und reichlich unscharf eben Neil Armstrong als erster Mensch den Mond, während er die Legende gewordenen Worte sprach: «That's one small step for a man, but a giant leap for mankind.» Man schrieb den 21. Juli 1969.

In den darauf folgenden Jahren wurde unsere kindliche Abenteuerlust zwar eher von Delfin ‹Flipper›, vom schielenden ‹Daktari›-Löwen ‹Clarence› und seiner Schimpansenfreundin ‹Judy›, von der ‹Bezaubernden Jeannie› als Wunder wirkendem weiblichem Flaschengeist oder auch von den flotten ‹Bonanza›-Brüdern von der Ponderosa-Ranch gestillt. Gleichwohl blieb die Mondlandung das wohl prägendste Fernseherlebnis unserer Jugendzeit. Sie war um bei Neil Armstrongs Worten zu bleiben für uns ein gigantischer Schritt in ein neues mediales Zeitalter.

1984 wurde der weithin sichtbare Fernmeldeturm auf St. Chrischona eingeweiht. Rechts daneben die alte, 1963 als Occasion vom Landessender ‹Beromünster› übernommene Sendeanlage. Sie wurde 1985 – nach der Inbetriebnahme des neuen Turms – abgerissen.

Eine Holzhütte und Gerüststangen

Heute, wo über das ‹Balcab›-Netz sechzig Fernsehprogramme aus allen Erdteilen und Kulturkreisen zu empfangen sind, ist es kaum mehr vorstellbar, dass das Medium Fernsehen vor einem halben Jahrhundert von vielen Menschen als Untergang der abendländischen Kultur verteufelt wurde. Doch diese warnenden Stimmen vermochten den Siegeszug des Fernsehens nicht aufzuhalten.

Für die Menschen in der Region Basel begann die televisionäre Zeitrechnung am 23. April 1954 in einem einfachen Holzhäuschen auf St. Chrischona. Neben der unscheinbaren Baracke stand ein 30 Meter hoher Sendemast. Gerüststangen dienten als Antennenträger.

Es war ein prachtvoller Frühlingsabend, als in Anwesenheit zahlreicher geladener Gäste und der Presse das erste, vom Zürcher Studio ‹Bellerive› ausgestrahlte Fernsehprogramm auf die Chrischona übertragen wurde. Auf die Tele-Wochenschau folgte ein vom legendären Carl Stemmler moderierter Beitrag über den Basler Zolli. Danach wurde das Fernsehspiel ‹Le serpent d'or› gezeigt – «eine spannende und ausgezeichnet gespielte Geschichte um verwechselte Pillen», wie der Berichterstatter der ‹Basler Nachrichten› in der Wochenendausgabe vom 24./25. April 1954 zu notieren wusste. Er konnte zudem begeistert vermelden, «dass der Empfang über den neuen Basler Sender sehr gut war».[1] Weit weniger enthusiastisch reportierte hingegen der Chronist der ‹Riehener Zeitung› die erste Fernsehübertragung: «Es hat geklappt oder sagen wir besser: funktioniert. Ob zum Wohl der Menschheit von Basel und Umgebung, das wollen wir der Zukunft überlassen …»[2]

«Katastrophale Auswirkungen auf das kulturelle Niveau eines Volkes»

Seine Skepsis teilte der Lokaljournalist mit vielen seiner Zeitgenossen. Das weit verbreitete Misstrauen gegenüber dem neuen Medium hatte noch drei Jahre zuvor einen ersten Fernsehversuch scheitern lassen. Am 12. Oktober 1951 hatte der Grosse Rat den Regierungsrat ermächtigt, sich mit einem einmaligen Staatsbeitrag von 55 000 Franken an einem von der Radiogenossenschaft Basel geplanten Fernsehversuchsbetrieb zu beteiligen. Gegen diese staatliche Förderung des neuen Mediums wurde das Referendum ergriffen. In den Wochen vor der Abstimmung wurde seitens der Gegnerschaft des Kredits kräftig polemisiert. So waren in den Leserbriefspalten der lokalen Presse etwa folgende Zeilen zu lesen: «Über die mannigfaltigen Gefahren, die die Erfindung des Fernsehens in sich schliesst, ist man sich auch bei uns weithin klar. Es fehlt ja wahrhaftig nicht an unwiderleglichen Erfahrungen, die man im Ausland mit dem Fernsehen gemacht hat! Diese zeigen, dass sich diese Erfindung auf die Jugenderziehung, auf das Familienleben und auf das kulturelle Niveau eines Volkes geradezu katastrophal auswirkt.»[3] Die Befürworter wiederum führten ins Felde, dass gerade die staatliche Finanzierung (und damit die staatliche Kontrolle) solchen Gefahren vorbeuge. Vergeblich – am 2. März 1952 lehnten die baselstädtischen Stimmberechtigten den Kredit deutlich ab.

Dank einem Fernsehgerät zum ‹Trendlokal›

Als das neue Medium zwei Jahre später dann doch nicht mehr aufzuhalten war, konnten sich angesichts des Kaufpreises von über tausend Franken zunächst nur gut Betuchte das Privileg eines privaten Fernsehapparates leisten. Zum Vergleich: Ein Mittelklasse-Auto kostete damals um die 7000 Franken. Vor allem bei den Jugendlichen waren deshalb jene Gaststätten beliebt, die mit einem eigenen TV-Gerät um Gäste warben. So manche Beiz wurde dadurch zu dem, was man heute wohl gemeinhin als ‹Trendlokal› bezeichnet.

Das höchste Gebäude der Schweiz

Waren 1953 in der Schweiz ganze 920 stolze Besitzer eines Fernsehers registriert, so gibt es heute rund drei Millionen Fernsehempfangsbewilligungen. Parallel zum stetigen Anstieg der Konzessionszahlen schritt auch die Technik des Fernsehens rasant voran. Mit den immer besseren technischen Möglichkeiten wuchsen die Ansprüche der Konsumentinnen und Konsumenten an die Programm-

vielfalt. So wurde der erste Sendemast auf St. Chrischona im Jahre 1963 durch einen höheren Turm mit besserer Leistung ersetzt. Der ‹neue› Mast war allerdings eine aus dem Jahre 1930 stammende, für den berühmten Landessender ‹Beromünster› nicht mehr benötigte Occasion.

Vor 20 Jahren, am 2. August 1984, wurde nach rund vierjähriger Bauzeit schliesslich der heute von weitem sichtbare, 25 000 Tonnen schwere Fernmeldeturm in Betrieb genommen. Mit seinen 250 Metern ist der dreibeinige Betonmonolith nach wie vor das höchste Gebäude der Schweiz.

Sein Anblick mag uns daran erinnern, dass die Kommunikation über lange Distanzen auf dem Basler ‹Hausberg› keine Erfindung des 20. Jahrhunderts ist. Der Legende nach soll sich die Heilige Christina (Chrischona), eine von 11 000 jungfräu-

Im Jahr 1980 begannen die Bauarbeiten für den neuen Fernmeldeturm. Das Bild aus dem Jahr 1981 zeigt die Bauarbeiten am Fundament des im Endausbau 250 Meter hohen und 25 000 Tonnen schweren Monolithen.

lichen Gefährtinnen der Heiligen Ursula, im
4. Jahrhundert auf dem Rückweg von einer Pilger-
reise nach Rom auf dem Berg niedergelassen
haben. Zwei andere Jungfrauen, die Heilige Odilie
(Otilia) und die Heilige Margaretha, sollen sich
auf dem Tüllingerhügel beziehungsweise auf dem
Margarethenhügel häuslich eingerichtet haben.
In einsamen Stunden – so will es die Sage – zünde-
te jede der drei Einsiedlerinnen eine Laterne an –
als weithin sichtbares Zeichen der Verbundenheit
mit den beiden anderen Frauen.

Anmerkungen

1   ‹Basler Nachrichten› vom 24./25. April 1954.
2   ‹Riehener Zeitung› vom 30. April 1954.
3   ‹Riehener Zeitung› vom 22. Februar 1952.

*1985 wurde die
alte Sendeanlage
demontiert.*

Kirchen und Religionen

Themen

- Bevor der Papst im Sommer der Schweiz einen Besuch abstattete, wurde er mit der Einladung konfrontiert, er möge einem jüngeren Nachfolger Platz machen. Die Rücktrittsforderung hatte nicht zufällig ihren Ursprung in Basel, wie die geharnischte Reaktion des Bischofs von Basel zeigte. Wolf Südbeck-Baur beschreibt die verpasste Chance zu einem neuen innerkirchlichen Dialog und Aufbruch.

- Zwölf Jahre stand Georg Vischer als integrative Persönlichkeit der Evangelisch-reformierten Kirche Basel-Stadt vor: Bernhard Christ würdigt den abtretenden Kirchenratspräsidenten.

Wie der Papst zum Rücktritt eingeladen wurde

Wolf Südbeck-Baur

Geharnischte Reaktionen statt konstruktive Debatte

Viel Staub wirbelte ein offener Brief an Papst Johannes Paul II. im Vorfeld seiner Schweiz-Visite im Sommer 2004 auf. Grund: In dem Brief forderten 41 katholische Persönlichkeiten den Papst auf, wegen seiner angeschlagenen Gesundheit zurückzutreten. Der Basler Bischof Kurt Koch reagierte empört auf den Brief, den Xaver Pfister, Informationsbeauftragter der Römisch-Katholischen Kirche Basel-Stadt (RKK), initiiert hatte. Eine konstruktive Debatte über die inhaltlichen Anliegen des Briefes steht indes noch aus.

War 1999 in der Kunsthalle Basel zu sehen: der von einem Meteoriten getroffene Papst Johannes Paul II. in der Installation ‹La nona ora› von Maurizio Cattelan.

Nach 1984 stattete Papst Johannes Paul II. der Schweiz Anfang Juni 2004 auf Einladung der Schweizer Bischöfe seinen zweiten und wohl auch letzten Besuch ab. Das Oberhaupt der römisch-katholischen Kirche hatte sich zu einer Zeit angesagt, in der die innerkirchliche Stimmung zwischen Schweizer Bischöfen und kritischer Kirchenbasis zumindest angespannt war und ist. In den Medien wurde immer wieder die mangelnde Kommunikationskultur zwischen Kirchenleitung – insbesondere des Bistums Basel – und einem grossen Teil der Gläubigen angemahnt. Vor diesem Hintergrund lancierten kritische Katholiken um den Basler Theologen Xaver Pfister herum im Vorfeld des Papstbesuchs einen offenen Brief an Johannes Paul II.[1]

«Sehr geehrter Herr Papst»

«Wir sind der Überzeugung, dass auch der Rücktritt eines Papstes zur Regel werden sollte, wenn er ein bestimmtes Alter erreicht hat. Tatsächlich haben ja heute die im Vergleich zu früheren Zeiten viel längeren Lebenserwartung und die damit verbundenen

Altersbeschwerden eine völlig neue Realität geschaffen. Daher scheint es uns angebracht, dass auch der Papst als Bischof von Rom sein Amt zur Verfügung stellt, wenn er die Altersgrenze von 75 Jahren erreicht hat, angesichts derer die Bischöfe laut Kirchenrecht weltweit ‹gebeten› werden (rogatur), ihren Rücktritt einzureichen (vgl. Codex Juris Canonici, Canon 401).» Der Gesundheitszustand von Johannes Paul II. führe immer wieder zu Spekulationen, ob der Papst wirklich noch hinter den von ihm unterzeichneten Schreiben und Dekreten stehe, heisst es in dem offenen Brief an den Papst weiter. Das führe zu einer «Erosion der päpstlichen Autorität». Der Papst sei wegen seiner Parkinson-Erkrankung nicht mehr handlungsfähig, erklärte denn auch Xaver Pfister, Initiant des Papstbriefes und Informationsbeauftragter der RKK, gegenüber der Basler Zeitung. Das Anliegen des Briefes umriss der 57-Jährige so: «Der Rücktritt des Papstes aus Altersgründen muss zum Normalfall werden.» Dies gelte trotz aller Anerkennung für die eindrücklichen Leistungen dieses Papstes, die nicht hoch genug gewichtet werden könnten.

Der Brief zielt aber nicht nur auf den altersbedingten Rücktritt von Papst Johannes Paul II., sondern regt zudem eine neue, modernere Form des Papsttums an. Angesichts der ausserordentlich hohen Ansprüche an den Inhaber des Papstamtes, heisst es in dem offenen Brief weiter, stelle sich heute die Frage, ob das Papsttum neu «in den Kontext kontinental neu umschriebener Patriarchate eingebettet werden müsste». Im Klartext: Das Modell des heutigen Papsttums sei zu Gunsten eines kollegialen Führungsmodells der katholischen Kirche zu überdenken. Und in einem anderen Punkt widersprechen die Unterzeichner dem Papst mit theologischen Argumenten. Es leuchtet ihnen nicht ein, dass der Papst unter Hinweis auf Jesus bis an sein Lebensende im Amt bleiben will. Johannes Paul II. hatte zur Begründung seines Ausharrens verlauten lassen, Jesus sei auch nicht von seinem Kreuz herabgestiegen. Theologisch sei diese Haltung sehr fragwürdig, da das zugleich bedeuten würde, «dass Gott vermeidbares Leid und nicht notwendigen Schmerz dem Menschen abverlange».

Ausserdem lebten alle Menschen, so argumentiert der Brief weiter, «im Wortsinn ‹von Gottes Gnaden›». In dieser Sicht gründe die Daseinsberechtigung des Menschen eben gerade nicht auf seinen Leistungen. Einen Zwang zur Leistung könne es darum von Jesu Botschaft, dem Evangelium her nicht geben. Am Schluss des offenen Briefes fragen die Unterzeichner den Pontifex: «Und lehrt uns denn nicht Jesus selber mit seinem Gebet im Garten Getsemani, dass wir nur jene Kreuze auf uns nehmen sollen, die unvermeidbar sind?»

41 Unterzeichner
Mit diesem Brief brachten 41 Katholiken – mehrheitlich Laien, wenige Kleriker, kaum Frauen – also ihre Überzeugung zum Ausdruck, dass «auch der Rücktritt eines Papstes zur Regel werden sollte, wenn er ein bestimmtes Alter erreicht hat». Zu den Unterzeichnern gehören neben Xaver Pfister die Theologieprofessoren Josef Imbach, Hermann-Josef Venetz, Othmar Keel, Helen Schüngel-Straumann und Dietrich Wiederkehr, der Basler Staatskirchenrechtler Professor Felix Hafner, die Gemeindeleiter von Arlesheim und Frick, Alex Wyss und Joseph Thali, sowie die ehemaligen Pfarrer von Kleinbasel und Allschwil, Francisco Gmür und Guido Büchi.

Josef Imbach, 2005 Preisträger der Herbert Haag-Stiftung für Freiheit in der Kirche, begründet seine Unterschrift mit seinem Respekt vor dem Papst. Er sei «papsttreu, aber nicht papsthörig». Seine kritische Loyalität sei verbunden mit grosser Sorge, die sich der Theologe und Buchautor wegen des Gesundheitszustands des Papstes macht. «Und wenn im Vatikan immer wieder betont wird, der Papst sei geistig bei bester Gesundheit, muss ich auf die notwendigen physischen Kräfte verweisen, die es zur Ausübung des Papstamtes braucht.» Dass der Papst nicht mehr über diese Kräfte verfügt, sei offensichtlich. Darum «ist es sinnvoll, sein Amt zur Verfügung zu stellen». Das sei kein unerhörtes Ansinnen, erklärt Imbach, «sondern eine Forderung aus menschlichem Empfinden und Mitgefühl heraus». Und zudem sei ein Papstrücktritt auch kirchengeschichtlich «nichts Neues». «Schon viermal», so Imbach, «ist ein Papst zurückgetreten»[2]. Denn «entgegen einer weit verbreiteten Ansicht kann ein Papst jederzeit von seinem Amt zurücktreten».

Geharnischte und gute Reaktionen

Die Reaktionen auf die Publikation des offenen Briefes mit der Rücktrittsforderung fielen heftig aus. Der Basler Bischof Kurt Koch, der auch Vizepräsident der Schweizer Bischofskonferenz ist, distanzierte sich «enttäuscht und traurig» und «in aller Form von diesem Brief aus Basel»[3]. Es sei ein absurdes Ansinnen, dass die Bischöfe dem Papst diesen Brief überreichen sollten, erklärte Bischof Koch auf der Internetseite des Bistums. Das widerspreche «dem primitivsten Anstand, den uns Bischöfen zuzumuten eine Unverfrorenheit ist, und ist eine grosse Unhöflichkeit gegenüber dem heiligen Vater», wetterte Koch. Er könne nicht bereit sein, diesen Brief dem Papst zu übergeben. Stattdessen werde er sich beim Papst für diese Entgleisung entschuldigen. Kochs Generalvikar Roland B. Trauffer nannte die Rücktrittsforderung ein «Eigentor einiger älterer Herren und Damen, die jedes Mass und jeden Takt verloren haben».

Sehr viel moderater reagierte der Einsiedler Abt Martin Werlen. Auch er habe sich in den letzten zehn Jahren immer wieder gefragt, ob angesichts der Altersbeschwerden des Papstes ein Rücktritt nicht angemessen wäre. Offensichtlich aber und Gott sei Dank «ist Johannes Paul II. Papst geblieben». Denn sehr vieles von dem, wofür im offenen Brief dem Papst gedankt werde, sei in den letzten zehn Jahren geschehen.

Die Reaktionen im Internet-Gästebuch der Römisch-Katholischen Kirche Basel-Stadt bewegten sich zum Teil derart diffamierend unter der Gürtellinie, dass die Verantwortlichen das Gästebuch sperren mussten. Insgesamt gab es laut Brief-Initiant Pfister 126 zustimmende schriftliche Reaktionen gegenüber 61 negativen Zuschriften.

Selbstkritische Bilanz

Mit dem Abstand von einem halben Jahr nach der Lancierung des Papstbriefes hat Xaver Pfister die Aktion ausgewertet und kommt ernüchtert zum Schluss: «Sicher war es ein Fehler, den offenen Brief just am Geburtstag des Papstes zu veröffentlichen.» Sehr wichtig ist Pfister überdies die Erkenntnis, dass «eine interessante Diskussion unter Beteiligung der Bischöfe über die Anliegen des Briefes nicht geführt wurde». Insofern habe er die Bereitschaft der kirchlichen Öffentlichkeit zu kritischen, kontroversen Debatten falsch eingeschätzt. «Dazu ist sie nicht bereit.» Eine konstruktive Auseinandersetzung mit den inhaltlichen Anliegen des offenen Briefes steht demnach noch aus.

Stattdessen stellte Pfister fest, dass «auf kritische Positionen rasch diffamierend reagiert wird». Dabei verweist er auf die Internet-Erklärung von Bischof Koch. Des Weiteren hätten die kircheninternen Konflikte zugenommen. So habe Generalvikar Trauffer erfolglos versucht, den Basler Kirchenrat – notabene der Arbeitgeber von Xaver Pfister – unter Druck zu setzen.

Für Pfister bleibt die bittere Erfahrung: «Kritisch denkende Menschen fühlen sich in der Kirche zunehmend fremd.» Dennoch würde er die Aktion «auf alle Fälle wieder durchführen, wenn der Papst noch mal in die Schweiz käme».

Anmerkungen

1 Im Wortlaut ist der Brief unter: www.kath.ch/aktuell_detail.php?meid=28216 zu lesen.

2 Papst Pontianus trat 235 zurück; 1045 verkaufte Benedikt IX. sein Papstamt für eine hohe Geldsumme an seinen Taufpaten, der als Gregor VI. in die Geschichte einging; Papst Cölestin V. verzichtete 1274 auf sein Amt; 1415 auf dem Konstanzer Konzil dankte Gregor XII. ab. Vgl. Josef Imbach, Kirchenfürsten, Künstler, Kurtisanen. Rom – Geschichten einer Stadt, Düsseldorf 2003.

3 Der vollständige Wortlaut der Erklärung von Bischof Kurt Koch ist unter www.bistum-basel.ch zu finden.

Mit offenen und weiten Armen *Bernhard Christ*

Kirchenratspräsident Pfarrer Georg Vischer
trat nach zwölf Jahren Amtsdauer zurück

Auf 1. September 2004 hat Pfarrer Georg Vischer das Amt des Kirchenratspräsidenten der Evangelisch-reformierten Kirche Basel-Stadt seinem Nachfolger Pfarrer Lukas Kundert übergeben.

Kirchenratspräsident Georg Vischer bei der Amtseinsetzung von André Feuz als evangelisch-reformierter Pfarrer an der Offenen Kirche Elisabethen, 16. November 2003.

Die reformierte Kirche in unserem Kanton verdankt ihrem scheidenden Leiter Georg Vischer, dass sie sich geordnet und zuversichtlich den Herausforderungen stellen kann, mit denen sie konfrontiert ist in einer Zeit, da alte Bindungen leichthin aufgegeben werden, die Bereitschaft zur verpflichtenden Gemeinschaft schwindet, wo bei scheinbar wachsender Religionslosigkeit neue bisher fremde Religionen sich bei uns etablieren und auch viele Christen sich nach neuen religiösen Erfahrungen umsehen.

Als Georg Vischer am 11. Juni 1992 sein Amt als Präsident der Kirchenleitung der Basler reformierten Kirche antrat, schaute er bereits auf einen eindrücklichen Werdegang zurück: Seine Ausbildung zum Theologen hatte in Basel bei grossen Lehrern wie Karl Barth und Oskar Cullmann begonnen, hatte ihn nach Wuppertal, dann nach Boston geführt, wo er an der Andover Newton Theological School zum Doctor of Ministry promovierte. Später fügte er dieser Ausbildung den Doktortitel der Basler Fakultät bei aufgrund einer Dissertation zum Thema des kirchlichen Amtes. Seine spätere Berufung in mannigfaltige kirchliche Aufgaben und Ämter kündete sich in dieser Arbeit bereits an. Von 1965 bis 1976 war er in Buus/Maisprach und nach weiterem akademischem Wirken von 1980 bis 1992 in der Basler Theodorsgemeinde als begnadeter Prediger und Seelsorger im Gemeindepfarramt tätig. Vischer wusste und weiss, was Kirche ist, wovon sie lebt und was ihre Mitglieder brauchen.

Die zwölf Jahre hindurch, die er den Kirchenrat präsidierte, hatte Vischer anspruchsvolle Aufgaben zu lösen: Das Projekt einer Totalrevision der Kirchenverfassung, das er zu Beginn seines Amtes angestrebt hatte, wurde von der Synode in eine andere Richtung gelenkt, als er es sich vorgestellt hatte, und mündete in eine Teilrevision, die das Gewicht der Autonomie und Verantwortung der Kirchgemeinden verstärkte. Doch liess er es sich nicht verdriessen, dass es diese Basis war, auf der er weiter zu bauen hatte. Er brachte einen umfassenden Prozess in Gang, der Kantonalkirche wie Kirchgemeinden in die Lage versetzt, auch bei knapper werdenden Mitteln gezielt die wesentlichen Dienste und Funktionen der Kirche in Gottes-

dienst, Gemeindeaufbau und Diakonie aufrechtzuerhalten. Diesem übergeordneten Zweck diente die Einführung des Planungsprozesses, die neue Finanzordnung, die Verselbständigung der Verwaltung und Bewirtschaftung des Finanzvermögens, die Schaffung von Spendenstiftungen in ökumenischer Zusammenarbeit, um von Vielem das Wichtigste zu nennen. Weitere Reformen wurden von ihm noch initiiert und bleiben auf der Tagesordnung seines Nachfolgers. Vischer verstand es, die Frauen und Männer, die ihm als Kollegen im Kirchenrat, als Mitarbeiter und Partner in der Verwaltung, den Gemeinden und den kantonalkirchlichen Diensten zur Seite standen, gemäss ihren Gaben einzusetzen, ihnen Spielraum einzuräumen, sie zu begeistern, weil er glaubhaft vorlebte, dass Arbeit für die Kirche die Verheissung hat, dem Kommen von Gottes Reich zu dienen. Georg Vischer versah und lebte sein Amt aus diesem Glauben, der seine Kraft aus der Mitte des Evangeliums schöpft. Deshalb reichten seine Arme nach rechts wie nach links weit genug, um Basels Evangelisch-reformierte Kirche in ihrer Vielfalt – mit ihren Spannungen – zusammenzuhalten. Mit Anerkennung und Dank blickt sie auf sein Wirken zurück.

Sport

Themen

- Will Basel national und international sportlich Spitze sein, dann braucht es das Zusammenspiel von Fans, Mäzenen und Sponsoren. Ohne geht es nicht. Thomas Bürgi hat mit den Sponsoren und Mäzenen von EHC Basel und FCB gesprochen.
- Basel hat einen Olympiasieger: Nach einer mitreissenden Serie von Siegen holt sich Marcel Fischer in Athen die Goldmedaille im Degenfechten: ein Porträt von Max Pusterla.

Fans, Mäzene und Sponsoren *Thomas Bürgi*

Wie Basels Wirtschaft den lokalen Spitzensport neu entdeckt

Während andere Super League-Vereine darben, boomt der FC Basel. Seit dem Bau des St. Jakob-Parks ist der FCB zum ‹Love Brand› mutiert. Die Novartis zeichnet als Hauptsponsor verantwortlich. Und auch der EHC Basel wird von einem Mäzen mit Finanzmitteln in einstelliger Millionenhöhe bedacht.

«FC Basel 1893 is very pleased and proud to announce a new partnership», liess die Nummer 1 des Schweizer Fussballs am 7. Mai 2004 gegenüber der internationalen Presse verlauten. Gänzlich neu nahm sich die Partnerschaft mit der Novartis zwar nicht aus. Tatsächlich war aus dem Sponsor, dem die Juniorenabteilung des FCB seit geraumer Zeit finanzielle Unterstützung verdankte, der Hauptsponsor der ersten Mannschaft geworden.

Der Paradigmenwechsel war augenfällig: Das zuvor vergleichsweise bescheiden auf dem Trikotärmel der Basler aufgedruckte Novartis-Logo wanderte neu auf den Brustbereich der Basler Champions League-Helden, wo es als grossflächiger Hauptschriftzug per 1. Juli 2004 den neuen Hauptsponsor zeigt.

Wie üblich wurden und werden keine Zahlen genannt. Die in Zürich erscheinende Sonntagszeitung geht von einem Sponsoring-Engagement der Novartis in der Höhe von annähernd drei Millionen Schweizerfranken pro Jahr aus.[1] Zusammen mit den Abgeltungen der Sponsoren UBS, Athleticum und VW ASAG sowie den Leistungen der Ausrüster NIKE und Herren Globus dürften demzufolge annähernd 15 Prozent des offiziellen FCB-Budgets für die Saison 2004/05 von insgesamt 30 Millionen Schweizerfranken durch die Sponsoren erbracht werden – Zuwendungen durch die Mäzenin und Vizepräsidentin Gigi Oeri nicht miteingerechnet.

Kriterien des Sportsponsoring

Sportsponsoring, das auf dem Prinzip Leistung und Gegenleistung beruht, folgt in der Regel transparenten Kriterien. Dabei wägt der Sponsor ab, inwieweit der Gesponserte den geforderten Kriterienkatalog erfüllt: Die gesponserte Sportart steht in einer klaren Beziehung zum Produkt oder der Leistung des Sponsors (Produktaffinität). Sie interessiert eine Zielgruppe, die auch für den Sponsor bedeutungsvoll ist (Zielgruppenaffinität). Und das Image der Sportart stimmt mit dem Image des Sponsors weitgehend überein (Imageaffinität).[2]

Wer Anschauungsunterricht nehmen möchte in der Kunst, sportlichen Erfolg in wirtschaftliche Kraft umzusetzen – und umgekehrt –, der ist beim FC Basel in der Schweiz an der ersten Adresse. Als «Krösus der Liga», wie ihn die Wirtschaftszeitung ‹Cash› betitelt, weiss sich der zehnfache Schweizermeister in der Axpo Super League (ehemals Schweizer Nationalliga A) inmitten von Fussballclubs zu behaupten, die gemäss Einschätzung von ‹Cash› «krank und in Europa unbedeutend» sind.[3]

Für Thomas Preiswerk, Leiter Vergabungen und Sponsoring bei Novartis, existieren mehrere Schlüsselfaktoren, die den FC Basel als Sponsoringpartner für Novartis attraktiv machen. Zum einen baut Novartis auf die Begeisterung, welche die eigenen Mitarbeiterinnen und Mitarbeiter im Raum Basel zu ihrem Verein bekunden. Zum anderen soll der Bevölkerung der Region Basel damit etwas geboten werden, das Leidenschaft und Freude hervorruft. Und drittens steht der FCB für ähnliche Werte wie die Novartis selber.

Quer durch alle Hierarchien

Es seien beileibe nicht nur die seit eh und je ‹angefressenen› Fussballfans, die sich zum FCB bekennen, sagt Preiswerk. Bereits als der Pharmakonzern sich im Januar 2001 entschloss, sein Sponsoring-Engagement zu verstärken und das Novartis-Logo auf dem FCB-Trikotärmel drucken zu lassen, hissten Mitarbeitende rot-blaue Fahnen auf dem Firmenareal. Quer durch alle Hierarchien war man

sich einig, dass dieses Engagement Sinn mache. Eingefädelt hatten es der frühere FCB-Präsident René C. Jäggi und Gigi Oeri.

«Ohne grosses Zögern, aber nach sorgfältiger Evaluation», so Preiswerk, hätte die Novartis-Geschäftsleitung zugesagt, als sie das Angebot erhielt, ab 2004/2005 bis 2007 als Hauptsponsor des FCB aufzutreten. Am 7. Mai 2004 wurde die Nachricht im Novartis-Intranet verkündet, eine gemeinsame Pressekonferenz mit den FCB- und Novartis-Spitzen abgehalten – am Montag quoll die Mailbox von Preiswerk über: In über 400 spontanen E-Mails gratulierten Mitarbeitende zur neuen Partnerschaft. Ein einziges E-Mail enthielt einen kritischen Hinweis.

Mittlerweile lädt der firmeninterne Fan-Shop zum Kauf von Artikeln, die rot-blaue Herzen höher schlagen lassen. Der Führungscrew des FC Basel und insbesondere seinem Cheftrainer

Ohne Sponsoren und Mäzene kein Spitzensport.

Christian Gross ist es seit 2001 gelungen, dank Meisterschaftstitel, Champions-League-Teilnahme und harter Erfolgsorientierung ein für die Wirtschaft attraktives Image zu kreieren. Der FCB und die Novartis stünden beide für Innovation, Kreativität, Teamgeist, perfekte Resultate und Risikobereitschaft, unterstreicht Thomas Preiswerk. Die Resultate dieses Wertekanons zeigten sich in der überdurchschnittlichen Performance beider Partner.

Gegenseitige Bereicherung

Eine Partnerschaft, so ist Preiswerk überzeugt, müsse im Teilen von Emotionen, im Austausch von Knowhow und Erfahrungen ihren Niederschlag finden. ‹Mutual Enrichment›, gegenseitige Bereicherung solle sich ergeben. Dies sei wichtiger, als jede Kleinigkeit im Sponsoringvertrag festzuhalten. Entsprechend generell sind denn auch die Gegenleistungen definiert, die der FC Basel gegenüber dem Pharmakonzern zu erbringen hat. Sponsoring dürfe nie auf eine Dominanz des einen Partners hinauslaufen, sagt Preiswerk. Für den Novartis-Sponsoringchef ist entscheidend, dass nach einem allfälligen Auslaufen des Vertrags der «FCB sagt, es war toll, mit Novartis zu arbeiten». Für beide Seiten müsse ein nachhaltiges Erlebnis resultieren.

Ein Erlebnis wie jenes, als der FC Basel von Thomas Ebeling, Leiter Novartis Pharma weltweit, am Firmensitz in Basel empfangen wurde. Mannschaft und Vorstand, nach den Sprachen Deutsch, Französisch, Spanisch und Englisch in Gruppen eingeteilt, erhielten Anschauungsunterricht in den Labors. Die firmeninternen Verantwortlichen haben diesen Besuch des gesponserten Clubs ebenso als Highlight erlebt wie die Spieler des FCB selber. Die involvierten Novartis-Mitarbeitenden seien verblüfft gewesen, wie viele Detailfragen Christian Gross und seine Spieler beantwortet haben wollten.

«Der FC Basel ist innerhalb des Pharmakonzerns Novartis zum grossen Sympathieträger geworden», freut sich Preiswerk, auch die Belegschaft in Japan, in Asien generell habe positiv reagiert. Am grössten sei die Resonanz in Lateinamerika, vorab

in Argentinien, dem Herkunftsland der FCB-Stars Rossi, Giménez, Carignano und Delgado. Fussball verbinde, das FCB-Engagement der Novartis biete eine tolle Basis für Akzeptanz: lokal, regional, weltweit. Umgekehrt betont Cheftrainer Christian Gross, die Partnerschaft von FCB und Novartis stelle «eine überaus geglückte Symbiose» für eine Mannschaft mit internationalen Ambitionen dar. Für ihn als Trainer sei es wichtig, mit einer «Weltfirma aus der Stadt Basel», mithin «mit einem glaubwürdigen Werbepartner» zusammenarbeiten zu dürfen; und der in Münchenstein aufgewachsene Nationalspieler Benjamin Huggel ist überzeugt, das «Renommee eines Sponsors» widerspiegle «irgendwie auch immer die Reputation des Clubs».[4]

Sportclubs als ‹Love Brands›

Kein Zweifel: der FC Basel ist heute wieder ein ‹Love Brand›, eine Marke, an die Menschen Liebe, Lust und Leid hängen, und die darum so wertvoll geworden ist. Der St. Jakob-Park hat seinen Platz eingenommen als modernste Stätte der Inszenierung von Spielritualen und Choreografien der Fans. Er ist Kristallisationspunkt heisser Emotionen, öffentlicher rot-blauer Raum, der mit Hoffnungen, Wünschen und Sehnsüchten gefüllt wird. Titel, Tore, Temperamente erwarten die Anhänger. Ein Stück Aura, Spillover und Synergien die Sponsoren.

Zum ‹Love Brand› soll auch der Eishockey Club Basel zukünftig werden. Ganz so weit wie der grosse Bruder FCB hat er es noch nicht gebracht. Neue Mittel äufneten der Bau der auf Spitzeneishockey ausgelegten St. Jakob-Arena unweit des St. Jakob-Parks sowie die unermüdlichen Bemühungen der EHC-Verantwortlichen. Der Baselbieter Investor Rudolf Maag half dem EHC finanziell mit einem einstelligen Millionenbetrag aus – à fonds perdu, notabene, also unter Verzicht auf Rückzahlung. Der Funke sei leider noch nicht so richtig auf die Zuschauer übergesprungen, bedauert Maag.

Dabei sei es unabdingbar, dass der EHC Basel aufsteigen und sich in der Nationalliga A etablieren müsse. Ein solches Unterfangen erfordere das Begehen aussergewöhnlicher Wege: «Flickwerk», so Maag, dürfe dabei nicht geduldet werden. Vielmehr benötige ein «Denken für die andere Liga» eine Professionalisierung auf allen Ebenen. Und diese koste nun mal, sie sei nur mit einer angemessenen Anschubfinanzierung zu erreichen.

Diese Finanzierung war Rudolf Maag gerne zu leisten bereit. Er investiere in Menschen, sagt Maag. Als EHC-Verwaltungsratspräsident Michael Geiger und Urs P. Musfeld bei ihm vorsprachen, hätten sie ihn mit ihrer Dynamik überzeugt. Wer etwas Aussergewöhnliches erreichen, wer bewegen wolle, verdiene Unterstützung.

Maag hat sich nach zwei Jahren als Mäzen im Mai 2004 contre cœur geoutet, nachdem Spekulationen über die Herkunft des neuen EHC-Geldsegens bunte Blüten getrieben hatten. Gerne wäre er im Hintergrund geblieben. Er besitze andere Interessen als die Novartis, die auch als Trikot-Nebensponsor des EHC auftritt, gibt Maag an. Es müsse doch möglich sein, den EHC NLA-würdig zu etablieren und 6000 bis 7000 Zuschauern einen ereigniserfüllten Abend zu bieten.

Basel, so ist der in Liestal aufgewachsene Maag überzeugt, muss in den Sportbereichen Fussball, Eishockey und Handball unbedingt A-klassig sein. Beim Nationalliga-B-Club EHC Basel will er das erreicht sehen und sich dann zurückziehen. Der Aufstieg vor knapp zwei Jahren sei zu früh erfolgt, der Abstieg die logische Konsequenz gewesen. Mit dem erfahrenen Trainer Kent Ruhnke könnte es diesmal aufgehen, spätestens aber in der darauffolgenden Saison.

Ohne Mäzene kein Spitzensport

Selbst im allfälligen Erfolg, so Maag, dürfe man sich nicht blenden lassen: Ohne Geldgeber, die à fonds perdu investierten, gehe im Spitzensport nichts mehr. Diese Einschätzung stimmt mit jener von Rogan Taylor, Uni-Professor in Liverpool und Experte für ‹Football Industries› überein. Von 93 professionellen Fussballclubs in England seien nur gerade drei profitabel. «Es ist unmöglich, als Fussballclub in einer Schweizer Liga Gewinn zu erzielen.» Die Reichen würden reicher, die Armen ärmer. Der Spitzensport, der «Fussball ist ein Spiegel der Gesellschaft». Sowohl der wirtschaftlich stark angeschlagene Grasshopper Club aus Zürich als auch der Genfer Servette FC, der aufgrund ebenso unrealistischer wie unverantwortlich hoher Investitionen in Spielertransfers und Spielergehälter vor dem Konkurs steht, haben diesbezüglich bittere Lektionen lernen müssen.

Im Klartext bedeutet dies: Auch der FCB ist zusätzlich zu namhaften Sponsoringbeiträgen auf finanzielle Zuwendungen von Gigi Oeri angewiesen, um seinen für Schweizer Verhältnisse ungemein hohen finanziellen und sportlichen Standard halten zu können. Und dies trotz einer durchschnittlichen Zuschauerzahl von 28 000. Der FC Basel verzeichnete in der Saison 2002/03 dank der Qualifikation für die UEFA Champions League und aussergewöhnlicher Erfolge in der europäischen Königsklasse des Fussballs einen Gewinn von 7,3 Mio. Franken. In der Saison 2003/04 ergab sich trotz des Gewinns der Meisterschaft und hoher Zuschauerzahlen ein Verlust, der durch Spielerverkäufe abgedeckt werden konnte.

Das im Hinblick auf die Europameisterschaft 2008 vergrösserte Sitzplatzangebot im St. Jakob-Park, die Verbindung modernster Sportstadien zu einem riesigen architektonischen Sportcluster zu St. Jakob, nicht zuletzt aber die seit jeher aussergewöhnliche Sportbegeisterung in der Region Basel nähren indes immer neue Hoffnung. Hoffnung, dass Basel im Fussball und im Eishockey auf Jahre hinaus anders tickt, dass rot-blaue FCB- und schwarz-weisse EHC-Träume weiter geträumt werden dürfen. Dank Fans, Mäzenen und Sponsoren.

Anmerkungen

1   ‹Sonntagszeitung› vom 11. Juli 2004.
2   Manfred Bruhm, Sponsoring. Systematische Planung und integrativer Ansatz, Wiesbaden 2003, S. 79.
3   ‹Cash› vom 27. Januar 2005.
4   ‹Rhy Möwe›, die Nachbarschaftszeitung von Ciba-Spezialitätenchemie, Syngenta und Novartis, 3/2004, S. 9.
5   ‹Cash› vom 27. Januar 2005.

Degenfechter Marcel Fischer holt in Athen Olympia-Gold
Max Pusterla

Basler Medizinstudent einziger Schweizer Olympia-Sieger

Der in Basel sein Medizinstudium absolvierende Bieler Marcel Fischer gewann an den Olympischen Sommerspielen 2004 von Athen im Degenfechten erstmals für die Schweiz Gold in dieser Sportart. Fischer war der einzige Athlet im rund hundertköpfigen Team von Swiss Olympic, der einen olympischen Wettbewerb als Sieger beendete.

Grosse Freude herrschte nicht nur im Schweizer Team, sondern auch bei den Freunden von der Basler Fechtgesellschaft.

Zwei Athleten im Kreis der Hundertschaft von Sportlerinnen und Sportlern, die in den Schweizer Farben an den Olympischen Sommerspielen teilnahmen, wurden bereits im Vorfeld von ‹Athens 2004› als potenzielle Goldmedaillengewinner gehandelt: der Profi-Tennisspieler Roger Federer und der Amateur-Degenfechter Marcel Fischer, beide mit dem Prädikat ‹Basler› versehen.

Die Erwartungen erfüllte schliesslich Amateur Fischer, der in Griechenland die einzige Goldmedaille für die Schweiz gewann. Profi Federer kam mit den für einen Berufssportler ungewohnten Verhältnissen an Olympischen Spielen nicht zurecht und scheiterte. Umso höher ist deshalb der Triumph des 26-jährigen Bieler Medizinstudenten Marcel Fischer einzustufen, wurde er doch nicht aufgrund seines Rankings in der Weltbestenliste wie etwa Federer für die Olympischen Spiele qualifiziert. Obwohl Drittplatzierter in dieser Rangierung bei den Degenfechtern, hatte er sich wegen eines neuen, nicht unumstrittenen Qualifikationsmodus des Internationalen Fechtverbandes rund ein Jahr lang durch diverse Turniere auf der ganzen Welt zu quälen. Erst im allerletzten Moment sicherte er sich definitiv die Fahrkarte nach Athen.

Dort fand er sich mit den olympischen Gegebenheiten ausgesprochen gut zurecht, obwohl er sich als ‹Einzelkämpfer› ohne festen Trainingspartner auf seinen Einsatz vorzubereiten hatte. Benjamin Steffen, sein Basler Teamkollege von der Fechtgesellschaft Basel, war zwar auf eigene Rechnung per Auto nach Athen gereist, um seinem Vereinskollegen beizustehen, erhielt jedoch offiziell keinen Zutritt zu den Trainings- und Wettkampfanlagen. Er konnte Marcel Fischer nur von der Tribüne aus unterstützen und hatte die entsprechende Eintrittskarte erst noch aus dem eigenen Sack zu berappen.

Drei Tage nach seinem 26. Geburtstag, dessen Beginn er während der imposanten und eindrück-

lichen Eröffnungsfeier noch im Olympiastadion erlebte, stand Fischer im Wettkampfeinsatz. Nach einem Freilos in der ersten Runde des Turniers hatte er sich in seinem ersten Kampf mit dem Ägypter Ahmed Nabil auseinander zu setzen. Nach anfänglichen Schwierigkeiten kam er aber bald einmal auf ‹Betriebstemperatur› und gewann den Kampf mit 15:10. Im Achtelfinal stand Marcel Fischer dem Ungarn Ivan Kovacs gegenüber. Der zweifache Team-Weltmeister und Mannschafts-Silbermedaillengewinner an den Olympischen Spielen von 1992 in Barcelona führte 6:5, ehe Fischer massiv aufdrehte und das Gefecht mit 15:7 zu seinen Gunsten entschied.

Im Viertelfinal bekam es Fischer mit einem eher leichten Gegner zu tun, dem Venezolaner Silvio Fernandez. Das Resultat von 15:13 zugunsten des Schweizers täuscht insofern, als Fischer

Olympia-Goldmedaille im Degenfechten für den in Basel wohnhaften Bieler Marcel Fischer.

nie ernstlich in Gefahr war, die vierte Runde nicht zu überstehen. Im Halbfinal traf er – wie schon anlässlich der Olympischen Sommerspiele von Sydney vier Jahre zuvor – auf den Franzosen Eric Boisse, dessen Vater 1984 Olympiasieger und 1985 Weltmeister gewesen war. Der klingende Name konnte Marcel Fischer indes nicht einschüchtern. Er liess sich auch dieses Gefecht mit dem Skore von 15:9 gutschreiben, stand somit im Final und hatte eine Olympiamedaille bereits auf sicher. Es gab nur noch die Entscheidung zwischen Gold und Silber.

Fischer entschied sich für Gold. Nach dem unglücklichen vierten Platz an Olympia 2000 in Sydney sicherte sich Fischer in Athen seine ganz persönliche Goldmedaille und gleichzeitig den ersten Sieg eines Schweizer Degenfechters an Olympischen Sommerspielen. Und dies erst noch recht überlegen gegen den Chinesen Lei Wang, der seinerseits im Halbfinal überraschend den russischen Routinier Pavel Kolobkov bezwungen hatte. Nach zwei Dritteln des Gefechtes lag Marcel Fischer bereits mit 7:2 vorne, um schliesslich – wie bereits im Halbfinal – mit 15:9 zu gewinnen.

Teamkollege Benjamin Steffen, als Augenzeuge in der Wettkampf-Halle im Athener Helliniko-Komplex, kommentiert: «Vor allem die Stimmung in der Halle war hervorragend. Fast wie Gladiatoren betraten die beiden Wettkämpfer die Halle, wo nur eine einzige, erhöhte Planche vorhanden war. Marcel machte von Beginn weg einen ruhigen und gefassten Eindruck. Ich hatte sofort das gute Gefühl, dass er es packen würde. Nach dem ersten Drittel lag er zwar schon in Front, doch mit 3:2 noch nicht allzu sehr. Dann zog er davon und ich hatte keine Angst mehr, dass es noch kippen würde. Im Gegensatz zum Halbfinal, wo ich mehr um seinen Erfolg zitterte. Als der Sieg feststand, konnte ich mich nicht mehr halten und schlug den Sicherheitsleuten ein Schnippchen und war der Erste, der in den Innenraum ‹eindrang›, um meinem Freund und Klubkameraden zu gratulieren.»

Nach der Rückkehr in die Schweiz, die mit den verschiedensten Feierlichkeiten in Bern beim Bundesrat, in Brügg bei Biel, wo Fischer aufgewachsen ist, und in Basel – zuerst auf dem Thea-

terplatz und anschliessend im Foyer des Theater Basel – verbunden war, kehrte für Marcel Fischer wieder der Alltag ein. Für den Medizinstudenten im achten Semester und vierten Studienjahr begann im Oktober nach einem mit Bravour bestandenen Zwischenexamen das so genannte Wahlstudienjahr mit dem Praktikum an einem regionalen Spital.

Im Alter von neun Jahren besuchte Marcel Fischer zusammen mit einem fechtbegeisterten Schulkollegen im Fechtklub Biel ein Probetraining und blieb gleich hängen. Seine erste Weltmeisterschaft bestritt Marcel Fischer 1994 bei den Kadetten (17-Jährige) in Mexiko-City, wo er aber bloss einen Sieg errang und bereits in der Vorrunde ausschied. Allerdings gewann er dabei die Überzeugung, dass Fechten wirklich sein Sport ist und er es weit bringen möchte. Was in der Zwischenzeit ja auch geschehen ist, wie sein aktuelles Palmarès zeigt, das drei Weltcupsiege (2000 Buenos Aires, 2003 Bratislava und Innsbruck), den zweiten Rang im Gesamtweltcup der Saison 2003 und den zweiten Rang am Zonenturnier in Gent (Belgien) aufweist. Und dieser zweite Platz sollte schliesslich ‹Gold› wert sein; er bedeutete am 17. April 2004 die Qualifikation für die Olympischen Sommerspiele von Athen. Und zu guter Letzt sicherte sich Fischer kurz vor den Olympischen Spielen zusammen mit seinen Kollegen Benjamin Steffen (Basler Fechtgesellschaft), Fabian Kauter und Dominik Saladin (beide Fechtclub Bern) den Mannschafts-Europameistertitel im Degenfechten.

Fasnacht

Kai Blatt vor s Muul!

Wie gewöhnlich waren der Fantasie an der Fasnacht keine
Grenzen gesetzt. Gegen hundert verschiedene Sujets bei
500 angemeldeten Gruppierungen zeigen die thematische
Vielfalt und den Ideenreichtum. Einen zeitgenössischen,
neue Massstäbe setzenden Auftritt am Cortège hatten die
‹Alte Stainlemer› mit ihrem toll inszenierten und lauten
Protest gegen die Erhöhung des Rentenalters. Felix Rudolf
von Rohr berichtet über die Basler Fasnacht, Ausgabe
2004.

Kai Blatt vor s Muul! *Felix Rudolf von Rohr*

Fasnacht 2004

Basel ist 2004 dem Fasnachts-Motto ‹Kai Blatt vor s Muul› nichts schuldig geblieben. In den Zügen der Cortèges, auf den Laternen, in den Zeedeln und Schnitzelbänken, aber auch in unzähligen versteckten Persiflagen nebenab vom grossen Geschehen wurde während den 72 Stunden und auch in den Bühnenveranstaltungen vor der Fasnacht mit allen nur denkbaren lokalen, schweizerischen und internationalen Geschehnissen des Jahres pointiert abgerechnet.

Araber – vorwärts marsch

Als besonderes Ereignis der Fasnacht 2004 bleibt mit Sicherheit der offizielle Besuch einer eindrucksvollen Gruppierung aus den arabischen Emiraten in Erinnerung. Wie kam es dazu? 2003 wurde der Trommlergruppe ‹Top Secret› die aussergewöhnliche Ehre zuteil, am traditionsreichen ‹Edinburgh Military Tattoo› als erste Schweizer Gruppierung in der über 50-jährigen Geschichte dieses Festivals teilzunehmen. Ihr Auftritt vor weit über 200 000 begeisterten Zuschauern aus aller Welt übertraf die kühnsten Erwartungen. Kein Wunder also schlossen die virtuosen Drummer Boys aus Basel auch Freundschaften mit anderen Gastformationen, so insbesondere mit der Armee-Band aus Oman, mit denen sie in der Kaserne über mehrere Wochen das Kantonnement teilten. Angetan von den lebhaften Schilderungen der Basler Fasnacht beschlossen die Wüstensöhne, ebenfalls an unseren schönsten drei Tagen teilzunehmen – aktiv und sogar am Cortège. Sie sollten einen ‹Stopover› zu einer Reise nach Holland für diesen Besuch nutzen. Das Vorhaben löste, so wie es öffentlich bekannt wurde, sehr kontroverse Reaktionen aus. Die einen reagierten völlig entsetzt über die Vorstellung, dass sich Araber in Uniformen und ohne Larven in die Reihen der Aktiven gesellen wollten, und riefen nach einem Verbot durch Behörden oder Comité. Andere nahmen die Ankündigung zum Anlass, sich für Offenheit, Toleranz und Jeka-mi stark zu machen. Schliesslich verbreitete sich die Meldung, dass die ‹Band of the Royal Army of the Sultanate of Oman› dazu bewegt werden konnte, nur am Dienstag aufzutreten und sich dafür auch Larven verpassen zu lassen. Man erwartete den Fasnachtsdienstag allseits mit Spannung, wusste doch bis im letzten Moment niemand, nicht einmal die Polizei, ob der Besuch definitiv zustande kommen würde. Aber tatsächlich: Pünktlich um elf Uhr bewegte sich ein stattlicher Harst von Arabern mit Fahnen und Feuerwerk, exotischen Instrumenten und Dudelsäcken, gemischt mit Basler Trommeln und Piccolos durch die Freie Strasse zum Marktplatz. Nach einem kurzen Platzkonzert folgte ein Empfang im Hof des Rathauses, mit Regierungsvertretung, englischen und arabischen Ansprachen und Geschenkübergaben. Die eigentliche Ent-Larvung fand beim anschliessenden Apéro statt. Angestiftet durch die ‹Top Secret› hatte sich eine buntgemischte Schar aus verschiedensten Cliquen und Guggenmusiken diesen Riesenspass ausgedacht, einstudiert und zur Überraschung und zum Spass der grossen Neugierigenschar perfekt durchgezogen.

Mit dem supponierten Oman-Besuch wurde ein Fasnachtsdienstags-Plausch zwar auf besonders auffällige Art inszeniert. Aber genauso wertvoll als Salz und Pfeffer in der Fasnachtssuppe sind die unzähligen witzigen, skurrilen Zyschtigs-Ziigli, denen man in Beizen oder auf der Gasse begegnet, und die mit wochen- oder monatelangem Aufwand ihre Darbietungen vorbereiten, gelegentlich aber auch mit ganz spontanen Einfällen überraschen. Ohne den Wert der ‹organisierten› Teile der drei Tage schmälern zu wollen, ist doch wieder einmal mit Freude festzustellen, dass unsere Fasnacht von der grenzenlosen Fantasie solcher Eigeninitiativen lebt.

Die Sujets

Die Vielfalt des Ideen-Reichtums hat sich auch 2004 in der Auswahl der dargestellten und persiflierten Themen gezeigt. Allein im Fasnachtsführer ‹Rädäbäng› konnten bei den fast 500 zum Cortège angemeldeten Gruppierungen gegen hundert verschiedene Sujets ausgemacht werden, von denen hier nur einige erwähnt seien: das nicht ganz ausbruchsichere Untersuchungsgefängnis Waaghof, die Nöte der BVB mit ihren defekten Combino-Tramzügen, Entgleisungen und anderen Pannen, die endlosen Sparbemühungen des Kantons, Diskussionen um den Staats-Sarg, die Monumental-Aufführung von Aida im Fussballstadion, unser Fussballclub FCB, die nicht gerade glückliche Umgestaltung der Clarastrasse, die neue Bahnhof-Passerelle, die Architekten-Stars Herzog & de Meuron. Auf nationaler Ebene waren die vergangenen Wahlen mit dem Vormarsch der SVP sowie der Einzug von Christoph Blocher in den Bundesrat und die Abwahl der Justizministerin Ruth Metzler viel beachtete Themen. Auch an Bundesrat Pascal Couchepin mit seinen Vorschlägen zur Erhöhung des Rentenalters wurde nicht mit Kritik gespart. Natürlich durften auch die Nöte der Swissair-Nachfolgerin ‹Swiss› und die ständigen Diskussionen um unsere Armee nicht fehlen. Mit Blick über die Landesgrenzen standen Italiens Rechtspopulist Berlusconi und die US-Politik von G. W. Bush im Vordergrund.

Die Plakette – ein Jahrhundertentscheid

Wieder einmal wurde die Plakette von einem noch kaum bekannten Künstler gestaltet. Daniel Laufer

Der absolutistische König Couchepin, der sein Volk bis ins hohe Alter arbeiten lassen will:

widmete sein Œuvre der Gilde der Zeedeldichter, was mit dem Motto ‹Kai Blatt vor s Muul› noch verdeutlicht wurde. Nach reiflichen Überlegungen entschloss sich das Comité, das seit 1921 aus drei Sorten (Kupfer, Silber, Gold) bestehende Sortiment um eine vierte Variante zu erweitern. Diesem ‹Bijou›, einem kleinen Schmuckstück in Gold und Silber, zum stolzen Verkaufspreis von hundert Franken, war ein unerwarteter Erfolg beschieden, so dass in der Folge die Subventionen für die Cortègeteilnehmenden etwas erhöht werden konnten.

Schnitzelbänggler

Rund achtzig Schnitzelbänkler sind heute in sechs Gesellschaften organisiert. Zusammen mit den ‹wilden› Gruppen dürften gegen hundert Formationen den Marathon durch Restaurants und Cliquenkeller unter die Füsse nehmen, und dies in immer grösserem Umfang nicht nur an den klassischen Bänggler-Tagen Montag und Mittwoch, sondern auch am Dienstagabend. Trotz dieser grossen Vielfalt der fasnächtlichen Barden rief Marcel Ospel als oberster ‹Bänggler› der UBS AG unter dem Titel ‹Schnaabelbryys› einen Wettbewerb ins Leben um das Schnitzelbank-Wesen weiter anzukurbeln. So wetteiferten im ‹Atlantis› eine limitierte Anzahl von Gruppierungen um die mit stattlichen Geldpreisen dotierten Spitzenränge.

Vorfasnacht

Aus dem grossen Reigen der vorfasnächtlichen Bühnenveranstaltungen sind diesmal deren zwei aus besonderen Gründen zu erwähnen. Im Theater Fauteuil feierte das feine, kabarettistische ‹Pfyfferli› nach etlichen Jahren einen rundum gelungenen Neustart. Und das Kleinbasler ‹Charivari› verzeichnete mit einer melancholischen, unterhaltsamen Fasnachts-Geschichte die letzte Produktion unter der langjährigen Aegide von Armin Faes, der nun die Leitung dieser erfolgreichen Bühnenschau an Daniel Thiriet weitergab.

Die Erinnerung

Zum Schluss und zur Erinnerung an die drei vom Wetterglück gesegneten Tage vom 1. bis 3. März 2004 zupfen wir einige Kostproben aus den Zeedel-, Schnitzelbangg- und Laternenversen heraus:

Der spektakuläre Zug der ‹Alte Stainlemer› gegen die Erhöhung des AHV-Alters.

In fasnachtseigener Sache zur Plakette:

Jä unser Comité het au efang kai Wärt.
Äs bringt e Miniaturblagedde uf e Märt,
und machts derby genau eso wie hüt die Maischte:
Aes duet firs dopplet Gäld nur no d Helfti laischte.
Schnitzelbank Gasladärne

*Und in Schnitzelbank-eigener Sache
zum ‹Schnaabelbryys›:*

Dr Oschpel will d Bänggler im -Tis lo juriere.
Und d Gwinner, die kenne gross Stitz abkassiere.
Grad Dausiger-Noote, die gits ungeniert:
är het das Wort ‹Bänggler› falsch interpretiert.
Schnitzelbank Luuszäpfe

Kurz und klar zu SVP-Populismus:

Schimpfsch geege Türke, Nääger und Mongole,
denn kasch am maischte Stimme hoole!
Laternenvers Märtplatz Alti Garde

Rund um die letzte Ruhe in Basel:

Ich schryyb däm Amt bi euere Schulde ischs
s normale
Dass ich jetz my Beärdigung muess sälber zaale
Nur wetti wüsse han y gschriibe mit eme Gruess
eb ich denn vorhär oder noochhär zaale muess
Schnitzelbank Dr Schorsch

Stirbsch denn in Armuet – wird's ganz arg.
S git nit emool e Gratis-Sarg
Laternenvers Alti Stainlemer

Zum Dauerthema Drämmli:

Kirzlig bin ych in dr Nummere säx,
an Badische Bahnhof unterwägs.
Iber d Lutsprächer sait e nätti Daame,
vor jeedere Haltstell dyttlig dr Naame.
German Railwaystation, Gare d Allemaa,
mir verleen jetzt d Schiine, schnalle sy sich aa.
Schnitzelbank S spitzig Ryssblei

Der FCB mit seinem nicht immer fang-sicheren Goalie:

Dr Zuberbühler ihr wäärdets gsee,
staigeret sich no bim FCB.
Griegt hinter s Gool e Blindehund,
dä bällt denn schyynts wenn d Balle kunnt.
Schnitzelbank Gratzbürschtli

Tage der ‹Offenen Türe› im Gefängnis:

Dr Stammgascht vo dr Zälle zwai
gniesst sy Kebab morn dehai.
Dr Auti-Gnagger – Zälle drey –
isch sälbverständlig au so frey.
Dr Hooligan vom Nummere vier
suufft im Joggeli Bier um Bier.
Dr Exhibizi – Zälle fimf –
isch ab in Mantel, Huet und Strimpf.
Dr Bangsionäär vom Nummere säggs
isch syt drey Wuche underwägs …
Druff nimmt – mit nit ganz freyem Muet –
dr Gfängnislaiter au dr Huet

und sait (was nit e jeede miecht):
‹Dr allerletscht wo goht, lescht s Liecht.›
Zeedel Gyzgnäbber Alti Garde

An die Adresse das Stadtplan-Chefs Schuhmacher:

Schuehmächerli, Schuehmächerli,
was machsch Du jeede Daag?
‹Y lauf so gärn dur unsri Stadt
und gniess dr Schwarzbelaag!› …
Und so wird doo in unsrer Stadt
Strooss um Strooss behandlet.
Und s letscht Johr hänn sy – 's isch nit glatt –
au d Clarastrooss verschandlet.
Statt Bluemepracht firs Publikum
und Fraid und Ykaufsluscht
herrscht uff däm Boulevard's Gnorzitum
und in de Lääde Fruscht.
Statt Boulevard-Kaffi, Stil und Glanz,
statt Feschtbedriib und Bracht,
statt Charme, Kultur und Eleganz
herrscht diefi, dunggli Nacht
Zeedel VKB Alti Garde

Böse Prognosen für die neue ‹Swiss›:

Uff d Bibbeli – frisch us de Aier
lurt in der Luft dr Plaitegaier
Laternenvers Jungi Pierrot

Couchepins Rentenalter-Visionen:

Friehner het kai Maa, kai Frau
um d Vorsorg miesse zittere.
Hit duet dr Couchepin d AHV
fir Maa und Frau zeerscht splittere.
Und denn het är no d ‹Glanzidee›,
damit s Gäld längt zem Mampfe,
dass d Schwyzer Lyt in corpore
e baar Johr lenger grampfe.
Zeedel Costumefratze

S alt syy, das wird als wie schwäärer,
s Räntesäuli als wie läärer.
Zeedel Deecht Alti Garde

Die dramatische Abwahl von Ruth Metzler aus dem Bundesrat …

Wo bi de Waale in Bundesroot
s Ruthli Metzler undergoot,
do hän d Fraue e beese Gläpper griegt, und das mit voller Wucht,
jetzt hän mer näbscht em Rööschtigraabe au none Wyyberschlucht.
Schnitzelbank Peperoni

… und zu den eher betagten Neulingen in der Landesregierung:

Bald wird bi uns e Jedi und e Jede hundertjährig –
Das isch fir all die iberfillte Altershaim d Erklärig.
Und wär denn in die volle Altershaim nim yne goht,
Dä kasch jetz zwischelagere in unserem Bundesrot.
Schnitzelbank Schwoobekäfer

Wo bleibt der ‹Service Public› beim gelben Riesen?

I ha für d Feerie welle d Boscht um-adressiere.
Do kasch diräggt grad vor em Schalter go kämpiere.
Äntlig draa sag ych zem Frollain: Löön Sy s syy,
s het sich erleedigt: D Feerie sinn verbyy.
Schnitzelbank Singvogel

Und schliesslich noch zum Königshaus in der Regenbogenpresse:

D Queen frogt d Camilla sträng im Schloss bim tea for two:
‹My dear Camilla, was my Charles im Bett with you?›
Druff sait d Camilla: ‹s wäär jo scheen gsi, aber don't forget,
Maischtens liggt bi im der Butler scho im Bett!›
Schnitzelbank Die Penetrante

Die Combino-Tramzüge bereiteten den BVB Sorge: Obwohl ihre Technologie erprobt schien und die Combinos in vielen Städten im Einsatz sind, offenbarten sich gravierende Konstruktionsmängel.

Chronik 2004

zusammengestellt von Paul Roniger

Januar	**1.**	Neijoors-Aadringgede	Einem schönen Brauch folgend, finden sich auch dieses Jahr über 400 Baslerinnen und Basler beim Dreizackbrunnen am Münsterberg ein, um auf Einladung E. E. Zunft zum Goldenen Sternen mit einem Becher Hypokras auf das Neue Jahr anzustossen.
	4.	Römisch-Katholische Gemeinde	Mit festlichen Gottesdiensten in den römisch-katholischen Pfarrkirchen von St. Joseph und St. Clara wird offiziell die Zusammenlegung der Pfarreien St. Joseph/St. Christophorus und St. Clara/St. Michael begangen.
		Sportler des Jahres	Die Vereinigung Basler Sportjournalisten wählt zum vierten aufeinander folgenden Mal den Tennisprofi *Roger Federer* zum Sportler des Jahres; bei den Damen fällt die Wahl auf die Tischtennisspielerin *Melanie Eggel* und im Mannschaftssektor erneut auf den FC Basel.
	6.	Neujahrs-apéros von Handels-kammer und Grossem Rat	Zeitlich parallel finden zwei traditionelle Neujahrsempfänge statt: Am Hauptsitz der UBS kann Präsident *Thomas Staehelin* rund 800 Gäste zum Neujahrsapéro der Handelskammer begrüssen, während beim Grossratsempfang im Historischen Museum der abtretende Parlamentspräsident *Leonhard Burckhardt* das Wort ergreift.
	7.	Grosser Rat	Die erste Sitzung im neuen Jahr steht wie immer im Zeichen der Wahlen – neue Grossratspräsidentin wird *Beatrice Inglin-Buomberger* (CVP), neuer Statthalter *Bruno Mazzotti* (FDP), neuer Regierungsratspräsident *Jörg Schild* (FDP) und Vizepräsident *Ueli Vischer* (LDP).
		†	† *alt Regierungsrat Max Wullschleger* (94), erstmals 1938 als Mitglied der Kommunistischen Partei und dann 1943 auf der Liste der SP in den Grossen Rat gewählt, trat er 1956 als Regierungsrat die Nachfolge seines Parteikollegen *Fritz Ebi* an und stand dort bis zu seinem Rücktritt 1976 dem Baudepartement vor.
	8.	Gewerbe-verband Basel-Stadt	Der Neujahrsempfang des Gewerbeverbandes findet dieses Jahr in den Räumlichkeiten des Theater Basel statt, wo sich Direktor *Peter Malama* in seinem Referat mit Existenzproblemen des regionalen Baugewerbes und Detailhandels auseinander setzt.
	12.	Kleinbasler Bären-Tag	Bereits zum sechsten Male zieht, begleitet von Büchel- und Trommelklang, das Wappentier der Gesellschaft zum Bären tanzend durchs Kleinbasel, bevor der multikulturelle Anlass, welchem als besondere Gäste die beiden Basler Parlamentarierinnen *Beatrice Inglin-Buomberger* (Präsidentin des Grossen Rats) und *Anita Fetz* (Ständerätin) beiwohnen, mit dem Bärenmähli in der Kaserne seinen Abschluss findet.

14.	Grosser Rat	Durch Nichteintreten auf ein entsprechendes Steuergesetz sorgt eine knappe Mehrheit von vier Ratsmitgliedern dafür, dass das ‹New Public Management›, das Basler Modell einer wirkungsorientierten Verwaltungsführung, nicht umgesetzt werden kann.
16.	Basler Museumsnacht	Auch die zum vierten Male durchgeführte Basler Museumsnacht stösst mit reichhaltigem Angebot und einem Rahmenprogramm bis in die Morgenstunden hinein bei 84 000 registrierten Eintritten auf grossen Publikumszuspruch, und nur die ungünstigen Witterungsverhältnisse verhindern einen erneuten Besucherrekord.
20.	Hilsa 04	Erstmals in Basel öffnet mit 484 angemeldeten Ausstellern aus 11 Ländern die bisher in Zürich durchgeführte Fachmesse für Heizung, Lüftung, Klima, Kälte und Sanitärtechnik ‹Hilsa 04› in den Hallen 1 und 2 der Messe Schweiz ihre Pforten.
21.	†	*† Dietrich J. J. Forcart* (68), Teilhaber der Basler Privatbank La Roche + Co., Verwaltungsrat der Bâloise-Holding, von 1977 bis zu deren Auflösung Vorstandsmitglied der Basler Börsenkammer, die er von 1983 bis 1989 präsidierte; 1986 bis 1992 Präsident der Schweizerischen Zulassungsstelle für Börsenkotierungen und seit 1998 auch Vizepräsident der Stiftung Finanzplatz Basel.
	Grosser Rat	Mit 74 : 17 Stimmen beschliesst der Grosse Rat, die Initiative zur Aufhebung des Parkhausverbots in der Innerstadt dem Stimmvolk unverändert und mit Empfehlung auf

Der Bär tanzt beim Schulhaus Ackermätteli im Klybeck-Quartier.

Annahme vorzulegen, und sagt, ebenfalls mit grossem Mehr, Ja zu einem baselstädtischen Anteil von 10 Mio. Franken an die Anschubfinanzierung des von den beiden Basler Halbkantonen gemeinsam geplanten ETH-Instituts für Systembiologie.

23.	Innovations-preis beider Basel	Der zum 20. Male vergebene Innovationspreis für besondere unternehmerische Leistungen wurde dem 1997 gegründeten Allschwiler Pharma-Unternehmen Actelion verliehen; die beiden Volkswirtschaftsdirektoren, *Ralph Lewin*, Baselstadt, und *Erich Straumann*, Basel-Landschaft, nehmen im Basler Messeturm gemeinsam die Preisübergabe vor.
27.	Vogel Gryff	Im Jahre des Greifen, mit *Peter Stalder* als neuem Spielchef, verfolgen trotz leichten Schneefalls Tausende die Talfahrt des Wilden Mannes, und am Gryffemähli kann der Vorsitzende Meister, *Walter F. Studer*, als wichtigsten Ehrengast Bundesrätin *Micheline Calmy-Rey* begrüssen, deren launige Ansprache stehenden Applaus erhält.
29.	Studenten-demonstration	Mit einem Protestzug vom Petersplatz in Richtung Rathaus demonstrieren über 2500 Studentinnen und Studenten gegen den im Rahmen allgemeiner Sparmassnahmen vom Universitätsrat geplanten Abbau am Studienangebot.
31.	World Money Fair	Bereits zum 33. Male öffnet die Internationale Basler Münzenmesse, bei der diesmal besonders Sportmünzen im Rampenlicht stehen, ihre Pforten.

Studentischer Protest gegen die Bereinigung des Portfolios der Universität Basel.

Februar	**1.**	Christkatho- lische Kirche Basel-Stadt	Von seinem Vorgänger und jetzigem Bischof der Christkatholischen Kirchen der Schweiz, *Fritz-René Müller*, wird in der Predigerkirche *Michael Bangert* als neuer Pfarrer der Basler Christkatholiken eingesetzt.
		Nummer eins im Welttennis	Mit seinem heutigen Grand-Slam-Turniersieg in Melbourne wird der vierfache Basler Sportler des Jahres, *Roger Federer*, endgültig zur Nummer eins in der Weltrangliste der ‹Association of Tennis Professionals (ATP)›.
		†	† *alt Regierungsrat Kurt Jenny* (73), 1957 bis 1972 Mitglied des Bürgergemeinderats und Bürgerrats, 1972 als Nachfolger von Otto Miescher in den Regierungsrat gewählt, daselbst acht Jahre als Justiz- und zwölf als Finanzdirektor; nach seinem Rücktritt 1992 u. a. Präsident der Schweizer Mustermesse und des Zoologischen Gartens; Ehren- dozent für öffentlich-kantonales Recht.
	3.	Basler Kantonalbank	Für 2003 kann die Basler Kantonalbank wieder einen von 62,2 auf 68,5 Mio. gesteiger- ten Reingewinn vermelden, was auch eine von 27,6 auf 30 Mio. angestiegene Kantons- ablieferung erlaubt, zu welcher erstmals eine gesonderte Abgeltung für die Staats- garantie von 3,4 Mio. hinzukommt.
	6.	Trinationale Nachbar- schafts- konferenz	Die im südbadischen Schloss Bürgeln stattfindende Trinationale Nachbarschaftskon- ferenz tagt erstmals seit ihrer auf Schweizer Initiative hin erfolgten Gründung im Jahre 2000 unter dem Basler Vorsitz des Präsidenten der Regiokommission des Grossen Rates, *Peter Schai*.
	7.	Brysdrummlen und -pfyffe	Im grossen Festsaal der Messe Basel werden *Iwan Kym* bei den Alten (bereits zum vier- ten Male) und *Dario Ammann* bei den Jungen zu Trommelkönigen gekürt; bei den Pfeiferinnen und Pfeifern holen sich bei den Alten *Cathrin Cattelan* auch zum vierten und bei den Jungen *Stefanie Bossard* zum dritten Mal die Krone.
		Zolli	Nur sieben Wochen nach dem erst jetzt bekannt gewordenen überraschenden Tod des Giraffenbabys ‹Zahiri› kommt mit ‹Bangi› ein weiteres Giraffenmädchen zur Welt.
	8.	Abstimmungen	Zweimal Nein auf Bundes- und Kantonsebene: Sowohl der ‹Avanti›-Gegenvorschlag, der den Alpenschutz lockern und den Bau eines zweiten Strassentunnels am Gotthard ermöglichen sollte, als auch das neue Mietrecht werden jeweils mit Zweidrittelsmehr- heiten verworfen, währenddem, entgegen dem bundesweiten Resultat, die Initiative zur Verwahrung nicht therapierbarer Straftäter von Basel-Stadt als einzigem Kanton knapp abgelehnt wird.
		Grosser Rat	Unter dem Motto ‹Visionen ohne Handlungen sind Tagträume – Handlungen ohne Visionen sind Albträume› plädiert die neue Grossratspräsidentin *Beatrice Inglin-Buom- berger* in ihrer Antrittsrede für ein Handeln mit Nachdenken in der Politik, bei welcher man stets auch die Perspektiven künftiger Generationen im Auge behalten müsse.

muba 2004

Die zu ihrem ursprünglichen Namen ‹muba› zurückgekehrte grösste internationale Warenmesse der Schweiz wird, im Beisein von Regierungspräsident *Jörg Schild* und Messepräsident *Robert A. Jeker*, vom neuen Schweizer Finanzminister, Bundesrat *Hans-Rudolf Merz*, eröffnet. Die bis zum 22. Februar dauernde Messe hat erstmals an Umfang wieder zugelegt, weist mit ‹Erlebnis Behinderung› und ‹Einsatz am Menschen› zwei spezielle Themenkomplexe aus dem Gesundheitsbereich auf und schliesst auch diesmal wieder vom 13. bis 15. Februar die Immobilienmesse ‹Immofoire› und vom 20. bis 22. Februar die Ferienmesse mit ein.

Die ‹muba› ist unter altem Label, aber mit neuer Ausrichtung wieder erfolgreich.

14.	Tag der Frau	Am 30. Tag der Frau an der muba spricht als besonderer Ehrengast vor über 400 Personen Bundesrätin *Micheline Calmy-Rey* im Zusammenhang mit dem Begriff ‹Ethik in der Wirtschaft› zum Thema ‹Frauen und Geld›.
16.	Geburtstagsfeuer	Zu seinem 75. Geburtstag veranstaltet der Objektkünstler *Bernhard Luginbühl* mit dem Abbrennen einer sieben Meter hohen Holzskulptur vor dem Tinguely-Museum ein eindrückliches Feuerspektakel, welches Hunderte von Zuschauern anlockt.
	Schüleraustausch Boston–Basel	Im Rahmen eines Austauschprojekts zwischen Basel und Massachussetts erhält das Gymnasium Leonhard Gegenbesuch von Schülerinnen der Wakefield High School in Boston. Die Jugendlichen werden im Rathaus von Regierungsrat *Ralph Lewin* empfangen.
17.	Radio Basilisk	Das Basler Lokalradio teilt mit, dass seine beiden Gründer *Christian Heeb* und *Hans-Ruedi Ledermann* per 1. Juli den Sender verlassen und durch *Raphael Suter* als Programmleiter und *Monique Stauffer* als Leiterin Verkauf und Marketing ersetzt werden.
18.	Grosser Rat	Mit 63:58 Stimmen beschliesst der Grosse Rat, die neue Gesetzesvorlage zur staatlichen Pensionskasse als Gegenvorschlag der formulierten Initiative des Basler Volkswirtschaftsbundes gegenüberzustellen und Letztere im Hinblick auf die für den 16. Mai vorgesehene Volksabstimmung dem Stimmvolk zur Ablehnung zu empfehlen.
21.	1. Basler Towerrunning	574 Läuferinnen und Läufer nehmen im Messeturm am ersten ‹Basler Towerrunning› teil, wobei die schnellsten Teilnehmer die 542 Stufen der 31 Stockwerke in knapp drei Minuten hinter sich bringen.
22.	muba 2004	Nach langen Jahren stetigen Besucherrückgangs verzeichnet die heute zu Ende gehende muba 2004 mit 332 400 Eintritten gegenüber dem Vorjahr wieder ein deutliches Plus von 12%.
23.	Erdbeben	Fast auf den Tag genau ein Jahr nach der letzten spürbaren Erderschütterung registriert man in unserer Region um 18.31 Uhr wieder ein Beben mit einem Wert von 5,1 auf der Richterskala, dessen Epizentrum in der Gegend von Besançon ausgemacht wird.
24.	†	† *Hans-Ruedi Ledermann* (60), Mitgründer und kaufmännischer Direktor des Basler Lokalradios Basilisk und Mitinhaber der Medag AG für Medienarbeit.

März	**1.**	†	† *Heinrich Röthlisberger* (73), erwarb sich zahlreiche Verdienste um den regionalen und nationalen Fussball; als Präsident des FC Concordia Basel, beim Fussballverband Nordwestschweiz und bei der Abteilung Erste Liga, die er von 1976 bis 1983 präsidierte, worauf er bis 1989 als Zentralpräsident des SFV der obersten Schweizer Fussballbehörde vorstand.
		Fasnacht	Ein wolkenloser, aber kalter Morgestraich, ein paar Sonnenstrahlen und dann eine bissige Bise: Zwar frierend, aber von der Kälte unbeeindruckt erleben Tausende von Fasnächtlern und Kiebitzen den Fasnachtsmontag.
		Zolli	Erneutes Unglück bei den Giraffen: Erst 23 Tage alt, stirbt auch das zuletzt geborene Giraffenbaby ‹Bangi›.
	3.	Fasnacht	Etwas höhere Temperaturen als an den beiden Vortagen und eine fast vorfrühlingshafte Stimmung sorgen für einen farbig-fröhlichen Fasnachtsabschluss.
	7.	14. Badminton Swiss Open	Dank dem besten Teilnehmerfeld aller Zeiten lockte das heute mit den gewohnten asiatischen Siegen zu Ende gehende internationale Badminton-Turnier in der St. Jakobshalle insgesamt rund 16 000 Zuschauer an.
	8.	Älteste Baslerin gestorben	In ihrem 108. Altersjahr stirbt im Alters- und Pflegeheim Marienhaus im Kleinbasel mit *Louise Maurer* die zurzeit älteste Einwohnerin unserer Stadt.
	9.	Grosser Rat	Nachdem er durch die Annahme des neuen Gesetzes über den Öffentlichen Verkehr die Rahmenbedingungen dazu geschaffen hatte, stimmt der Grosse Rat mit 62 : 24 der Revision des BVB-Organisationsgesetzes zu, welches den Basler Verkehrs-Betrieben die Umwandlung von einer kantonalen Dienststelle zum selbständigen öffentlich-rechtlichen Unternehmen ermöglicht.
	10.	Swiss	Im Hinblick auf eine mögliche Untersuchung über seine Mitverantwortung am im Herbst 2001 erfolgten Absturz eines Jumbolino in Bassersdorf stellt der CEO der Schweizer Fluggesellschaft Swiss, *André Dosé*, sein Amt freiwillig zur Verfügung.
	14.	Basler Verkehrs-Betriebe	Infolge von in Freiburg im Breisgau aufgetauchten Materialschäden werden weltweit alle von der Firma Siemens hergestellten Combino-Niederflurtrams mit über 12 000 km Laufleistung zurückgerufen, weshalb auch die in Basel eingesetzten 28 Tramzüge dieses Typs bis auf weiteres die Depots nicht mehr verlassen dürfen.
	15.	Internationale Woche des Gehirns	Die heute beginnende 7. Internationale Woche des Gehirns will dem interessierten Publikum in fünf Vorträgen anhand konkreter Themen wie Alzheimer oder Epilepsie die Komplexität der Gehirnfunktionen näher bringen.

| Hotel Drei Könige verkauft | Das traditionelle Nobelhotel Drei Könige ist wieder in Schweizer Händen: Die Basler Firma CenterVision AG, deren einziger Aktionär der Baselbieter Unternehmer *Thomas Straumann* ist, erwirbt das Fünfsterne-Haus von der luxemburgischen Richemond Hôtels Holding SA. |

| **17.** | Grosser Rat | Mit 73 : 21 Stimmen überweist der Grosse Rat eine Motion gegen die Einführung einer Abfall-Grundgebühr an die Regierung, wodurch das Abfall-Defizit auf andere Art zu decken ist. Während fast drei Stunden wird sodann der Wirtschaftsbericht der Regierung kritisch durchleuchtet. |

| FC Basel | Nach fast einem Jahr der Ungeschlagenheit kassiert der FC Basel auf dem Letzigrund in Zürich gegen den dortigen Stadtklub mit 0 : 1 seine erste Saisonniederlage 2003/04. |

| Regionale Betriebsschliessung | Im Verlauf eines vom kanadischen Mutterkonzern Bombardier bekannt gegebenen weltweiten Abbaus von 6600 Stellen wird auf Ende 2005 dessen Bahntechnik-Werk in Pratteln geschlossen, was einen Verlust von über 500 Arbeitsplätzen bedeutet. |

Nach einer umfassenden Renovation soll das Hotel Drei Könige wieder zur ersten Adresse in Basel werden.

20.	Erlen-Verein	An der 133. Generalversammlung des Erlen-Vereins ist die Renovation des Ende 2002 durch Feuer zerstörten Parkrestaurants das Hauptthema.
21.	1. Schnabel-bryys 2004	Der von der UBS gestiftete Schnabelbryys für Schnitzelbänggler – ein erstmals am Fasnachtsdienstag durchgeführter, von den grossen Gesellschaften gemiedener Vortrags-Wettbewerb – wurde, wie am heutigen letzten Bummelsonntag bekannt wird, von der aus alt Regierungsrat *Christoph Stutz*, alt Bundesrat *Adolf Ogi*, *Viktor Giacobbo* vom Schweizer Fernsehen und ex-FCB-Spieler *Massimo Ceccaroni* zusammengesetzten Jury der Formation ‹Die Verschiffte› verliehen.
24.	Einwohnerrat Riehen	Das Riehener Parlament wählt für die nächsten zwei Jahre zu seinem Präsidenten *Niggi Benkler* (CVP) und zum Statthalter *Thomas Strahm* (LDP).
25.	EHC Basel wieder zweit-klassig	Mit einer 4:5-Heimniederlage gegen den SC Langnau Tigers ist das Schicksal des EHC Basel besiegelt: Nach nur einer Saison im ‹Oberhaus› muss er wieder in die Schweizer Eishockey-Nationalliga B zurückkehren.
	Europäischer Energiepreis	Für ihre fortschrittliche Energiepolitik kann, zusammen mit der Stadt Lausanne, die Gemeinde Riehen den erstmals vergebenen ‹European Energy Award in Gold› entgegennehmen; die Preisübergabe, in Anwesenheit von Bundesrat *Moritz Leuenberger*, Regierungsrätin *Barbara Schneider*, dem Riehener Gemeindepräsidenten *Michael Raith* und Lausannes Stadtpräsidentin *Eliane Rey*, findet in der Fondation Beyeler statt.
27.	‹Wetten dass› in Basel	Die 100. Austragung der ZDF-Fernseh-Unterhaltungsshow ‹Wetten dass› in der Basler St. Jakobshalle bringt mit der Publikumswette, wonach 1000 Mumien auf dem Münsterplatz erscheinen müssen, dort nicht nur einen riesigen Publikumsaufmarsch, sondern auch beste Propaganda im Hinblick auf die demnächst im Antikenmuseum stattfindende Tutanchamun-Ausstellung.
28.	Les muséiques 2004	Die heute zu Ende gehende Museums-Musikwoche 2004 bestand aus ‹Hommages› an einzelne Komponisten, dargeboten von verschiedenen Orchesterformationen in sieben Museen, der Leonhardskirche und auch im Auditorium des Gymnasiums Bäumlihof.
	Verfassungsrat	*Max Pusterla* (FDP) wird neuer Präsident des Verfassungsrates, und in einer Kampfwahl um den Statthalterposten setzt sich *Hansjürg Wirz* (DSP) gegen *Klaus Wetzel* (SVP) durch.

April	**1.**	475 Jahre Basler Reformationsordnung	In Erinnerung an die am 1. April 1529 eingeführte Basler Reformationsordnung findet unter gemeinsamer Leitung der evangelischen Kirchenratspräsidenten von Baselstadt, *Georg Vischer*, und Basel-Landschaft, *Markus Christ*, im Münster eine Jubiläumsfeier statt.
	3.	Erstes Pflegezentrum für demenzkranke Menschen	Mit einem Tag der Offenen Tür wird mit ‹Dandelion› (= Löwenzahn) in den Räumlichkeiten des ehemaligen Altersheims ‹Glaibasel› an der Sperrstrasse das erste nordwestschweizerische Pflegezentrum für demenzkranke Menschen eröffnet.
		Zentrale Notfall-Apotheke	Am Petersgraben 7, dem Kantonsspital gegenüber, öffnet die schweizweit erste zentrale städtische Notfall-Apotheke ihre Pforten, wodurch das bisherige Notfall-Konzept, nach welchem immer zwei Apotheken während einer Woche 24 Stunden geöffnet waren, hinfällig wird.
	6.	Wachtablösung bei Roche	An der Generalversammlung des Basler Pharmakonzerns verabschieden sich mit *Fritz Gerber*, *Henri B. Meier* und *Andres C. Leuenberger* drei Persönlichkeiten aus dem Verwaltungsrat, die ein grosses Kapitel Roche-Geschichte geschrieben haben.
		Tutanchamun – Das Goldene Jenseits	Mit einem grossen Festakt vor fast 1500 geladenen Gästen im Stadtcasino fällt der Startschuss zum kulturellen Höhepunkt des Jahres: ‹Tutanchamun› – die Sammlung der ägyptischen Grabschätze aus dem Tal der Könige im Antikenmuseum. Bevor die Ausstellung am kommenden Tag für die Öffentlichkeit zugänglich wird, erfolgt heute, in Anwesenheit zahlreicher Ehrengäste, angeführt von Bundesrat *Pascal Couchepin*, Bundesrätin *Micheline Calmy-Rey* und der Gattin des ägyptischen Staatspräsidenten, *Suzanne Mubarak* die erste offizielle Begehung mit Museumsdirektor *Peter Blome*.

Tutanchamun: Kulturelles Event der Superlative.

12.	St. Jakob-Park	Überraschung am 79. Schweizer Fussball-Cupfinal vor 22 500 Zuschauern im St. Jakob-Park: Der krasse Aussenseiter FC Wil St. Gallen besiegt den als klaren Favoriten ins Endspiel gestiegenen Grasshoppers-Club aus Zürich mit 3 : 2.
15.	BASELWORLD 2004	Nach dem Verzicht auf den Standort Zürich präsentiert sich die heute von Bundesrat *Christoph Blocher* eröffnete Weltmesse für Uhren und Schmuck grösser und glanzvoller denn je. Besondere Anziehungspunkte sind diesmal der eigens zu diesem Zweck völlig neu gestaltete Messeplatz und die neu auf dem DB-Areal entstandene Halle 6, die als Provisorium für sechs Jahre die ‹Hall of Universe› beherbergt.
19.	Basler Verkehrs-Betriebe	Nachdem am 14. März die gesamte Combino-Flotte der BVB stillgelegt wurde, stehen ab heute wieder fünf der 28 Niederflurtrams im Einsatz, für welche kein Sicherheitsrisiko mehr bestehen soll.
	Ehrenhafte Ernennung	Der Basler Strafrechtsprofessor *Mark Pieth* wird von UNO-Generalsekretär *Kofi Annan* in eine dreiköpfige Kommission berufen, welche Korruptionsvorwürfe gegen die Weltfriedensorganisation zu untersuchen hat.
	Swiss	Der Verwaltungsrat der Schweizer Luftfahrtgesellschaft Swiss ernennt den ehemaligen Verantwortlichen des Bereichs Personenverkehr der Deutschen Bahn, *Christoph Franz*, als Nachfolger des zurückgetretenen *André Dosé* zum neuen Konzernchef.
20.	Kinder-Universität	Rund 450 Kinder nehmen an der ersten Vorlesung der neu ins Leben gerufenen Kinder-Universität teil, wo der Vortrag des emeritierten Geschichtsprofessors und Mittelalter-Experten *Werner Meyer* zum Thema ‹Warum gibt es keine Ritter mehr?› begeisterte Aufnahme findet.
22.	BASELWORLD 2004	Mit knapp 90 000 Besucherinnen und Besuchern kann die heute zu Ende gehende Weltmesse für Uhren und Schmuck von einem die Erwartungen übertreffenden Erfolg sprechen.
	Grosser Rat	Sozusagen ‹in eigener Sache› beschliesst der Grosse Rat die Einführung von Fraktionsentschädigungen, die sich betragsmässig an die bereits bestehenden Sätze des Baselbieter Landrats anlehnen.
	BVB-Referendum	Mit 5500 Unterschriften kommt das Referendum gegen das am 10. März vom Grossen Rat beschlossene neue BVB-Organisationsgesetz zustande.
23.	Novartis	Nach zähen Verhandlungen scheitert eine mögliche Fusion der Novartis mit dem deutsch-französischen Pharmaunternehmen Aventis; dieses wird nun vom französischen Novartis-Konkurrenten Sanofi-Synthélabo übernommen.
24.	†	† *Werner Muster* (75), Mitglied des Grossen Rates; machte sich vor allem als legendärer Rahmenspieler im Drummeli und ehemaliges Mitglied des Fasnachts-Comités einen Namen und war auch durch seine frühere Tätigkeit als PR-Chef der Migros bekannt.

	Psychiatrische Universitäts-klinik	Mit der Einweihung des neuen Gebäudes ‹S› wird, in Anwesenheit von Sanitätsdirektor *Carlo Conti* und Baudirektorin *Barbara Schneider,* das seit 35 Jahren grösste Bauprojekt der PUK abgeschlossen.
28.	Quartier-zentrum Breite	Nach 25 Jahren Wartezeit nimmt Regierungsrat *Ralph Lewin* beim Grossbasler Brückenkopf der Schwarzwaldbrücke die Grundsteinlegung für das neue Quartierzentrum Breite vor, welches nebst einer Filiale der Allgemeinen Bibliotheken der GGG, einem Kindergarten und Räumlichkeiten für die Sehbehindertenhilfe auch ein von geistig und körperlich Behinderten geführtes Hotel beherbergen und im Herbst 2005 eröffnet werden soll.
	IG Kleinbasel	An ihrer von 417 Mitgliedern besuchten Generalversammlung wählt die Interessen-Gemeinschaft Kleinbasel *Arthur Marti* als Nachfolger von *Hans Gerber* zu ihrem neuen Präsidenten.
29.	EHC Basel	Nachdem er sich schon kurz nach seinem Wiederabstieg von seinem bisherigen Trainer, *Paul-André Cadieux*, getrennt hat, gibt der EHC Basel bekannt, dass er als neuen Headcoach den kanadischen Erfolgstrainer *Kent Ruhnke* verpflichtet hat.
	Neue Auszeichnung: ‹schappo›	Die erstmals vom Justizdepartement Basel-Stadt ausgeschriebene Auszeichnung ‹schappo› für ein vorbildliches Engagement in den Bereichen Kinder-, Jugend- und Familienförderung sowie Sucht- und Gewaltprävention wird von Regierungsrat *Hans Martin Tschudi* im Begegnungszentrum Union dem Projekt ‹Kleinbasler Familienferien› verliehen.
30.	Basler Kantonalbank	An der traditionell gut besuchten Jahresversammlung der Basler Kantonalbank wird der bisherige Direktionspräsident und Chef der Konzernleitung, *Werner Sigg*, der auf Mitte 2004 in den Ruhestand tritt, verabschiedet und *Rudolf Matter*, der bisherige Geschäftsleitungs-Vorsitzende der Bank Coop, als sein Nachfolger offiziell vorgestellt.

Mai   **1.**   Restaurant
Hirscheneck

Mit einem ganztägigen Open-Air-Fest auf dem Theodorskirchplatz begeht das Restaurant Hirscheneck, alternativer Treffpunkt und Konzertlokal in einem, sein 25-jähriges Bestehen.

Swiss
Inline Cup

Die Basler Innenstadt ist auch dieses Jahr wieder Schauplatz der ersten von acht Etappen zum Swiss Inline Cup 2004, wo sich rund 2000 Inline-Skaterinnen und -Skater in verschiedenen Stärkeklassen messen.

*Der Swiss Inline
Cup startet
in Basel.*

	1.-Mai-Feier	Rund 2000 Menschen bewegen sich vom Messe- Richtung Marktplatz, wo unter dem Motto ‹Stopp dem Sozialabbau – gegen AHV-Revision und Steuerpaket› die diesjährige Kundgebung zum ‹Tag der Arbeit› in Szene geht und sich nebst dem Präsidenten des Basler Gewerkschaftsbundes, *Hans Schäppi*, auch die neue Basler Nationalrätin *Silvia Schenker* und ihre Luzerner Kollegin *Cécile Bühlmann* zu Wort melden.
2.	FC Basel Schweizer- meister 2003/2004	Nach langen Wochen des Wartens ist der zehnte Schweizermeistertitel des FC Basel Tatsache geworden: Nach dem 2:0-Auswärtserfolg beim FC Thun finden sich am Abend rund 15000 begeisterte Fans zu einer ersten improvisierten Siegesfeier auf dem Bar- füsserplatz ein.
3.	Polizei- beamten- Verband	Die Generalversammlung des Polizeibeamten-Verbandes Basel-Stadt wählt mit *Andrea Hauri* erstmals eine Frau als Präsidentin.
5.	†	† *Eugen A. Meier* (71), ist durch seine als Verfasser unzähliger Publikationen über Basel, seine Institutionen und Vereine, Firmen und Einzelpersönlichkeiten im Verlaufe der Jahre bewiesene lokale Verbundenheit zum eigentlichen ‹Stadthistoriker› gewor- den; gehörte, zum Teil als Meister und Vorgesetzter, verschiedenen Zünften und Gesell- schaften an und war als Mitglied des Grossen Rates für die CVP und später die DSP auch politisch tätig.
8.	150 Jahre Basler Fähren	Den Auftakt zu den Festlichkeiten aus Anlass des 150. Geburtstags der vier Basler Fäh- ren macht die Klingentalfähre ‹Vogel Gryff›, deren Jubiläumsanlass im Zeichen von Literatur-Lesungen auf dem Rhein steht.
11.	Theater Basel	Der Verwaltungsrat der Theater Basel präsentiert den von seiner Findungskommission ausgewählten neuen Theaterdirektor, den Schweizer *Georges Dernon*, zurzeit Leiter des Theaters in Mainz, der 2006 die Nachfolge von *Michael Schindhelm* antreten wird.
	Zolli	Die am 7. Mai 1971 als erstes Schimpansen-Kind in Basel geborene ‹Tana› stirbt, 33- jährig, an den Folgen eines Kreislaufkollapses.
12.	Grosser Rat	Das Basler Parlament lehnt mit grossem Mehr die von der SVP zur Prüfung der Vorfälle rund um die Stilllegung der BVB-Combino-Niederflur-Tramflotte geforderte Einsetzung einer Parlamentarischen Untersuchungskommission ab.
15.	50 Jahre Musik- Akademie	Mit einer Feier in den eigenen Räumen, musikalisch gestaltet durch ihre vier Institute ‹Musikalischer Grundkurs›, ‹Schola Cantorum Basiliensis›, ‹Hochschule für Musik› und ‹Allgemeine Musikschule› und einer Festansprache von Regierungsrat *Christoph Eymann* begeht die Musik-Akademie ihr 50-jähriges Bestehen.

	650 Jahre Ehrenzünfte zu Fischern und zu Schiffleuten	Die beiden Ehrenzünfte zu Fischern und Schiffleuten, die sich 1354 zur ‹gespaltenen Zunft› vereinigten, begehen mit einem Festakt in der Theodorskirche, Ansprachen von Regierungspräsident *Jörg Schild* und des Vorsitzenden Meisters der Basler Zünfte und Gesellschaften, *Dieter Werthemann*, sowie einem abschliessenden Bankett im grossen Festsaal der Messe Basel das 650-jährige Bestehen ihrer Institutionen.
16.	Abstimmungen	Dreimal Nein, zum eidgenössischen Steuerpaket (75,6%), zur 11. AHV-Revision (73,9%) und zur Anhebung der Mehrwertsteuer für AHV und IV (60,7%): Mit diesen Verdikten schliesst sich auch Basel-Stadt der eidgenössischen Volksmeinung an.
		Auf kantonaler Ebene musste über nicht weniger als sechs Vorlagen abgestimmt werden. Im Gegensatz zum Baselbiet, wo sie ohne Chance bleiben, finden die beiden in Stadt und Land gleichentags vorgelegten partnerschaftlichen Jubiläumsinitiativen zu gemeinsamer Spital- und Sicherheitspolitik bei uns eine klare Annahme.
		Viermal Nein dann zum Gesetz betreffend eine Einschränkung der kostenlosen Bestattung, zur Aufhebung des Verbotes von City-Parkings, zur Schulinitiative der SVP und zur Initiative des Volkswirtschaftsbundes respektive zum Gegenvorschlag der Regierung betreffend die staatliche Pensionskasse, womit in Basel wortwörtlich ‹alles beim Alten› bleibt.
19.	5. Europäisches Jugendchorfestival	Im Beisein von viel Prominenz eröffnen Jungchöre von Brasilien und Mazedonien im Münster das zum fünften Male stattfindende Europäische Jugendchorfestival, in dessen Verlauf in zahlreichen Kirchen und auf verschiedenen Plätzen der Stadt und Region 17 Chöre mit rund 800 Jugendlichen aus 12 Nationen bis zum 23. Mai ihr Können zu Gehör bringen.
20.	Baselstädtisches Schwingfest	Gegen 4000 Schaulustige wohnen auf dem Turnplatz Sandgrube bei sommerlichem Wetter dem Baselstädtischen Schwingfest bei, welches mit dem Sieg des Zuchwilers *Thomas Zindel* endet.
22.	FC Basel	Nachdem bereits am 2. Mai, als der Meistertitel feststand, spontan gefeiert wurde, findet heute mit viel Feuerwerk und Lichteffekten unter begeisterter Anteilnahme einer riesigen Menschenmenge von gut 40 000 Personen das offizielle Fest für den vom FC Basel errungenen zehnten Meisterschaftserfolg statt.

Juni	**4.**	Basler Gewerk-schaftsbund	Die Delegiertenversammlung des BGB wählt als Nachfolger des abtretenden *Hans Schäppi*, der drei Jahre im Amt war, *Martin Engel* zu ihrem neuen Präsidenten.
	5.	Neue Drei-rosenbrücke eingeweiht	Ein dreitägiges Volksfest mit zahlreichen Vereins- und Cliquenauftritten, in dessen Mittelpunkt der heutige Festakt steht, markiert die offizielle Inbetriebnahme der neuen Dreirosenbrücke.
	6.	‹Imagine 04›	Zum dritten Male fand an diesem Wochenende auf dem Barfüsserplatz mit verschiedenen Musikdarbietungen und Workshops ‹Imagine›, das Basler Openair-Festival gegen Rassismus und Gewalt im Alltag statt.
	7.	Erlenskating	Im Beisein regionaler Politikvertreter und zahlreicher Inline-Skater wird ‹Erlenskating›, ein von Basel, Riehen, Lörrach und Weil am Rhein gemeinsam getragenes Angebot aus der Taufe gehoben, welches den Skatern über Gemeinde- und Landesgrenzen hinweg drei verschiedene Rundstrecken zur Ausübung ihres Sports anbietet.
	9.	Grosser Rat: Ja zur Erlen-matt	Mit grossem Mehr bewilligt das Parlament den Bebauungsplan für das ehemalige Areal der Deutschen Bahn im Unteren Kleinbasel, wo in den nächsten 20 Jahren zwischen Riehenring und Autobahn unter der Bezeichnung ‹Erlenmatt› ein neues Quartier entstehen soll.
		Handels-kammer beider Basel	Die unsichere Wirtschaftssituation angesichts weiterer regionaler Betriebsschliessungen ist das Hauptthema der Generalversammlung 2004 der Handelskammer beider Basel im Kongresszentrum, bei welcher als Ehrengast Bundesrat *Christoph Blocher* über seine ersten Erfahrungen als Unternehmer in der Landesregierung spricht.
	11.	5. Tag der Artenvielfalt	Das Gebiet rund um den Birskopf ist dieses Jahr Schauplatz für Wissenschaftler und Amateurforscher der Region, um während 24 Stunden nach möglichst viel Tier- und Pflanzenarten zu suchen.
	14.	Liste 04 – The Young Art Fair	Vernissage zur 9. Messe für junge Kunst im Warteck-Areal – sie dauert bis zum 20. Juni, hat dieses Jahr das in Basel ansässige Festival ‹Viper› zu Gast und gibt 49 Galerien aus 20 Ländern Gelegenheit, ihre Kunstwerke der Öffentlichkeit zu zeigen.
	15.	Art Basel 35	Nach der üblichen nicht öffentlichen Vernissage am Vortag öffnen sich heute, zunächst für ‹Preview›- und ‹First-Choice›-Gäste, am Abend aber auch für das breite Publikum, die Pforten der 35. Internationalen Kunstmesse Art, wo 270 Galerien mehr als 1800 Künstler präsentieren.
		Bürger-gemeinde	Der Bürgergemeinderat wählt einstimmig *Felix Riedtmann* (FDP) zu seinem neuen Präsidenten und zum neuen Statthalter *Lukas Faesch* (LDP).
	16.	Kunsthalle	Nach umfassender Sanierung und neu mit dem jetzt bei ihr untergebrachten Architekturmuseum präsentiert sich die Kunsthalle am Steinenberg an der heutigen Vernissage von ihrer besten Seite.

	schappo zum Zweiten	Die zweite vom Justizdepartement verliehene und von seinem Vorsteher, Regierungsrat *Hans Martin Tschudi* überreichte Auszeichnung ‹schappo› geht – für spezielles Engagement im Umgang mit Genussmitteln im Jugend- und Familienbereich – an das Projekt ‹100% music – no drugs›.
17.	Kantonsspital mit neuem Namen	Die heute vom Regierungsrat bekanntgegebene Umbenennung des Kantonsspitals in ‹Universitätsspital Basel› soll dessen universitären Charakter nach aussen besser dokumentieren.
	Baslerin wird Deutsche Wirt- schaftsweise	Die an der Universität Mainz lehrende Basler Wirtschaftswissenschaftlerin *Beatrice Weder de Mauro* wird in den Rat der Wirtschaftsweisen in Deutschland aufgenommen.
	†	† *Adolph Spalinger* (90), Schauspieler und Regisseur, 1956 bis 1963 Ensemblemitglied und Oberspielleiter am Basler Stadttheater, zu welchem er später, 1968 bis 1979, nochmals zurückkehrte.
18.	UniNacht	Eine Nacht lang präsentiert sich die Universität in und um ihre Räumlichkeiten einem breiten Publikum mit einem vielseitigen wissenschaftlichen Programm, wo auch musikalische und kulinarische Spezialitäten zum Zuge kommen, die das Ganze in eine grosse Indoor- und Open-Air-Party verwandeln.
	SUN21	Das vor sieben Jahren mit dem Ziel, Alternativenergien die nötige Präsenz zu geben, ins Leben gerufene Forum ‹SUN21›, welches bis zum 26. Juni dauert und 20 öffentliche Veranstaltungen umfasst, wird im Kongresszentrum von Regierungsrätin *Barbara Schneider* offiziell eröffnet.
	Basel in Düsseldorf	Im Rahmen einer Stadtmarketing-Kampagne von Tourismus Basel tauft Regierungsrat *Ralph Lewin* in Düsseldorf einen ICE-Zug auf den Namen ‹Basel› und leitet damit wirtschaftliche und gesellschaftliche Kontakte zwischen den beiden Rheinstädten ein
19.	ArtZappening	Das traditionelle Freiluft-Kunsthappening im Rahmen der Art Basel, welches diesmal den Theaterplatz als grosse Wohnung für Kultur und Architektur herrichten will, leidet unter der Unbill der Witterung: Strömender Regen vertreibt die Schaulustigen in die Unterstände.
	Tag des Offe- nen Bodens	Die Archäologische Bodenforschung lädt die Bevölkerung zum ‹Tag des Offenen Bodens› an die Martinsgasse ein, wo in einem bislang kaum erforschten Gebiet im Zusammenhang mit dem Bau einer mehrgeschossigen Tiefgarage nötig gewordene Rettungsgrabungen demonstriert werden.
	700 Jahre E.E. Gesellschaft zum Rebhaus	Mit einem Apéro im Waisenhaus, einem Festakt in der Theodorskirche, Grussadressen von Regierungspräsident *Jörg Schild* und Bürgerratspräsidentin *Sonja Kaiser* sowie einem anschliessenden Bankett in allen Räumen des Restaurants ‹Zum Rebhaus› begeht die Kleinbasler Ehrengesellschaft gleichen Namens ihr 700-Jahr-Jubiläum.

20.	Welt- flüchtlingstag	Im Rahmen des dritten Weltflüchtlingstages und des 25. Schweizerischen Flüchtlings- tages ist der Merian Park im Grün-80-Areal an diesem Wochenende Schauplatz ver- schiedener Veranstaltungen multikultureller Art, in deren Mittelpunkt ein internationa- ler Markt mit kulinarischen Spezialitäten aus aller Welt steht.
	Art Basel 35	Die heute zu Ende gehende 35. Internationale Basler Kunstmesse zieht eine positive Bilanz: Mit 52 000 Kunstliebhabern haben 2000 mehr als im Vorjahr Einlass begehrt, und auch die parallel stattgefundene ‹Liste 04 – The Young Art Fair› kann sich über einen Publikumszuwachs von rund 20 % freuen.
	Neue politische Partei	Nach einer im April innerhalb der Schweizerischen Volkspartei (SVP) Basel-Stadt erfolgten Spaltung gründen die Dissidenten mit dem Namen ‹Schweizerische Bürger- partei Basel (SBP)› und dem ehemaligen SVP-Grossratsfraktions-Vorsitzenden *Eugen Schmid* an der Spitze eine neue Basler Rechtspartei.
23.	Roche stärkt Standort Basel	In einer Medienmitteilung gibt der Pharmakonzern Roche bekannt, dass er im Verlauf der nächsten drei Jahre auf seinem Werksgelände für rund 400 Mio. Franken ein neues Gebäude für biotechnische Produktion errichten will.
	100 Jahre Grossratssaal	Aus Anlass des heute vor 100 Jahren eingeweihten neuen Grossratssaales findet eine kleine Feier statt, und eine Ausstellung dokumentiert und erläutert die Entstehung und Details der Ausstattung.
24.	SUN21 – Faktor 4-Preis	Die Basler Wohnbaugenossenschaft ‹Wohnstadt› darf aus den Händen von Regierungs- rat *Christoph Eymann* den im Rahmen der SUN21 zum zweiten Mal verliehenen Faktor 4-Preis für nachhaltige Energiesparleistungen entgegennehmen.
26.	rallye 21	Mit Start und Ziel an der Meret-Oppenheim-Strasse im Gundeli findet unter dem Patro- nat von SUN21 und IWB erstmals die ‹rallye 21› statt, bei welchem ein durch die Stadt führender Parcours mit möglichst wenig Energieverbrauch zu befahren ist.
28.	Fasnachts- Comité	Das oberste Basler Fasnachtskollegium wählt anstelle von *Werner Schmid* und *Raphael Blechschmidt* den Advokaten und Grossrat *Andreas C. Albrecht* und den Bankier *Andreas Guth* zu neuen Comité-Mitgliedern.
	Martkhalle	Mit dem heutigen Tag beendet die Markthalle AG ihre 75-jährige Tätigkeit, und die Liegenschaft mit dem imposanten Kuppelbau geht samt Baurecht an den Kanton über.

Juli	**1.**	Neuer Parlaments-dienst	Die bisherige Grossratskanzlei wird heute offiziell vom neu geschaffenen verwaltungs-unabhängigen Parlamentsdienst abgelöst, der unter der Leitung von *Thomas Dähler* bereits zu Beginn des Jahres seine Arbeit aufgenommen hat.
	2.	Yshalle-Tattoo	Heute und morgen präsentiert sich vor ausverkauften Rängen in der Eissporthalle St. Jakob-Arena das von seinen Auftritten am Edinburgh Military Tattoo bestbekannte Basler ‹Top Secret Drum Corps› zusammen mit zehn weiteren Pfeifer- und Trommler-formationen der Spitzenklasse zu einem stimmungsvollen ersten Basler ‹Yshalle Tattoo›.
	3.	Skifest im Sommer	Gemeinsam mit dem Ski-Club Basel begeht der Schweizerische Ski-Verband seinen 100. Geburtstag in unserer Stadt – nebst Delegiertenversammlung und Gala-Abend geht auf Barfüsser- und Marktplatz mit verschiedenen Aktivitäten ein sommerliches Skifest in Szene.

Der Schweizerische Ski-Verband feiert seinen runden Geburtstag untypisch: im Sommer und in Basel ...

4.	Leichtathletik-CH-Meister-schaften	Wieder einmal messen sich gestern und heute im Stadion Schützenmatte die Schweizer Leichtathleten im Kampf um ihre nationalen Meistertitel.
	Zweiter Wimbledon-Sieg	*Roger Federer* wiederholt mit einem Finalsieg gegen den US-Amerikaner *Andy Roddick* seinen letztjährigen Sieg an den ‹All England Tennis Championships› in Wimbledon.
	Zwei Basler Fecht-Europameister	In Kopenhagen holt sich die Schweizer Mannschaft mit den beiden Baslern *Marcel Fischer* und *Benjamin Steffen* mit einem Finalsieg gegen Polen den Europameistertitel im Degenfechten.
14.	Ehrengast der Rheinschiff-fahrt	Mit einer vor vier Tagen in Rotterdam angetretenen und heute in Basel endenden Fluss-fahrt auf dem Rheinschiff MS Grindelwald überzeugt sich der schweizerische Verkehrs-minister Bundesrat *Moritz Leuenberger* von der Leistungsfähigkeit der einheimischen Rheinschifffahrt.
17.	150 Jahre Basler Fähren	Das zweite Fest im Rahmen des 150-Jahr-Jubiläums der Basler Fähren gilt der ‹Ueli-Fähri›, wo der neue Fährimaa *Rémy Wirz* seinen Vorgänger *Albi Frey* ablöst. Trübes Wetter dämpft zwar nicht die Stimmung, aber der Publikumsaufmarsch hält sich in Grenzen.
18.	FC Basel	Der amtierende Fussball-Schweizermeister startet mit einem überzeugenden 6:0-Heim-sieg gegen den FC Aarau in die neue Saison.
22.	OrangeCinema 2004	An der üblichen Galaeröffnung des OrangeCinema Open Air auf dem Münsterplatz prä-sentiert, in Anwesenheit von viel Prominenz – darunter nebst Bundesrat *Moritz Leuen-berger* der deutsche Fussball-Altstar *Franz Beckenbauer* und Pop-Idol *Tina Turner* – der Basler Filmemacher *Arthur Cohn* seinen neuen Streifen ‹Les Choristes›.
25.	Claramatte-Fescht	Zum letzten Mal vor ihrer geplanten Umgestaltung war die Claramatte an diesem Wochenende Schauplatz des traditionellen von der IG Kleinbasel organisierten Quar-tierfests; trotz nicht immer ganz optimalem Wetter wurde es auch dieses Jahr zum grossen Publikumserfolg.
29.	St. Jakob-Park	Das angeblich letzte Konzert der Abschiedstournee des amerikanischen Folk-Duos *Paul Simon* und *Art Garfunkel* lockt gegen 30 000 begeisterte Zuschauer in den St. Jakob-Park.
31.	Bundesfeier am Rhein	Ein sechsstündiges Festprogramm mit zahlreichen sportlichen und musikalischen Attraktionen, in deren Mittelpunkt eine grosse Fallschirm-Show steht, und das wie immer imposante Schlussfeuerwerk markieren die inoffizielle Bundesfeier am Rhein am Vorabend des Nationalfeiertages.

August	**1.**	Bundesfeier auf dem Bruderholz	An der von den Neutralen Quartiervereinen Bruderholz und Gundeldingen organisierten offiziellen Bundesfeier beim Wasserturm, die von volkstümlicher Musik und Kinder-Tanzdarbietungen umrahmt wird und mit dem traditionellen Feuerwerk endet, setzt Regierungspräsident *Jörg Schild* das für seine Ansprache gewählte Motto ‹Gemeinsames gemeinsam angehen› direkt um, indem er die Hälfte seiner Redezeit auf partnerschaftliche Weise dem von ihm eingeladenen Gemeindepräsidenten von Anwil, *Niklaus Martin*, überlässt.
	9.	Weiterbildungsschule (WBS)	Mit dem heutigen Tag wird die Weiterbildungsschule in zwei Leistungszügen geführt: Rund 60 % der insgesamt 900 Jugendlichen sind dem ‹E-Zug› (Erweiterungsstufe) zugeteilt, 40 % dem etwas weniger anspruchsvollen ‹A-Zug› (Allgemeinstufe).
	10.	24. Basler Rheinschwimmen	Bis kurz vor dem Start droht Regen das diesjährige Rheinschwimmen zu vereiteln, dann aber können sich doch rund 3000 Badewillige wie in den Vorjahren ‹dr Bach ab› treiben lassen.
	11.	FC Basel	Mit einem 1 : 1-Heimunentschieden gegen Inter Mailand im St. Jakob-Park gelingt dem FC Basel der Start in die Qualifikation zur Champions League nicht ganz wunschgemäss.
	13.	Em Bebbi sy Jazz	An 30 Spielorten rund um den Rümelinsplatz präsentieren sich auch dieses Jahr 75 Orchester mit insgesamt über 500 Musikern und Musikerinnen einem wie immer zahlreichen und gut gelaunten Publikum, welches sich auch vom zeitweise starken Regen nicht aus der Stimmung bringen lässt.
		Welt in Basel	Nach vorangegangener feierlicher Eröffnung in der Klingentalhalle, im Beisein von Regierungsrat *Christoph Eymann*, wird mit dem Stück ‹Isabella's Room› in der Reithalle der Kulturwerkstatt Kaserne das einwöchige Theaterspektakel ‹Welt in Basel› lanciert.
	14.	75 Jahre Grendelmatte Riehen	Ein Fest mit allerhand Aktivitäten der örtlichen Sportvereine markiert das 75-Jahr-Jubiläum des Riehener Sportplatzes Grendelmatte.
		†	† *Dr. h. c. Georg Gruner* (97), 1938 als Bauingenieur ins Büro seines Vaters eingetreten, wurde er 1942 dessen Teilhaber und übernahm 1948 mit seinem Bruder Eduard die Familienfirma, die er 1970 in eine AG umwandelte und wo er, zuletzt als VR-Präsident, bis zu seinem Rücktritt 1988 dabei war. Gehörte 8 Jahre dem Weiteren Bürgerrat und 1953 bis 1965 dem Grossen Rat an und übernahm nachher in der Exekutive der Bürgergemeinde das Präsidium des Pflegeamtes des Bürgerspitals; 1977 in Würdigung seines Einsatzes für das Basler Spitalwesen mit der Ehrendoktorwürde der Medizinischen Fakultät ausgezeichnet.

18.	Grossbrand im Tramdepot	Ein defektes Elektrogerät im ‹Haifisch›-Partywagen der Basler Verkehrs-Betriebe sorgt für einen folgenschweren Brand, welchem trotz raschem Einsatz von über 100 Feuerwehrleuten ein Nebengebäude des BVB-Tramdepots am Wiesenplatz vollständig zum Opfer fällt.
19.	14. Raid Suisse – Paris	Nach dem üblichen Cortège durch die Steinenvorstadt vom Vortag erfolgt heute im Rundhof der Messe Basel zum 14. Mal der Start zur traditionellen Oldtimer-Rallye Suisse – Paris.
21.	Nautilus 2004	Recht kühle Aussentemperaturen sorgen bei der sechsten Auflage des Techno-Raver-Partyanlasses im Gartenbad St. Jakob mit knapp 2000 Besuchern für einen geringeren Publikumsaufmarsch als in den Vorjahren.

Glücklose BVB: nach den Combino-Problemen nun ein Grossbrand im Depot Wiesenplatz.

22.	100 Jahre moderne Rheinschifffahrt bis Basel	Ein grosses Hafenfest am Dreiländereck mit einer Loktaufe, einer eindrucksvollen Flottenparade und einem abschliessenden imposanten Feuerwerk als Höhepunkte markiert das 100-jährige Bestehen der modernen Rheinschifffahrt bis Basel und stösst trotz unsicherer Witterung auf grosses Publikumsinteresse.
24.	FC Basel	Nach dem 1:1 im Hinspiel verpasst der FC Basel durch eine 0:1-Auswärts-Niederlage gegen Inter im Mailänder San Siro-Stadion den Einzug in die Champions League und wird in die Uefa-Cup-Konkurrenz verwiesen.
27.	Grossrat auf Reisen	Rund 100 Mitglieder des Basler Parlaments befinden sich gestern und heute auf ihrem alle vier Jahre stattfindenden zweitägigen Ausflug, der am ersten Tag nach St. Gallen führte, wo die Basler Politik, ergänzt durch die Regierungsräte *Carlo Conti* und *Ralph Lewin*, mit Behördevertretern von Stadt und Kanton zusammentraf. Mit einer Schifffahrt auf dem oberen Bodensee geht die stimmungsvolle Reise bei wesentlich besserem Wetter als am Vortag heute zu Ende.
	Jungle Street Groove	Bereits zum zehnten Mal zieht vom Münsterplatz über die Wettsteinbrücke ans Kleinbasler Rheinufer und von dort zur Kaserne die heuer mit über 6000 Teilnehmern einen Besucherrekord aufweisende Basler Jungle-Street-Parade.
	Erstes Klybeckstrasse-Kulturfest	Ein unter Beteiligung vieler Anwohner, Restaurants und Ladengeschäften während zwölf Stunden an der Klybeckstrasse erstmals durchgeführtes Kulturfest bietet den Besuchern Darbietungen und gastronomische Angebote aus allen Sparten und Kulturen.
29.	Klosterbergfest	Am heute zu Ende gehenden 25. Klosterbergfest, welches auch dieses Jahr Zehntausende anzog, konnten über eine Grossleinwand SMS-Grüsse aus aller Welt an die Kinder Brasiliens adressiert werden, für welche wie immer der Festerlös bestimmt ist.
30.	Empfang des Basler Olympiasiegers	Der in Basel wohnhafte und für die Basler Fechtgesellschaft kämpfende Degenfechter *Marcel Fischer*, der an den Olympischen Sommerspielen die Goldmedaille erkämpfte, wird von Hunderten von Anhängern und Freunden, darunter auch von den Regierungsräten *Carlo Conti*, *Christoph Eymann* und *Ralph Lewin* auf dem Theaterplatz begeistert empfangen.
31.	Evangelisch-reformierte Kirche	Nach zwölfjähriger Tätigkeit tritt Pfarrer *Georg Vischer* als Präsident des Kirchenrates der Evangelisch-reformierten Kirche Basel-Stadt zurück und übergibt sein Amt dem bisherigen Stellenleiter des Pfarramtes für Industrie und Wirtschaft, Pfarrer Lukas Kundert.

September	**1.**	Förderpreis für eine starke Region	Die ‹Vereinigung für eine starke Region Basel/Nordwestschweiz› zeichnet den ehemaligen Chefredaktor der Basler Zeitung, *Hans-Peter Platz*, für seine Verdienste um die Förderung der überregionalen Zusammenarbeit und für Projekte über die Kantonsgrenzen hinaus mit ihrem zum vierten Male vergebenen Förderpreis aus.
		Gedenktafel für alt Bundesrat Hans Peter Tschudi	An einer schlichten Feier im Grossratssaal wird in Würdigung seines Lebenswerkes und in Anwesenheit einer ganzen Reihe seiner politischen Weggefährten für den im Oktober 2003 verstorbenen alt Bundes- und Regierungsrat *Hans Peter Tschudi* eine vom Basler Maler *Samuel Buri* geschaffene Gedenktafel eingeweiht.
	4.	Basler Zeitung	Mit dem heutigen Datum erscheint nach neunmonatiger Konzeptarbeit die Basler Zeitung in neuer Aufmachung und Gliederung, wobei unter anderem die bisher eingebauten Regional- und Kultur-Teile neu in Kleinformat als Magazine beiliegen.
	8.	St. Jakob-Park	Im zweiten Qualifikationsspiel zur Fussball-Weltmeisterschaft 2006 kommt die Schweizer Nationalmannschaft vor 28 000 Zuschauern im St. Jakob-Park gegen Irland nicht über ein 1 : 1-Unentschieden hinaus.
	10.	St. Claraspital	Der Verwaltungsrat des St. Claraspitals wählt den Geschäftsführer der Spitex Basel, Grossrat *Peter Eichenberger*, anstelle des per Ende 2004 vorzeitig in den Ruhestand tretenden *Pierre Brennwald* zu seinem neuen Verwaltungsdirektor.
		100 Jahre Merkur-Mode	Mit einer viel beachteten Jubiläums-Modeschau in der Fondation Beyeler begeht das Modehaus Merkur sein 100-jähriges Bestehen.
	11.	Nochberdaag	Die Nachbarschaftskonferenz bittet zu einem ‹Nochberdaag› in der Regio, welcher in sein Programm ein dreitägiges Alt-Weiler Strassenfest, eine Besichtigung des Spalentors in Basel und den 15. MIGROS Dreiländer-Lauf Basel/St. Louis/Weil einschliesst.
		150 Jahre Feuerwehr-Verein Basel-Stadt	Mit einem Besichtigungsprogramm im Lützelhof, einer Einsatzübung bei der Peterskirche, einem Festakt im Grossratssaal mit Ansprache von Regierungspräsident *Jörg Schild* und mit Platzkonzerten der Feuerwehrmusik auf dem Markt- und Claraplatz begeht der Feuerwehr-Verein Basel-Stadt sein 150-jähriges Bestehen.
		Sonic 4	Die Mega-Rave-Veranstaltung ‹Sonic 4› lockt mit ihrer vierten Auflage gegen 7000 tanzlustige junge Leute aus der ganzen Schweiz in die St. Jakobshalle.

12.	FC Basel	Mit dem zweithöchsten Meisterschaftssieg seiner Clubgeschichte von 8:1 bringt der FC Basel dem Grasshopper-Club Zürich dessen höchste Niederlage überhaupt bei.
	Mammut-Umgang Gundeldingen-Bruderholz	Am dritten Bannumgang der ‹Quartiergesellschaft zum Mammut Gundeldingen-Bruderholz›, vom Tellplatz ausgehend und im Margarethenpark endend, wird insbesondere auf der Bahnhofroute von der Hochstrasse via SBB zum Strassburger Denkmal, wo in den letzten Jahren viel Neues entstand, durch kleine Vorträge vor Ort an frühere Zeiten erinnert.
13.	Weiterer Tennis-Grosserfolg	Nach bereits zwei Grand-Slam-Titeln 2004 in Wimbledon und Melbourne gelingt dem Tennis-Weltranglisten-Ersten *Roger Federer* mit einem klaren 6:0, 7:6, 6:0-Finalsieg gegen den Amerikaner *Lleyton Hewitt* der erste Erfolg am US Open auf der Tennisanlage Flushing Meadows im New Yorker Madison Square Garden.
14.	Offene Quartier-treffpunkte	Um ihren Bekanntheitsgrad zu steigern und ihre Arbeit der Öffentlichkeit vorzustellen, öffnen die elf Basler Quartiertreffpunkte für eine Woche gemeinsam ihre Pforten zu einer Aktion der Offenen Tür.

Neues Wahrzeichen des Gundeli und seiner Quartiergesellschaft: das Mammut.

15.	Grosser Rat	Nachdem er bereits die Gastwirtschaftsabgabe aufgehoben hat, stimmt der Grosse Rat mit der Annahme des neuen Gastgewerbegesetzes einer moderaten Wiedereinführung der zunächst ganz abgeschafften Polizeistunde zu. Die von der Finanzkommission empfohlene Teilsanierung der zur Flotte der Basler Personenschifffahrt gehörenden MS Basel wird dagegen an den Regierungsrat zurückgewiesen, was einer Stilllegung dieses Schiffes gleichkommt. Und schliesslich genehmigt das Parlament mit 72:35 Stimmen einen Baukredit von 4 Mio. Franken zur Aufwertung der Klybeckstrasse.
16.	Medien-Dreiländer-kongress	Im Kongresszentrum eröffnet Regierungsrat *Hans Martin Tschudi* in seiner Eigenschaft als Präsident der Oberrhein-Konferenz und Leiter der Schweizer Delegation den 9. Dreiländerkongress ‹Medien und Kommunikation am Oberrhein›, zu welchem sich zahlreiche Medienleute und Politiker aus den drei Grenzländern eingefunden haben.
	Auto Basel	Zum ersten Mal laden die regionalen Autohändler von Basel und Umgebung zu einem gemeinsamen ‹Auto-Salon› ein, an welchem während vier Tagen in der Rundhofhalle der Messe Basel 300 Neuwagen von 34 Automarken besichtigt werden können.
	100 Jahre Schweizer Rektoren-konferenz	Heute und morgen feiert an historischem Ort, in der Alten Aula des Naturhistorischen Museums, wo man am 29. Mai 1904 zum ersten Mal zusammenkam, die ‹Conférence des Recteurs des Universités Suisses CRUS› ihr 100-jähriges Bestehen.
	FC Basel	Im Hinspiel der ersten Runde des Uefa-Cups wahrt sich der FC Basel im Moskauer Spartak-Stadion mit einem 1:1 gegen das tschetschenische Meisterteam Terek Grosny seine Chance auf ein Weiterkommen.
17.	Medida-Prix 2004	Wie schon 2003 gewinnt auch dieses Jahr (verliehen an der Fachtagung der Gesellschaft für Medien in der Wissenschaft in Graz) mit ‹Patho Basiliensis› ein Projekt der Universität Basel den mediendidaktischen Hochschulpreis, um welchen sich 186 Projekte aus dem E-Learning-Bereich Deutschlands, Österreichs und der Schweiz beworben haben.
	EHC Basel	Mit einem 6:1-Auswärtssieg gegen den SC Langenthal startet der EHC Basel erfolgreich in die Eishockey-Meisterschafts-Saison der Nationalliga B.
	Pflegeschule Clara: 100 Jahre anerkannt	Eine Abendveranstaltung bildet den Abschluss des Jubiläumsjahres der Pflegeschule Clara, welche mit einer Eröffnungsfeier im März, einem Tag der Offenen Tür im Juni und einer noch bis zum Jahresende dauernden Ausstellung der 100-jährigen Anerkennung ihrer Institution durch das Schweizerische Rote Kreuz gedachte.
19.	Kampfsport	An den seit dem 17. September in der St. Jakobshalle laufenden Kickbox-Weltmeisterschaften holt sich der Südafrikaner *Mike Bernardo* gegen den Schweizer *Peter Majstorovic* den Titel im Super-Schwergewicht, der seit dem Tod des Schweizer-Kampfsport-Idols *Andy Hug* vor vier Jahren vakant gewesen war.

22.	In die Stadt ohne mein Auto	Unter dem Motto ‹Basel bewegt. Fit und gesund unterwegs – ohne Auto› beteiligen sich mit verschiedenen Aktivitäten auch dieses Jahr rund 50 Firmen, Verwaltungsstellen und neu auch Schulen am entsprechenden europäischen Aktionstag, der bereits zum fünften Mal stattfindet.
23.	Zolli	Das erste in einem Zoo geborene Gorillakind in Europa, Goma, wird heute 45 Jahre alt und hat damit ein geradezu biblisches Alter erreicht.
	schappo zum Dritten	Die dritte ‹schappo›-Auszeichnung des Justizdepartements für besondere Engagements im Kinder-, Jugend- und Familienbereich geht an das Projekt ‹Strassenbibliothek› der Organisation ‹ATD Vierte Welt›.
	Kischtli-Preis	Für seine langjährige Kinder- und Jugendarbeit kann *Mirko Ulbl*, der Präsident des Jugendfördervereins ‹ooink ooink Productions› den diesjährigen Kischtli-Preis des Bürgerlichen Waisenhauses entgegennehmen.
26.	Eidgenössische Abstimmungen	Währenddem auf eidgenössischer Ebene nur gerade die Mutterschafts-Versicherung Gnade findet und der Bürgerrechts-Erwerb von Ausländern sowohl der zweiten als auch dritten Generation sowie die Poststellen-Initiative schweizweit (Stimmbeteiligung durchschnittlich 53%) verworfen werden, sagt Basel-Stadt bei einer hohen Stimmbeteiligung von gegen 60% viermal ‹Ja› und bleibt damit einziger Deutschschweizer Kanton, der beide Einbürgerungsvorlagen – analog zur Romandie – annimmt.
	BaSicilia	Verschiedene Schauplätze in der Stadt standen für drei Tage im Zeichen Siziliens; der Verein ‹BaSicilia› wollte dem Publikum jede Menge kultureller und kulinarischer Höhepunkte seiner Region darbieten, aber weil das Wetter nicht mitspielte, blieb der Besuch mässig und in erster Linie auf die gedeckten Zelte und Unterstände beschränkt.
30.	FC Basel	Mit einem 2:0-Heimsieg gegen den russischen Pokalsieger Terek Grosny qualifiziert sich der FC Basel für die Gruppenspiele um den europäischen Uefa-Cup.

Oktober	**1.**	Schild übernimmt Spengler	Mit dem heutigen Tag geht das Basler Modehaus Spengler in den Besitz der Schild AG Luzern über, wodurch schweizweit mit einem Stellenabbau von ca. 450 Personen zu rechnen ist, dessen Grossteil beim bisherigen Spengler-Sitz in Münchenstein anfällt.
	2.	†	† *Dr. rer. pol. Peter G. Rogge* (73), einer der renommiertesten Schweizer Ökonomen, langjähriger Geschäftsführer des Basler Forschungsinstituts Prognos AG und nach dessen Übernahme durch den Schweizerischen Bankverein daselbst als Bereichsleiter und Mitglied der Generaldirektion tätig; in der Öffentlichkeit vor allem bekannt durch seine rhetorisch brillant vorgetragenen Wirtschaftsanalysen.
	3.	Tutanchamun – Das goldene Jenseits	Das kulturelle Ereignis des Jahres, die am 7. April eröffnete Ausstellung altägyptischer Grabschätze im Antikenmuseum, die heute ihre Pforten schliesst, verzeichnete mit rund 620 000 Besucherinnen und Besuchern nicht nur einen überwältigenden Publikumsaufmarsch aus nah und fern; sie war nebst ihrem gesellschaftlichen Stellenwert für unsere Stadt auch wirtschaftlich ein Erfolg.
	8.	Basler Kulturexport nach China	Von seiner zehntägigen Asien-Tournee, deren besonderer Höhepunkt in zwei gemeinsamen Aufführungen von ‹Romeo und Julia› mit dem gleichzeitig in China weilenden Ballett Basel bestand, kehrt das Sinfonieorchester Basel in unsere Stadt zurück.
	13.	Tierdrama im Zolli	Im Verlauf eines täglichen Annäherungsrituals gerät ein Zebrahengst ins Wasser-Revier der Flusspferde und wird von diesen getötet.

Eine langjährige Freundschaft hat ein abruptes Ende gefunden.

14.	Guggemusig-Sternmarsch	Unter der Schirmherrschaft der Bürgergemeinde führt die Basler Guggemusig-Gemeinschaft BGG bereits zum sechsten Male einen Sternmarsch zum Marktplatz durch; diesmal mit einer Sammelaktion zu Gunsten von blinden und sehbehinderten Kindern.
	Basler Gewerbetag	Seine traditionelle Jahrestagung führt der heuer 170 Jahre alte Gewerbeverband Basel-Stadt diesmal auf dem EuroAirport Basel-Mulhouse-Freiburg durch, wo nebst Flughafendirektor *Jürg Rämi* auch der neue CEO der Swiss, *Christoph Franz*, als Redner in Erscheinung tritt.
15.	Honkey-Tonk-Beizenfestival	Wie im Vorjahr findet wieder eine musikalische ‹Kneipentour› statt, in deren Verlauf diesmal 22 Folk-, Pop- und Jazzformationen in ebenso vielen Restaurants ihre Rhythmen zum Besten geben.
16.	Gewerkschafts-Zusammen-schluss	Nachdem bereits am Vortag die einzelnen Gewerkschaftsversammlungen der Fusion zugestimmt hatten, erfolgt heute im Grossen Festsaal der Messe Basel offiziell die Gründung der neuen Grossgewerkschaft ‹Unia›, zu welcher sich die fünf Gruppierungen GBI, SMUV, VHTL, Unia und Actions Unia zusammengeschlossen haben.
	Alters- und Pflegeheim Elisabethenheim	Mit einem Tag der Offenen Tür wird an der Allmendstrasse der Neubau des Alters- und Pflegeheims Elisabethenheim eingeweiht, welches siebzig betagten Menschen ein Zuhause bietet.
18.	Chinesische Politiker im Rathaus	Grossratspräsidentin *Beatrice Inglin-Buomberger* empfängt im Rathaus eine Delegation des Nationalen Volkskongresses der Volksrepublik China, die sich über den Parlamentsdienst und die Aufsichtskommissionen des Grossen Rates informieren lassen.
21.	FC Basel	Zum Auftakt der Uefa-Cup-Gruppenspiele erreicht der FC Basel beim FC Schalke 04 in Gelsenkirchen ein beachtliches 1:1-Unentschieden.
	Baudenkmal	Der Regierungsrat stellt die 1889/90 erbaute dreischiffige Maschinenhalle der ehemaligen Maschinenfabrik Burckhardt im Gundeli unter Denkmalschutz.
	Grosser Rat	Das Basler Parlament bewilligt einen Kredit von 7,9 Mio. Franken für die Aufwertung der Güterstrasse, stimmt einer 10-Mio.-Sanierung der Sporthalle St. Jakob zu und beschliesst die Umgestaltung der Claramatte, wozu die Christoph Merian Stiftung 2,8 und der Kanton, mit einem Baukredit, 2,11 Mio. Franken beisteuern.
23.	534. Herbstmesse	Die älteste Messe der Schweiz, 1471 erstmals durchgeführt, die sich mit ihren über 350 Ständen und Buden und mehr als 50 Bahnen auf sieben Plätze verteilt, wird zum 534. Male eröffnet.
24.	75 Jahre Leichtathletik-Club Basel	1929 als LC Basilisk gegründet, kann, in Anwesenheit von rund 200 Mitgliedern, der Leichtathletik-Club Basel (LCB) mit einem Jubiläumsbankett im Hotel Hilton sein 75-jähriges Bestehen feiern.

Wahlen

Ein Linksrutsch kennzeichnet die kantonalen Gesamterneuerungswahlen: Bei einer Wahlbeteiligung von 49,6% erobern sich die SP mit neu 46 (+7) und das Grüne Bündnis mit 16 (+4) im Grossen Rat zusammen 62 der 130 Sitze, was einem Stimmenanteil von fast 45% entspricht. Verlierer sind die bürgerlichen Parteien mit folgenden Sitzverteilungen: FDP 17 (–1), LDP 12 (–4) und CVP 11 (–3). Währenddem die SVP mit 15 (+1) Sitzen nur noch leicht zulegt und DSP und VEW ihre je 6 Sitze verteidigen, scheiden die Schweizerische Bürgerpartei und die Schweizer Demokraten aus dem Parlament aus. Bei den Wahlen in die Exekutive schaffen im ersten Wahlgang fünf der sechs wieder Kandidierenden den erneuten Einzug in die Regierung: *Christoph Eymann* (LDP, 30 356 Stimmen), *Jörg Schild* (FDP, 30 194), *Ralph Lewin* (SP, 30 177), *Carlo Conti* (CVP, 27 864) und *Barbara Schneider* (SP, 27 411). Bei den Nichtgewählten lassen die beiden weiteren Vertreter der Linken, *Eva Herzog* (SP, 22 231) und *Guy Morin* (Grünes Bündnis, 21 209) sowohl den bisherigen Justizminister *Hans Martin Tschudi* (DSP, 20 954) wie auch den als Ersatz für den zurückgetretenen bürgerlichen Finanzdirektor *Ueli Vischer* vorgesehenen *Mike Bammatter* (FDP, 19 405) hinter sich. Chancenlos bleiben *Angelika Zanolari* (SVP, 8638), und die von den Schweizer Demokraten und der Liste gegen Armut aufgestellten Kandidatinnen und Kandidaten.

Ebenfalls im Zeichen des Linkstrends steht die Wahl ins Statthalteramt beim Appellationsgericht: mit 19 444 Stimmen wird *Gabriella Matefi* (SP) dem bürgerlichen Kandidaten *Stefan Wehrle* (CVP), 18 255 Stimmen, vorgezogen.

Die im ersten Wahlgang gewählten Mitglieder der Regierung 2005–2009: Carlo Conti, Ralph Lewin, Christoph Eymann, Barbara Schneider und Jörg Schild (v.l.n.r.).

26.	Davidoff Swiss Indoors	Wenige Stunden vor seinem ersten Einsatz muss der Tennis-Weltranglistenerste und Lokalmatador *Roger Federer* wegen eines Muskelfaserrisses für das diesjährige ATP-Hallenturnier ‹forfait› erklären.
	Universität	Die Fakultät für Psychologie der Universität Basel verleiht, erstmals für die Schweiz, an 30 Studiums-Absolventen und -Absolventinnen den Titel eines ‹Masters of Science›.
27.	Regierungs-ratswahlen	Nachdem zuvor bereits die Kandidatin der SVP, *Angelika Zanolari*, ihren Verzicht auf eine Teilnahme am zweiten Wahlgang erklärt hatte, zieht überraschend auch der amtierende Justizminister, Regierungsrat *Hans Martin Tschudi* (DSP), seine Kandidatur zurück.
	Haafemähli	In Anwesenheit von Grossratspräsidentin *Beatrice Inglin-Buomberger* und der beiden Regierungsräte *Ralph Lewin*, BS, und *Erich Straumann*, BL, treffen sich gegen 140 geladene Gäste in einem Zelt am Hafenbecken II zum traditionellen Haafemähli, welches bereits zum dritten Male alle Personen vereinigt, die in irgendeiner Weise mit den Rheinhäfen beider Basel in Verbindung stehen.
	Ciba Spezialitäten-chemie	Im Verlauf eines neuerlichen Restrukturierungsprozesses kündigt der CEO der Ciba Spezialitätenchemie, *Armin Meyer*, einen weltweiten Abbau von 950 Arbeitsplätzen an, an welchem der Standort Basel mit rund 300 Stellen partizipiert.
28.	Bebbi-Bryys der Bürger-gemeinde	Nebst ihrem Preis für soziales Engagement im Dienste der Stadt verleiht die Bürgergemeinde dieses Jahr erstmals, und inskünftig jährlich alternierend, einen ‹Bebbi-Bryys› an Personen, die sich ausserhalb des Sozialbereichs um Basel verdient machen. Als erster Preisträger wird der Komponist, Jazzmusiker, Bandleader und Festivalleiter *George Gruntz* geehrt.
	Chancen-gleichheits-preis	Im Kleinbasler Kultur- und Begegnungszentrum ‹Union› wird der Trägerverein ‹Tag der Frau› mit dem bereits zum neunten Mal von den beiden Regierungen Basel-Stadt und Basel-Landschaft verliehenen Chancengleichheitspreis ausgezeichnet.
	basel tanzt-Gala	Auf der Grossen Bühne des Theaters Basel inszeniert der Basler Ballettchef *Richard Wherlock* eine Gala, welche auf das nächste ‹basel tanzt›-Festival im Herbst 2005 hinweisen und die Wartezeit bis dahin verkürzen soll.
30.	125 Jahre Berufs- und Frauenfach-schule	Aus Anlass ihres 125-jährigen Bestehens öffnet die Berufs- und Frauenfachschule ihre Türen zu einem Jubiläumsfest, welches unter dem Titel ‹alles aussergewöhnlich› einem zahlreich erscheinenden Publikum Kreationen aus verschiedenen Ausbildungsbereichen präsentiert.

November	3.	Zentrum für Biomedizin	An der Mattenstrasse übergibt Regierungsrätin *Barbara Schneider* das neue Forschungszentrum für Biomedizin, wofür die Novartis der Universität das Gebäude zur Verfügung gestellt hat, seiner Bestimmung.
	4.	Zolli	Nachdem bereits Anfang September Nachwuchs bei den Panzernashörnern zu verzeichnen war, meldet der Zolli die weitere Geburt eines männlichen Nashornkalbs.
	9.	Basler Kulturpreis 2004	Im Grossratssaal überreicht Regierungspräsident *Jörg Schild Peter Bläue*r, dem Gründer und Leiter der ‹LISTE The Young Art Fair›, einer autonomen Parallelveranstaltung zur Art Basel, den diesjährigen Kulturpreis der Stadt Basel.
		Telebasel	Der Basler Regional-Fernsehsender eröffnet mit einer Vernissage sein neues Studio in Liestal.
		Öffentliches Hearing ‹Aussenbeziehungen›	Die Gruppe ‹Aussenbeziehungen› des Verfassungsrates bittet im Grossratssaal zu einem öffentlichen Hearing, an dem der Regierende Bürgermeister von Berlin, *Klaus Wowereit*, und der ehemalige Zürcher Stadtpräsident, *Joseph Estermann*, zum auch für unsere Stadt aktuellen Thema eines mehrjährigen Regierungspräsidiums sprechen.
		Wildwuchs 04	Mit einer Eröffnungsgala im Kantonsmuseum in Liestal startet die Zweitauflage des zuletzt vor drei Jahren stattgefundenen schweizweit einzigartigen Festivals mit und für Behinderte und Nichtbehinderte, welches bis zum 27. November über verschiedene Schauplätze und Bühnen in den beiden Basler Halbkantonen in Szene geht.
	10.	Jugend-Bücherschiff	Die heute eröffnete und bis zum 24. November dauernde Jugendbücherschau auf dem Rhein hat das Schiff gewechselt: Nach 24 Jahren auf der kürzlich ausgemusterten ‹MS Basel› ist jetzt die ‹MS Lällekönig› neuer Austragungsort.
	11.	Basel Ancient Fair 04	Nach dem sponsorenbedingten Ausfall der Cultura Basel beginnt heute im Riehener Wenkenhof mit ‹BAAF Basel Ancient Fair› eine neue Messe für antike Kunst, die bis zum 17. November dauert.
	12.	Fachhochschule Nordwestschweiz	Die Regierungen der Kantone Basel-Stadt, Basel-Landschaft, Aargau und Solothurn teilen mit, dass sie sich auf einen Staatsvertrag zur gemeinsamen Errichtung einer Fachhochschule Nordwestschweiz geeinigt haben, welcher nun noch von den vier Kantonsparlamenten abgesegnet werden muss.
	15.	ETH-Institut für Basel	Die beiden Bildungsdirektoren von Basel-Stadt und Basel-Landschaft, *Christoph Eymann* und *Urs Wüthrich*, geben an einer Pressekonferenz die Gründung eines neuen Zentrums für Systembiologie bekannt, mit welchem die ETH Zürich in Basel Fuss fasst.
	20.	AVO Session 2004	Das heute zu Ende gehende, bereits zum 19. Male durchgeführte Musikfestival, welches am 5. November begann und mit seinen 11 Konzerten im Grossen Festsaal der Messe Basel auf ein bisher noch nie dagewesenes Besucherinteresse stiess, stand diesmal vor allem im Zeichen einer erfolgreichen stilistischen Öffnung für eine jüngere Zielgruppe.

21.	Wieder Tennis-Weltmeister	Der 23-jährige Tennisprofi *Roger Federer*, mehrfacher Basler Sportler des Jahres, verteidigt im Final des Masters Cup in Houston/Texas mit einem klaren 6:3-6:2-Sieg gegen den Australier *Lleyton Hewitt* erfolgreich seinen im Vorjahr errungenen Weltmeistertitel.
	FC Basel	Im Penaltyschiessen unterliegt der FC Basel im Schweizer Fussballcup-Achtelsfinal auswärts der Mannschaft des FC Thun und scheidet damit aus der Pokalkonkurrenz 2004/2005 aus.
	100 Jahre Philharmonisches Orchester Basel	Ein festliches Jubiläumskonzert im Stadtcasino mit der Uraufführung eines dem Verein vom Basler Komponisten *Jost Meier* gewidmeten Werkes markiert das 100-jährige Bestehen des Philharmonischen Orchesters Basel.
22.	VIPER	Mit der Preisverteilung in den drei Kategorien Film, Video und neue Medien im grossen Saal des Kultkinos Atelier endet das diesjährige Filmfestival VIPER.
23.	Verfassungsrat	In zweiter Lesung, mit 27:26 Stimmen, beschliesst der Verfassungsrat, das Behinderten-Grundrecht wieder aufzunehmen, welches, sofern wirtschaftlich zumutbar, den Behinderten den Zugang zu Bauten und Anlagen und die ungestörte Inanspruchnahme von für die Öffentlichkeit bestimmten Einrichtungen und Leistungen garantieren soll.
	Basler Weihnacht 2004	Die Eröffnung der diesjährigen Weihnachtsbeleuchtung auf dem Marktplatz vorgenommen durch Regierungsrat *Ueli Vischer* markiert auch gleichzeitig den Beginn des 26. Basler Weihnachtsmarktes, welcher dieses Jahr nebst dem Barfüsserplatz auch noch die SBB-Bahnhofshalle und die Terrasse des Café Spitz als Durchführungsorte aufweist.
25.	FC Basel	Nach unentschieden gestaltetem Auswärtsstart vor fünf Wochen verliert der FC Basel sein erstes Uefa-Cup-Heimspiel mit 1:2 gegen die schottische Mannschaft von Heart of Midlothian.
	Verfassungsrat	Im weiteren Verlauf der zweiten Lesung ‹kippt› der Verfassungsrat das zunächst eingebaute Ausländerstimmrecht mit 28:24 Stimmen wieder aus dem Verfassungsentwurf.
26.	Dies academicus 2004	Am Ehrentag der Universität in der Martinskirche fordert Rektor *Ulrich Gäbler* eine Reform der Hochschulmedizin und deren Rückbesinnung auf ihre universitäre Aufgabe. Mit Ehrendoktorwürden werden ausgezeichnet: von der Theologischen Fakultät der Schriftsteller *Peter Bichsel* für seine literarische Achtung des Menschen, seine Ehrfurcht vor der Sprache und die Wahrnehmung der Religion als humanisierenden Faktor; von der Juristischen Fakultät lic. phil. *Anni Lanz*, Basel, die sich seit Jahren als Mitglied mehrerer Nichtregierungs-Organisationen für die Sache der Menschenrechte, insbesondere in Asyl-, Migrations- und Frauenfragen einsetzt; von der Medizinischen Fakultät *Hansjörg Wyss*, Bauingenieur ETH und VR-Präsident der Medizinaltechnik-Firma Synthes, der als Instrumenten- und Implantate-Hersteller die Zusammenarbeit zwischen Chirurgie und Produzenten wesentlich förderte und am weltweiten Erfolg der Arbeits-

gemeinschaft für Osteosynthesefragen massgeblich beteiligt ist, und *Thomas Straumann*, der in dritter Generation der gleichnamigen Unternehmerfamilie mit Pionier- und Experimentiergeist die wissenschaftlichen und technischen Aspekte seiner Produkte im Medizinalbereich stets gefördert und der Universität Basel und der Schweiz zum weltweiten Spitzenplatz in der oralen Implantologie verholfen hat; von der Philosophisch-Historischen Fakultät *Swetlana Geier* von Kiew, eine herausragende Vermittlerin russischer Kultur, die als derzeit bedeutendste Übersetzerin russischer Literatur im deutschsprachigen Raume gilt und in ihren Vorträgen auch immer wieder Bezüge zu Basel und seiner Universität herstellte; von der Philosophisch-Naturwissenschaftlichen Fakultät *Jacques Edouard Chollet* von Siders/VS für seine innovative Zielstrebigkeit, mit der er als Laborforscher in seiner über dreissigjährigen Tätigkeit in der Basler Industrie und am Tropeninstitut neue Grundlagen zur Behandlung bedeutender Tropenkrankheiten, insbesondere der Malaria, geschaffen hat; von der Wirtschaftswissenschaftlichen Fakultät *Dr. iur. Georg Krayer*, Verwaltungsrats-Vorsitzender der Bank Sarasin, der in seiner Eigenschaft als Präsident der Schweizerischen Bankiervereinigung von 1992 bis 2003 die schwierigen und für den Finanzplatz Schweiz wichtigen internationalen Verhandlungen um die nachrichtenlosen Vermögenswerte auf Schweizer Bankkonten mit Erfolg leitete und sich auch immer wieder für eine wirtschaftliche Öffnung der Grenzen zu unsern Nachbarn einsetzt; von der Fakultät für Psychologie *Edna B. Foa*, PhD, USA, Professorin für klinische Psychologie an der Universität Pennsylvania, die mit ihrer Forschung das heutige Verständnis und die Behandlung von Zwangszuständen und posttraumatischen Belastungsstörungen entscheidend geprägt und ihre klinisch-psychologischen Erkenntnisse in vorbildlicher Weise weitervermittelt hat.

27.	22. Basler Stadtlauf	Nicht weniger als 7705 Anmeldungen verzeichnet der diesjährige Stadtlauf, wo in den Elitekategorien die Vorjahresersten, *Kosgei Moses Kigen*, Kenya, bei den Männern und *Zenebech Tola*, Äthiopien, bei den Frauen ihre letztjährigen Erfolge wiederholen.
	50 Jahre Offene Tür	Mit einem Dankgottesdienst in der Dorfkirche am Vorabend und einem heutigen Bazar im Meierhof begeht in Riehen der Christliche Verein für Lebenshilfe ‹Offene Tür›, der in unserem Kanton sucht- und sozialgefährdeten Menschen Halt und Unterstützung bietet, sein 50-jähriges Bestehen.
	100 Jahre Orgel St. Joseph	Zum 100. Jahrestag der Orgelkollaudation in der römisch-katholischen St. Josephs-Kirche im Kleinbasel gelangen an einem gutbesuchten Nostalgiekonzert dieselben Werke wie vor 100 Jahren zur Aufführung.
28.	75 Jahre Alte Hatstätter	In Anwesenheit des Bischofs von Basel, *Kurt Koch*, und von Grossratspräsidentin *Beatrice Inglin-Buomberger* begehen die Alten Hatstätter, 1930 aus der Verbundenheit durch im Hatstätterhof verlebte Jugendjahre gegründet, ihr 75-jähriges Jubiläum mit einem Festgottesdienst in der St. Clara-Kirche, einem Apéro am Lindenberg und dem traditionellen Mähli im Meriansaal des Café Spitz.

Linke Mehr- heit im Regierungsrat	Aus dem zweiten Wahlgang der Regierungsratswahlen gehen Eva Herzog (SP, 28 081 Stimmen) und Guy Morin (Grünes Bündnis, 26 228) als Sieger hervor, lassen den bürgerlichen Kandidaten Mike Bammatter (FDP, 25 196) hinter sich und sorgen so nach dem Linksrutsch bei den Grossratswahlen auch für eine linke Mehrheit in der Exekutive.
Eidgenössische Abstimmungen	Der neue Finanzausgleich, das Stammzellengesetz und die neue Finanzordnung finden sowohl auf eidgenössischer als auch kantonaler Ebene in Basel-Stadt bei eher mässiger Stimmbeteiligung eine klare Annahme.

29.	Basler PSI-Tage	Mit einem Besucherrekord enden die diesjährigen PSI-Tage: über 7000 Personen wurden am 7. Weltkongress für Geistiges Heilen gezählt, welcher diesmal den Themenkreisen Engel, Trance, Gott und Geister gewidmet war.

‹schappo› für die ‹Bärenacht›, die als besonderes Sportereignis (Basketball und Hip Hop-Musik) und als vorbildliches Präventions- und Integrationsprojekt geehrt wurde.

Dezember	**1.**	Baumfäll-Kunstaktion	Das heute beginnende Fällen von 235 kranken oder nicht mehr sicheren Bäumen wird vom Ressort Kultur des Erziehungsdepartements von einer Kunstaktion begleitet, in deren Verlauf der Basler Holzbildhauer *Stefan Hübscher* an 11 ausgewählten Orten die entsprechenden Baumstrünke zu Skulpturen verarbeitet, die dann bis zur Pflanzung neuer Jungbäume am gleichen Ort stehen bleiben sollen.
	3.	Vierte schappo-Auszeichnung	Mit dem vierten schappo-Preis des Justizdepartements für besondere Verdienste im Jugendbereich wird das Projekt ‹Bärennacht› bedacht, mit welchem die Kleinbasler Gesellschaft zum Bären den Jugendlichen zu nächtlicher Stunde an Samstagen gemeinsame Basketball-Sporterlebnisse vermittelt.
	4.	Art Basel Miami Beach	An der heute zu Ende gehenden dreitägigen Kunstmesse in Miami Beach/USA zeugen Rekordverkäufe der 190 vertretenen Galerien vom erneuten Stellenwert dieses ‹Basler Kulturexports›.
		150 Jahre Basler Fähren	Das vierte und letzte Fährifest im Jubeljahr gilt der Münsterfähre ‹Leu› und lädt nebst Beizenbetrieb zu einem ‹Weihnachtsschwimmen› ein.
	5.	35. Int. Basler Mineralien- und Fossilien-börse	Die gestern und heute in der Messe Basel durchgeführte diesjährige Mineralien- und Fossilienschau mit 170 Ausstellern aus dem In- und Ausland weist wie immer einen grossen Publikumserfolg auf.
		†	† *Albert E. Kaiser* (84), 1951 Gründer und bis zu seinem Tode musikalischer Leiter des Collegium Musicum Basel, 1945 bis 1955 Kapellmeister beim Stadttheater, 1955 bis 1960 Musikchef des Schweizer Fernsehens; bewies vor allem mit dem von ihm ebenfalls ins Leben gerufenen Jugendsymphonieorchester der Regio Basiliensis sein besonderes Engagement in der Nachwuchsförderung.
	7.	Olympiasieger im Rathaus	Der Regierungsrat empfängt den Basler Degenfecht-Olympiasieger *Marcel Fischer* im Rathaus und ehrt ihn als «grossartigen Botschafter für unsere Region».
	8.	Chanukka	Mit dem Entzünden des achtarmigen Leuchters durch *Rabbi Zalman Wishedski* und *Thomas Lissy* vom Schweizerischen Israelitischen Gemeindebund markiert im Beisein von Grossratspräsidentin *Beatrice Inglin-Buomberger* die Jüdische Gemeinde Basel bereits zum dritten Mal auf dem Marktplatz den Beginn des achttägigen Chanukka-Lichterfests.
		Grosser Rat	Das Basler Parlament gibt, mit Blick auf die Fussball-EM 2008, grünes Licht zum Ausbau des St. Jakob-Parks auf 40 000 Zuschauerplätze und zur Errichtung eines Hochhauses und verfügt, dass jeder Veranstalter im vergrösserten Stadion seine Eintrittskarten mit Gratistickets für den Öffentlichen Verkehr kombinieren muss.

9.	Wissenschafts- preis 2004	Im Regierungsratssaal wird dem Biophysiker *Martin Hegner* von Regierungspräsident *Jörg Schild* für seine weltweit anerkannte Molekularforschung in der Nanowissenschaft der diesjährige Wissenschaftspreis der Stadt Basel verliehen.
10.	Wehrmänner- entlassung	Rund 1100 Basler Armeeangehörige der Jahrgänge 1965 bis 1968, unter ihnen drei Frauen und als prominentester Vertreter Regierungsrat *Carlo Conti* werden von Kreis-kommandant *Pascal Saner* und Militärdirektor *Jörg Schild* offiziell aus der Wehrpflicht entlassen.
13.	†	*† Prof. Dr. Dr. h.c. mult. Edouard Kellenberger*, 1968 bis 1990 ordentlicher Professor für allgemeine Mikrobiologie an der Universität Basel, zählte als ‹Gründungsvater› des 1971 eingeweihten Basler Biozentrums zu den weltweit einflussreichsten Pionieren der Molekularbiologie und Biophysik.
14.	Departements- verteilung	Der Regierungsrat teilt mit, dass die neu in die Exekutive Gewählten *Eva Herzog* (SP) und *Guy Morin* (Grünes Bündnis) das Finanzdepartement, respektive das Justiz-departement übernehmen werden.

Ein letztes Mal die Uniform tragen und warten ...

15.	Grosser Rat	Nach der letzten von Finanzdirektor *Ueli Vischer* bestrittenen Budgetdebatte genehmigt der Grosse Rat den Voranschlag für 2005, der aufgrund rückläufiger Steuererträge und weiterer gesteigerter Verpflichtungen gegenüber der Pensionskasse bei Einnahmen von 3,877 Mia. Franken und Ausgaben von 3,749 Mia. Franken ein Defizit von rund 128 Mio. Franken vorsieht.
16.	Basler Stern 2004	Die diesjährige Auszeichnung ‹Basler Stern›, vom Kanton an Persönlichkeiten mit besonderen Leistungen und Verdienste um unsere Stadt ausgerichtet, wird im Stadtkino dem Direktor der Art Basel, *Samuel Keller*, für seine Aktivitäten um die Basler Kunstmesse und deren ‹Ableger› in Miami Beach verliehen.
	FC Basel	Ein 1:0-Sieg im St. Jakob-Park gegen Feyenoord Rotterdam und der damit gesicherte Verbleib im europäischen Uefa-Cup-Wettbewerb schliessen für den FC Basel das Fussballjahr 2004 erfolgreich ab.
	Basler Anteil am Nationalbank-Gold	Aufgrund des heutigen Ständeratsentscheids über die den Kantonen aus dem Verkauf des Nationalbank-Goldes zustehenden Anteile fällt Basel-Stadt ein Betrag von 235 Mio. Franken zu.
17.	Junger Rat Basel	An einer Medienkonferenz gibt der abtretende Justizdirektor *Hans Martin Tschudi* auf Anfang 2005 die Schaffung eines Jungen Rates bekannt, dessen 7 bis 15 Mitglieder vom Regierungsrat ausgewählt werden und der von der Abteilung Jugend, Familie und Prävention (AJFP) des Justizdepartements mit einem Jahresbudget von 20000 Franken unterstützt wird.
18.	Schweizer Sportler des Jahres 2004	An der Credit Suisse Sports Awards in Bern wird der Tennis-Weltranglisten-Erste *Roger Federer* bereits zum zweiten Mal zum Schweizer Sportler des Jahres erkoren.
23.	Eishockey	Mit einem 3:3-Auswärts-Unentschieden gegen den EHC Chur schliesst der EHC Basel sein Eishockey-Jahr 2004 als klarer Leader der Nationalliga B ab.
24.	Weihnachtsfeiern	Nebst der traditionellen 109. Basler Kunden-Weihnacht mit 60 Helfern und 260 Gästen im Kleinbasler Begegnungszentrum ‹Union› lädt die Offene Kirche Elisabethen zu einer ‹Weihnachtsnacht mit Musik und Licht› ein, und in der Kuppel drängt sich die Jugend zur alljährlich dort in Szene gehenden Weihnachtsparty.
27.	Basler Fasnacht 2005	Unter dem Motto ‹Näbe de Schiine› ist die heute vom Fasnachts-Comité im Grossen Saal des Volkshauses vorgestellte Blaggedde 2005, gestaltet von *Martin Schoch* und *Kurt G.I. Walter* zwar äusserlich auf die Basler Verkehrs-Betriebe gemünzt, darüber hinaus aber auch doppelsinnig zu verstehen.
30.	Top Volley International 2004	Das dreitägige Weltklasseturnier für Volleyball-Frauenteams, welches heuer bereits zum 16. Mal stattfindet, endet mit dem Finalsieg der brasilianischen Meistermannschaft von Finasa Osasco über die Schweizer Frauen von Voléro Zürich.

31. Silvesterfeiern

Unter dem Eindruck der verheerenden Flutkatastrophe in Südostasien begehen Baslerinnen und Basler den Übergang zum neuen Jahr ruhiger als auch schon: Nebst dem
traditionellen Silvesterkonzert im Theater Basel findet sich vor allem im Münster und
auch auf dem Münsterplatz in eher besinnlicher Atmosphäre eine grosse Menschen-
menge ein, bevor das wie in den Vorjahren privat initiierte Feuerwerk auf dem Rhein
den Abschluss bildet.

Zahlen, Daten, Verzeichnisse

GB = Grosse Bühne
SSH = Schauspielhaus
KB = Kleine Bühne
FGB = Foyer Grosse Bühne
K6 = Klosterberg 6
Kas = Kaserne Basel
SM = Schällemätteli

U = Uraufführung
SE = Schweizer Erstaufführung
DE = Deutschspr. Erstaufführung

ML = Musikalische Leitung
I = Inszenierung
BB = Bühnenbild
K = Kostüme
Ch = Choreografie
Chor = Chorleitung

23.1.	GB	*Romeo und Julia* Ballett von Richard Wherlock. Musik von Sergej Prokofjew Ch: Richard Wherlock; BB: Regina Lorenz; K: Florence von Gerkan
24.1.	SSH	*Odyssee* Ein Heimkehrermythos nach Homer I: Lars-Ole Walburg; BB: Hugo Gretler; K: Anna Sophie Tuma
3.2.	KB	*Unterricht in der Kunst, die Fröhlichkeit nicht einzubüssen* (U) I: Ruedi Häusermann; BB: Ruedi Häusermann, Karin Süss; K: Barbara Maier
19.2.	SSH	*Elementarteilchen* Nach dem Roman von Michel Houellebecq I: Albrecht Hirche; BB: Alain Rappaport; K: Kathrin Krumbein
20.2.	GB	*Die Nase* Oper in drei Akten und einem Epilog von Dimitrij Schostakowitsch ML: Jürg Henneberger; I: Robert Schuster; BB und K: Penelope Wehrli
16.3.	K6	*Elling* Schauspiel von Axel Hellstenius I: Lars-Ole Walburg; BB: Heidi Fischer; K: Silvana Ciafardini
22.3.	K6	*Öhrli in the morning* Ein Aufwachen mit Jörg Kienberger
25.3.	GB	*Orestie* Von Aischylos I: Tom Kühnel; BB: Kathrin Hoffmann; K: Ulrike Gutbrod
27.3.	GB	*Faust* (konzertant) ML: Baldo Podic
2.4.	SSH	*Der Tod und das Mädchen* (U) Ballette von Richard Wherlock und Martino Müller. Musik von Franz Schubert, Leos Janacek und Gavin Bryar Ch: Richard Wherlock/Martino Müller; BB und K: Edward Hermann
3.4.	KB	*Svetlana in a favela* Von René Pollesch. Koproduktion mit dem Luzerner Theater I: René Pollesch; BB und K: Anette Hachmann, Elisa Limberg, Indra Nauck

18.4.	KB	*Bei mir bist Du schön* Ein Liederabend im Coiffeursalon R: Anne-Sophie Mahler; ML: Mihai Grigoriou; BB: Gisela Goertler; K: Eva Butzkies
30.4.	GB	*Così fan tutte* Dramma giocoso in 2 Akten von W.A. Mozart ML: Michael Hofstetter; I: Karin Beier; BB: Johanna Pfau
7.5.	SSH	*Der einsame Westen* Die Leenane-Trilogie von Martin McDonagh I: Sebastian Nübling; BB und K: Heidi Fischer
22.5.	Kas	*Lost Highway* Musiktheater von Olga Neuwirth (Koproduktion mit dem steirischen herbst Graz 2003) ML: Jürg Henneberger; I: Joachim Schlömer; BB und K: Jens Kilian
2.6.	K6	*Die Nacht singt ihre Lieder* Schauspiel von Jon Fosse I: Alexander Nerlich; BB: Gisela Görtler; K: Silvana Ciafardini
9.9.	GB	*Boris Godunov* Oper in vier Teilen von Modest Mussorgskij ML: Marko Letonja; I: Katja Czellnik; BB und K: Joachim Griep
10.9.	KB	*Surfacing* (U) Choreografien von Catherine Habasque und Kinsun Chan Ch: Catherine Habasque, Kinsun Chan; BB: Hendrik Nagel; K: Catherine Habasque, Kinsun Chan
17.9.	SM	*Freie Sicht aufs Mittelmeer* Ein Strassenstück von Dani Levy I: Dani Levy; K: Eva Butzkies, Martin Müller
22.9.	SSH	*Stiller* Schauspiel nach dem Roman von Max Frisch I: Lars-Ole Walburg; BB: Hugo Gretler; K: Selina Peyer
23.9.	K6	*Low Budget Hotel* Tanzstück von Jane Hopper Ch: Jane Hopper; BB: Daniel Schulz; K: Eva Butzkies
24.9.	KB	*Der Mann, der Kurt Cobain erschoss* Von Matthias Günther I: Tom Schneider; BB: Rainer Hendrik Nagel; K: Monica Hess
3.10.	GB	*Die Fledermaus* Operette von Johann Strauss ML: Wolfgang Bozic, Lutz Rademacher; I: Barbara Frey; BB: Bettina Meyer; K: Anke Grot
8.10.	SSH	*Die Gerechten* Schauspiel in fünf Akten von Albert Camus I: Matthias Günther; BB: Rainer Hendrik Nagel; K: Ursula Leuenberger
13.10.	KB	*Die Geschichte vom Soldaten* Text von Charles Ferdinand Ramuz, Musik von Igor Strawinsky ML: David Cowan; I Jürgen Pöppel; BB und K: Regina Lorenz

| 16.10. | GB | *Edward II* Tragödie von Christopher Marlowe |
| | | I: Sebastian Nübling; BB und K: Muriel Gerstner |

| 28.10. | SSH | *Wie es euch gefällt* Komödie von William Shakespeare |
| | | I: Barbara Frey; BB: Bettina Meyer; K: Bettina Munzer |

| 13.11. | KB | *E Summer lang, Irina* Dokufiktion von Guy Krneta |
| | | I: Rafael Sanchez; BB: Felicia Mächler; K: Ursula Leuenberger |

19.11.	GB	*Nussknacker* (U) Ballett von Richard Wherlock
		ML: Marko Letonja; Ch: Richard Wherlock; BB: Richard Wherlock, Reinhold Jentzen,
		Rainer Hendrik Nagel; K: Florence von Gerkan

| 19.11. | K6 | *Triple Kill* Eine Zimmersuche mit garantiert tödlichem Ausgang |
| | | I: Isabel Dorn; BB: Uta Materne; K: Eva Butzkies |

| 26.11. | SSH | *Gespenster* Ein Familiendrama in drei Akten von Hendrik Ibsen |
| | | I: Tom Kühnel; BB: Kathrin Hoffmann; K: Ulrike Gutbrod |

| 9.12. | K6 | *Lola* Eine Nymphomanie – Die Fortsetzung von *Fessle mich* |
| | | I: Rafael Sanchez |

| 16.12. | GB | *Les Paladins* (SE) Comédie-ballet en trois actes |
| | | ML: Konrad Junghänel; I: Nigel Lowery, Amir Hosseinpour; BB und K: Nigel Lowery |

| 23.12 | K6 | *Oscar und die Dame in Rosa* Von Eric-Emmanuel Schmitt |
| | | R: Rafael Sanchez |

Quelle: Theater Basel
Weitere Informationen unter: http://www.theater-basel.ch

Ausstellungen in Basler Museen und Sammlungen

Kulturgeschichte	
Antikenmuseum und Sammlung Ludwig	Tutanchamun – Das goldene Jenseits
Historisches Museum Basel: Barfüsserkirche	L'Histoire c'est moi Blickfänger
Museum Kleines Klingental	Burkhard Mangold (1873–1950) Nel libro di Laura Die Kleinbasler Altstadt
Schweizer Sportmuseum	Wintersport Regio Basiliensis Speed up
Skulpturhalle des Antikenmuseums	Die Peploskore Archaische Löwen Vorbild Klassik Klassische Schönheit und vaterländisches Heldentum
Verkehrsdrehscheibe Schweiz und unser Weg zum Meer	100 Jahre moderne Rheinschifffahrt bis Basel

Kultur- und Volkskunde	
Jüdisches Museum der Schweiz	Anne Frank
Museum.BL	Schmetterlinge Heiss Zooreal Anis, Zimt und Mandelkern
Museum am Burghof Lörrach	Rudolf Wild – Malerei Rudolf Scheurer Max Laeuger – Harmonie zwischen Form und Dekor Propaganda und Wirklichkeit in Plakaten und Briefen des Ersten Weltkrieges Max Sauk Verrückte Regio en Folie

Museum der Kulturen Basel	Teufel, Tod und Harlekin
	Muschelseide
	Feste im Licht
Puppenhausmuseum	Der Filz, aus dem die Puppen sind
	Puppen im Spiegel der Zeit
	Die treuen Stützen des Weihnachtsbaums
Spielzeugmuseum, Dorf- und Rebbaumuseum Riehen	LuftRaumRiehen
	Hans Peter His (1906–1974)
	Schnellzug
	Lok-Parade

Kunst und Gestaltung

Architekturmuseum Basel	rückwärts – vorwärts
	Klangräume
	Im Geschmack der Zeit
	Von Büchern und Bäumen
Ausstellungsraum Klingental	Tarek Abu Hageb, Werner Ritter, Jakob Schärer
	Farbe bekennen
	Werner Ritter, Jakob Schärer, Agat Schaltenbrand
	Zusammen – Drei Sichtweisen: Renata Borer, Claudia Roth, Claudia Walther
	Peter Baer – Leinwand als Farbe
	Matthias Aeberli – push and go dog
	Hugo Jaeggi, Nelly Rau-Häring – Gesichter
	Illusion at first sight
	Regionale 5
Basler Plakatsammlung	Adam und Julia. Plakative Paare
	Victor Rutz. Das Plakatschaffen
Fondation Beyeler	Francis Bacon und die Bildtradition
	Calder – Miró
	ArchiSkulptur
Fondation Herzog	Elger Esser und Felice Beato
	Print Life
Karikatur & Cartoon Museum Basel	Basel schwitzt – eine Comicreportage
	Operation Läckerli
	Trick auf Trick
	Nicolas Mahler. Zeichnungen

Kunsthalle Basel	Piotr Uklanski
	Flesh at War with Enigma
	Rosalind Nashashibi
	Herbstkatalog Lederfransen 2004
	Regionale 5
Kunsthaus Baselland Muttenz	Dani Jakob – Véronique Joumard – Martina Gmür
	Strategies of Desire
	Conspiracy – Noori Lee
	Min(e)dfields – internationale Gruppenausstellung
	seit der Himmel – Monika Ruckstuhl
	Kunstkredit Basel-Stadt
	Regionale 5
Kunstmuseum der Öffentlichen Kunstsammlung Basel	Sammlung Im Obersteg
	EIN HEROISCHER TOD
	Ins Licht gerückt 6
	Schwitters – Arp
	Donald Judd
Kunst Raum Riehen	Protoplast
	Im Nu
	Teppich-Bilder, vom Atlas bis Tibet
	Regionale 5
Museum für Gegenwartskunst der Öffentlichen Kunstsammlung Basel und der Emanuel Hoffmann-Stiftung	Miriam Bäckström
	Teresa Hubbard / Alexander Birchler
	Louise Lawler
	Edit Oderbolz
	Donald Judd
	Michaël Borremans
Museum Jean Tinguely	Christian Baur – Fotograf
	Kurt Schwitters. MERZ – ein Gesamtweltbild
	Giovanni Battista Podestà
	Das grosse Stilleben – Le petit Grand-Magasin
	Gottfried Honegger
	Tadashi Kawamata: Wooden Terrace Beach
	Three Islands – June Leaf, Richard Stankiewicz, Robert Lax
Plug In	Bad Blood Stage One
	LOL (laughing out loud) von n3krozoft mord
	Cornelia Sollfrank
	Regionale 5

Schaulager	Herzog & de Meuron
Vitra Design Museum	Airworld – Design und Architektur für die Luftreise

Naturwissenschaft und Technik	
Anatomisches Museum Basel	Blut – ein ganz besondrer Saft
Naturhistorisches Museum Basel	Muschelseide Hopp Schwiiz! – 100 Jahre Schweizerischer Skiverband Unter Pinguinen

Quelle: Erziehungsdepartement Basel-Stadt, Museumsdienste Basel; Basler Plakatsammlung;
Homepage der jeweiligen Institution
Weitere Informationen, auch über Ausstellungen in der Region, unter: http://www.museen.basel.ch

Abstimmungen und Wahlen 2004

Eidgenössische Volksabstimmungen 2004 – Ergebnisse

Datum der Abstimmung	Vorlage	Kanton Basel-Stadt				Bund	
		Stimm-beteili-gung in %	Ja	Nein	Anneh-mende Stimmen in %	Anneh-mende Stimmen in %	Anneh-mende Stände
8.2.2004	Gegenentwurf der Bundesver-sammlung vom 3.10.2003 zur Volksinitiative ‹Avanti – für siche-re und leistungsfähige Auto-bahnen›	52,8	21 009	39 713	34,6	37,2	0
	Änderung vom 13.12.2002 des Obligationenrechts (Miete)	43,2	15 819	44 691	26,1	35,9	*
	Volksinitiative ‹Lebenslange Ver-wahrung für nicht therapierbare, extrem gefährliche Sexual- und Gewaltstraftäter›	48,1	28 886	31 191	48,1	56,2	19 5/2
16.5.2004	Bundesgesetz über die Alters- und Hinterlassenenversicherung (AHVG) (11. AHV-Revision)	56,3	16 821	47 582	26,1	32,1	*
	Bundesbeschluss über die Finan-zierung der AHV/IV durch An-hebung der Mehrwertsteuersätze	56,3	25 273	39 041	39,3	31,4	0
	Bundesgesetz über die Änderung von Erlassen im Bereich der Ehe- und Familienbesteuerung, der Wohneigentumsbesteuerung und der Stempelabgaben	56,2	15 680	48 514	24,4	34,1	*

Eidgenössische Volksabstimmungen 2004 – Ergebnisse

Datum der Abstimmung	Vorlage	Kanton Basel-Stadt				Bund	
		Stimm-beteili-gung in %	Ja	Nein	Anneh-mende Stimmen in %	Anneh-mende Stimmen in %	Anneh-mende Stände
26.9.2004	Bundesbeschluss über die ordent-liche Einbürgerung sowie über die erleichterte Einbürgerung junger Ausländerinnen und Aus-länder der zweiten Generation	59,5	34 895	33 247	51,2	43,2	5 1/2
	Bundesbeschluss über den Bür-gerrechtserwerb von Auslände-rinnen und Ausländern der dritten Generation	59,3	37 107	30 903	54,6	48,4	6 1/2
	Volksinitiative ‹Postdienste für alle›	59,4	36 737	29 884	55,1	49,8	9 1/2
	Bundesgesetz über die Erwerbs-ersatzordnung für Dienst-leistende in Armee, Zivildienst und Zivilschutz (Erwerbsersatz-gesetz, EOG)	59,3	41 862	25 925	61,8	55,5	*
28.11.2004	Bundesbeschluss zur Neugestal-tung des Finanzausgleichs und der Aufgabenteilung zwischen Bund und Kantonen (NFA)	44,8	37 653	12 214	75,5	64,4	18 5/2
	Bundesbeschluss über eine neue Finanzordnung	44,6	39 433	9 982	79,8	73,8	19 6/2
	Bundesgesetz über die For-schung an embryonalen Stammzellen (Stammzellen-forschungsgesetz, StFG)	45,1	34 671	16 174	68,2	66,4	*

Kein Ständemehr erforderlich

Quellen: http://www.bs.ch sowie: http://www.admin.ch

Kantonale Volksabstimmungen 2004 – Ergebnisse

Datum der Abstimmung	Vorlage	Beteiligung in %	Ja	Nein	Annehmende Stimmen in %
16.5.2004	Jubiläumsinitiative 2 ‹zämme gohts besser› (Spitalinitiative)*	53,1	48 616	8 503	85,1*
	Jubiläumsinitiative 3 ‹zämme gohts besser› (Sicherheits- initiative)*	53,1	47 651	9 105	84,0*
	Grossratsbeschluss ‹Gesetz betreffend die Bestattungen› (Referendum)	53,9	20 596	37 612	35,4
	Initiative ‹für die Aufhebung des Verbotes von City-Parkings und zur Förderung einer ver- nünftigen Verkehrsplanung›	53,9	28 560	30 033	48,7
	Initiative ‹für eine bessere Schule – unseren Kindern zuliebe›	53,0	21 352	34 462	38,3
	Initiative ‹für eine finanziell tragbare Pensionskasse des Basler Staatspersonals›**	51,3	13 268	38 567	24,9**
	Gegenvorschlag zur Initiative ‹für eine finanziell tragbare Pensionskasse des Basler Staatspersonals› (Pensions- kassengesetz)**	51,3	24 499	26 734	46,1**

Da das Stimmvolk des Kantons Basel-Landschaft die gleichlautende Initiative ablehnte, kam die partnerschaftliche Vorlage nicht zustande.
**In der für das ablehnende Abstimmungsergebnis unerheblichen Stichfrage zwischen Initiative und Gegenvorschlag ent- schieden sich 56,6 % der Stimmenden für den Gegenvorschlag und 24,0 % für die Initiative; 19,4 % entschieden sich nicht.*

Quelle: http://www.bs.ch

Wahl der sieben Mitglieder des Regierungsrats

Datum der Wahl: 24.10.2004   (1. Wahlgang)   Wahlbeteiligung 45,4 % (2001: 42,7)

Gewählte	Christoph Eymann	Jörg Schild	Ralph Lewin	Carlo Conti	Barbara Schneider
Stimmen:	30 356	30 194	30 177	27 864	27 411

Weitere	Eva Herzog	Guy Morin	Hans Martin Tschudi	Mike Bammatter	Angelika E. Zanolari
Stimmen:	22 231	21 209	20 945	19 405	8 638

Weitere	Thien Egi	Ruth Banderet	Urs Diethelm	Jean-Pierre Weber
Stimmen:	3 250	2 772	2 631	2 005

Datum der Wahl: 28.11.2004   (2. Wahlgang)
Wahlbeteiligung: 46,3 %

Gewählte	Eva Herzog	Guy Morin
Stimmen:	28 081	26 228

Weitere	Mike Bammatter
Stimmen:	25 196

Quelle: http://www.bs.ch

Kantonale Wahlen 2004 – Ergebnisse

Grossratswahlen – Parteistärken in Prozent und Sitzverteilung

Datum der Wahl: 24.10.2004   Wahlbeteiligung 49,6%

SP	SVP	GB	FDP	CVP	LDP	DSP	VEW	SD	L13[1]	SBP[2]	HLB[3]	AB[4]
32,8%	12,0%	11,5%	11,7%	8,2%	8,0%	4,6%	4,5%	3,2%	1,9%	1,1%	0,1%	[4]
46	15	16	17	11	12	6	6	0	–	–	–	1
+7	+1	+4	–1	–3	–4	–	–	–5	–	–	–	–

1   *Liste gegen Armut und Ausgrenzung*
2   *Schweizer Bürgerpartei*
3   *Homosexuelle Liste Basel*
4   *AB = Aktives Bettingen. Die Einer-Vertretung des Wahlkreises Bettingen wird im Majorzverfahren gewählt.*

Quelle: http://www.bs.ch

Rheinhafen-Umschlag

Im Jubiläumsjahr 2004 (100 Jahre moderne Rhein-schifffahrt bis Basel) wurden in den Rheinhäfen beider Basel insgesamt 7 245 629 Tonnen Güter um-geschlagen (Vorjahr: 7 170 788 Tonnen). An diesem Ergebnis partizipierten die baselstädtischen Hafen-anlagen mit 3 186 002 Tonnen, was einem Anteil von 44,0% entspricht (Vorjahr 44,1%). 6 220 892 Tonnen (–1,2%) entfielen auf den Ankunfts- und 1 024 737 Tonnen (+17,2%) auf den Abgangsverkehr. Damit ist erstmals in der Geschichte der Rhein-häfen beider Basel die 1-Million-Tonnen-Marke beim Abgangsverkehr überschritten worden.

Beim Containerverkehr wurde eine Zunahme um 9,3% gegenüber dem Vorjahr verzeichnet. Die 85 254 wasserseitig umgeschlagenen TEU (twenty foot equivalent unit) stellen wie bereits die Ergeb-nisse des Vorjahrs einen neuen Rekord dar. Wäh-rend die Terminals der Rheinhäfen beider Basel dank der neu in Betrieb genommenen Anlagen keine Probleme mit dem Verkehrszuwachs in die-sem Segment hatten, kam es in den ARA-Häfen zeitweise zu Engpässen.

Quelle: Rheinschifffahrtsdirektion Basel. Weitere Informationen unter: http://www.portofbasel.ch

Index der Konsumentenpreise

Der vom Statistischen Amt des Kantons Basel-Stadt ermittelte Basler Index der Konsumentenpreise ist während des Jahres 2004 um 1,5% auf 104,2 Punkte (Mai 2000 = 100) gestiegen.

Quelle: Statistisches Amt des Kantons Basel-Stadt. Weitere Informationen unter: http://www.statistik.bs.ch

EuroAirport Basel–Mulhouse–Freiburg

Das Jahr 2004 hat dem EuroAirport eine positive Trendwende gebracht. Mit 2 549 083 Fluggästen lag die Gesamtzahl der Passagiere um 2,4 % über der des Vorjahres. Positiv entwickelten sich auch die Frachtaktivitäten, die um 8 % auf 88 138 Tonnen zulegten. Mit nur 2 % Umsteigeverkehr (gegenüber 28 % in der Vergangenheit) vollzog der EuroAirport einen Wandel: Der Passagierverkehr stützte sich fast ausschliesslich auf den Quell- und Zielverkehr ab. – Insgesamt waren im Jahr 2004 die Flugbewegungen trotz steigender Passagier- und Luftfrachtzahlen mit 77 670 Starts und Landungen um 12 % rückläufig, da der Auslastungsgrad der Flugzeuge höher ist und grössere Maschinen verwendet werden. 57 925 Bewegungen (75 %) entfielen auf den gewerblichen Verkehr.

Der Aufwärtstrend ist auf mehrere Faktoren zurückzuführen: gezieltes Kostenmanagement und ein auch mit ‹Low-Cost›-Flügen erweitertes Flugangebot im Passagierbereich; dann die Verbesserung des Frachtangebots und innovative Massnahmen wie zum Beispiel eine differenzierte Gebührenordnung; schliesslich die Ankunft von sieben neuen Fluggesellschaften am EuroAirport.

Zu den positiven Ergebnissen des Jahres 2004 zählte die Betriebsaufnahme von ‹easyJet› am 28. März mit täglichen Verbindungen nach London Stansted, Liverpool und Berlin Schönefeld und ab dem 31. Oktober zusätzlich nach London Luton. Im September war ‹easyJet› auch die erste Flug-

gesellschaft, die eine 10-Jahres-Vereinbarung mit dem EuroAirport abgeschlossen hat. Als weitere Neuigkeiten sind zu verzeichnen: ‹Twin Jet› bediente Marseille-Provence; ‹Hello›, die neue Schweizer Charter-Fluggesellschaft, stationierte eine MD 90 am EuroAirport; ‹ARIA› und ‹JAT Airways› waren neue Fluggesellschaften am Flughafen, und ‹British Airways› nahm die Flüge nach London Heathrow wieder auf. Insgesamt wurden acht neue Destinationen ins Streckenportfolio des EuroAirport aufgenommen: Belgrad, Bordeaux, Liverpool, London City, London Luton, London Stansted, Toulouse und La Romana (Dominikanische Republik). Ab Winterprogramm führte ‹Hapag-Lloyd› ihre Flüge im Code-Share mit ‹Air Berlin› durch.

Im Linienverkehr nutzten 1,9 Mio. Passagiere den EuroAirport (78 % des Gesamtaufkommens). Dies ist ein Anstieg um 8 % gegenüber dem Vorjahr. Obwohl der Ferienflugverkehr sich in den Sommermonaten positiv entwickelte, war er für das Gesamtjahr rückläufig (–13 %).

Der Luftfrachtverkehr stieg um 54 % dank der Fortsetzung der Flüge von ‹Korean Air› und der Aufnahme von Flügen von ‹Malaysia Airlines Cargo› mit 9 403 Tonnen. Der Luftfrachtersatzverkehr per Lkw stieg um 5 % auf 53 941 Tonnen. Dies sind 61 % des Gesamtfrachtaufkommens. Mit 2,7 % Zunahme (von 23 604 auf 24 239 Tonnen) blieb die Entwicklung der Expressfracht weiterhin positiv.

Quelle: EuroAirport Basel-Mulhouse-Freiburg. Weitere Informationen unter www.euroairport.com

Monats- und Jahresmittelwerte der meteorologischen Elemente im Jahre 2004

	Januar	Februar	März	April	Mai	Juni	Juli
Temperatur in °C	2,3	3,1	5,7	10,5	13,1	17,6	19,4
Monatsminimum absolut	−8,2	−8,1	−5,1	1,3	2,8	8,6	9,2
Monatsmaximum absolut	14,8	17,6	24,2	24,6	27,6	31,5	31,7
Anzahl Hitzetage	0	0	0	0	0	3	5
Anzahl Sommertage	0	0	0	0	5	10	16
Anzahl Frosttage	16	15	11	0	0	0	0
Anzahl Eistage	2	0	0	0	0	0	0
Luftdruck hPa	975,1	982,8	983,0	975,0	977,0	981,0	980,0
Luftdruck tiefster	959,5	962,5	972,0	958,0	953,0	970,0	972,0
Luftdruck höchster	986,9	996,8	996,0	987,0	988,0	989,0	985,0
Niederschlag in mm	125,4	38,8	39,6	20,4	48,7	67,4	74,7
Anzahl Tage mind. 0,1 mm	22	7	13	10	14	15	14
Anzahl Tage mind. 0,3 mm	18	6	12	8	13	12	10
Anzahl Tage mind. 1,0 mm	15	5	8	6	12	10	9
Maximale Tagesmenge in mm	16,9	19,1	16,1	6,4	13,3	21,0	34,3
Tage mit Schneefall	9	5	6	1	0	0	0
Tage mit Schneedecke	12	7	0	0	0	0	0
Tage mit Reif	6	8	12	7	0	0	0
Tage mit Hagel	0	0	0	0	0	0	1
Tage mit Nahgewitter	0	0	0	0	0	0	3
Tage mit Gewitter, alle	1	0	0	3	3	3	6
Bewölkung in %	87	74	71	74	63	68	62
Helle Tage	0	0	4	1	5	2	6
Trübe Tage	23	16	18	14	14	13	12
Tage mit Nebel	2	1	1	0	0	0	0
Sonnenscheindauer in Std.	43,5	116,9	127,0	158,0	233,0	215,0	230,0
Globalstrahlung Wh/m^2	890	2012	2802	4175	5231	5467	5449
Maximum Tag	2310	3860	5437	6984	8212	8182	8033
Feuchte %	81	71	67	64	64	65	64
Dampfdruck hPa	6,1	5,7	6,4	8,4	9,9	13,5	15,0
Schwüle Tage	0	0	0	0	1	1	7
Windgeschwindigkeit mittl. m/s	3,1	2,4	2,4	2,4	2,0	2,2	2,1
Windmaximum m/s	23,0	20,2	20,0	17,6	15,5	16,0	17,0
aus Richtung	WSW	WSW	W	W	SW	W	W

Quelle: Lufthygieneamt beider Basel (Messpunkt: Margarethenhügel)
Weitere Informationen unter: http://www.baselland.ch/docs/bud/lufthygiene/main.htm

August	September	Oktober	November	Dezember	Summe	Mittel-wert	Extrem-wert	Abw. v. Mittel	Mittel 1961–90
19,8	16,4	12,1	5,2	1,5		10,56		+0,8	+9,74
11,5	6,5	4,5	−4,1	−10,5			−10,5	+2,4	−12,9
32,2	28,7	28,3	17,6	11,8			32,2	−1,3	33,5
6	0	0	0	0	14			+4	10
15	10	2	0	0	58			+8	50
0	0	0	6	13	61			−11	72
0	0	0	0	0	3			−11	14
977,8	983,7	976,0	983,9	982,5		980,0		+0,5	979,5
970,7	973,6	963,9	969,0	962,8			953,9		
986,0	990,7	987,2	992,7	996,5			996,8		
82,0	36,0	181,2	28,3	72,0	814,5			+26	788
17	10	19	17	17	175			+8	167
14	7	17	11	15	143			−8	151
12	6	17	7	11	118			−3	121
18,1	11,8	41,0	12,7	22,7			41,0		
0	0	0	4	8	33			+4	29
0	0	0	0	6	25			−5	30
0	0	0	4	10	47			+4	43
0	0	0	0	0	1			−1	2
4	0	3	0	1	11			−3	14
10	3	4	0	1	34			−4	38
69	60	79	84	76		72		+5	67
2	8	2	1	2	32			−10	42
17	13	19	20	18	197			+34	163
0	0	7	3	3	17			−17	34
189,3	178,1	94,2	46,9	49,5	1673,3			−6	1679
4293	3620	1817	982	713		3121			
6887	5863	3821	2036	1561			8212		
70	72	85	83	86		73		−5	78
16,6	13,9	12,4	7,8	6,0		10,1		0	10,1
14	4	0	0	0	27			+2	25
2,1	2,0	2,0	1,9	2,4		2,3		−0,1	2,4
20,5	16,0	17,0	20,5	23,7			23,7		
W	WNW	W	W	W			W		

Überblick Wohnbevölkerung

Jahr	Kantons-bürger	Übrige Schweizer	Ausländer	Stadt Basel	Riehen	Bettingen	Männlich	Weiblich	Kanton BS
Mittlere Zahlen									
1995	73576	73534	52063	177395	20616	1162	94130	105043	199173
1996	72420	72881	52720	175911	20946	1164	93578	104443	198021
1997	71457	72114	52401	173876	20935	1161	92546	103426	195972
1998	70420	71067	52213	171707	20817	1176	91587	102113	193700
1999	69267	70031	52545	169905	20747	1191	90749	101094	191843
2000	68036	69081	52390	167715	20611	1181	89540	99967	189507
2001	67302	68299	52614	166387	20664	1164	88994	99221	188215
2002	66721	67755	53720	166302	20727	1167	89033	99163	188196
2003	66450	67045	55057	166627	20736	1189	89380	99172	188552
2004*	65770	66562	56111	166541	20699	1203	89405	99038	188443
Zahlen am Jahresende									
1995	72916	73025	51861	175855	20788	1159	93172	104630	197802
1996	71885	72490	52114	174350	20986	1153	92599	103890	196489
1997	70816	71463	51974	172235	20858	1160	91597	102656	194253
1998	69879	70344	51898	170242	20694	1185	90822	101299	192121
1999	68437	69371	52333	168294	20647	1200	89781	100360	190414
2000	67748	68861	51972	166848	20540	1193	89032	99549	188581
2001	66896	67929	52634	165548	20743	1168	88456	99003	187459
2002	66528	67202	54285	166120	20722	1173	88970	99045	188015
2003	66052	66704	55457	166286	20721	1206	89232	98981	188213
2004*	65443	66269	56327	166217	20623	1199	89141	98898	188039

* provisorische Zahlen

Quelle: Statistisches Amt des Kantons Basel-Stadt.
Weitere Informationen unter: http://www.statistik.bs.ch

Abbildungsnachweis

S. 11 Dominik Plüss. S. 13–22 Michael Fritschi. S. 23 zVg. Novartis. S. 24–29 Michael Fritschi. S. 31 Markus Häberlin. S. 32 Erwin Zbinden/picturebâle. S. 34 Tilo Ahmels. S. 35 Fritz Hodel. S. 36 zVg. Regio Basiliensis. S. 38 Dominik Plüss/picturebâle. S. 40–43 Riehener Zeitung. S. 44 zVg. Richard Grass. S. 46 Claude Giger/picturebâle. S. 48 Archiv RSD. S. 49 zVg. Urs Vogelbacher. S. 49 Erwin Zbinden/picturebâle. S. 51–57 Michael Fritschi. S. 59 Claude Giger/picturebâle. S. 60–61 Claude Giger/picturebâle. S. 63 Staatskanzlei Basel-Stadt. S. 66 Erwin Hensch. S. 68 zVg. Rudolf Grüninger. S. 69 Erwin Hensch. S. 71–73 Christian Lanz/SF DRS. S. 75 zVg. Carl Miville. S. 79 zVg. S. 81 Baz-Fotoarchiv. S. 83 Roman Stippich. S. 84–87 zVg. Yvonne Vogel. S. 88 Roman Stippich. S. 90 Schweizerische Post. S. 91–95 zVg. Niggi Messerli. S. 96 Claude Giger/picturebâle. S. 98 Mario del Curto. S. 99 Klaus Fröhlich. S. 100–103 Roland Schmid. S. 104–106 zVg. Basler Sinfonietta. S. 108–111 Mark Gisler/© ProLitteris Zürich. S. 113 Kuno Mathis. S. 115–117 Georgios Kefalas/picturebâle. S. 118–123 Claude Giger/picturebâle. S. 127–129 Erwin Zbinden/picturebâle. S. 130–134 Mirjam Wey. S. 138 Baz-Fotoarchiv. S. 141 zVg. Archäologische Bodenforschung Basel-Stadt. S. 142–143 C. Spiess/zVg. Archäologie Baselland. S. 144–145 A. Zimmermann/zVg. Archäologie Baselland. S. 146–150 zVg. Archäologische Bodenforschung Basel-Stadt. S. 151 Sarah Graf. S. 153 Grundbuch- und Vermessungsamt. S. 156–157 zVg. Kantensprung AG. S. 161 Roland Schmid. S. 163–166 Riehener Zeitung. S. 167 Christian Vogt. S. 168 Samuel Herzog. S. 171 Claude Giger/picturebâle. S. 173 Keropress. S. 175 Michael Fritschi. S. 178–179 Keropress. S. 181 Peter Armbruster. S. 183–185 Raymond Panosetti. S. 187 Guido Studer. S. 189 Roland Schmid. S. 190 Andreas Frossard. S. 192 Nicole Zimmer/Basellandschaftliche Zeitung. S. 195 Erwin Zbinden/picturebâle. S. 197 Roland Schmid. S. 200 Georgios Kefalas/ picturebâle. S. 206 Mathias Leemann. S. 209 Peter Schnetz. S. 212 Philipp Ryser/Akzént/Pro Senectute. S. 215 Jörg Hess. S. 217 Erwin Zbinden/picturebâle. S. 222 Michael Fritschi. S. 224 Erwin Zbinden/picturebâle.

Autorinnen und Autoren in diesem Buch

Felix Auer

Geboren 1925. Schulen in Bottmingen, Basel und Schiers, C-Maturität. Werkstudium Universität Basel, Abschluss Dr. rer. pol. mit einer finanzwissenschaftlichen Dissertation bei Prof. Edgar Salin. 1947–1959 freier Journalist. 1959–1969 Sekretär der Evangelisch-reformierten Kirche BL und 1959/1961 des Schweizerischen Evangelischen Kirchenbundes. 1969–1991 im Stab Volkswirtschaft der Ciba bzw. Ciba-Geigy. Ab 1947 verschiedene politische Engagements, 1971–1975 Landrat, 1971–1991 Nationalrat der FDP BL, 1980 Mitglied des Europarates.

Roger Blum

Geboren 1945 in Liestal/BL. Dr. phil. an der Universität Basel (Geschichte und Staatsrecht), politisch aktiv (Mitglied des Landrates von Baselland 1971–1978). Journalist (unter anderem Ressortleiter Inland der ‹Luzerner Neusten Nachrichten› 1978–1980 und als Inlandredaktor 1981–1985, Mitglied der Chefredaktion 1985–1989 und Bundeshauskorrespondent 1989/1990 beim ‹Tages-Anzeiger›). Professor für Medienwissenschaft an der Universität Bern (seit 1989), Lehrauftrag auch an der Universität Basel (1995–2003), Präsident des Schweizer Presserates (1991–2001).

Rainer Borer

Geboren 1963 in Grindel/SO. Maturität Typus B am Gymnasium Laufen. Studium an der Universität Basel in den Fächern Geschichte, Germanistik und Medienwissenschaft. Während des Studiums journalistische Tätigkeit in der Universitäts-Presse und bei Zeitungen der Region. 1990–1997 Redaktor beim Regionaljournal Basel von Schweizer Radio DRS, 1997–2003 Wirtschaftsredaktor und seit 2003 Leiter der Wirtschaftsredaktion von Schweizer Radio DRS.

Sabine Braunschweig

Geboren 1961 in Basel. Lic. phil. I, Historikerin, dipl. Erwachsenenbildnerin AEB. Seit 1996 eigenes Büro für Sozialgeschichte: diverse historische Ausstellungen und Publikationen, Kurstätigkeit in der Aus- und Weiterbildung von Krankenpflegeinstitutionen. Zurzeit Forschungsprojekt zur Geschichte der Psychiatriepflege im Rahmen des Nationalen Forschungsprogramms 51 ‹Integration und Ausschluss›.

Thomas Bürgi

Geboren 1955. Bürger von Basel. Studium der Germanistik, Anglistik, Geschichte und Politischen Philosophie an der Universität Basel. Assistant Teacher in Walsall (UK). Lizenziat 1981, Promotion 1995. Lehrer, Redaktor BR bei der Basler Zeitung, Leitungsfunktionen im Kultur- und Sportmanagement für den Kanton Solothurn und im Bildungsmanagement für den Kanton Basel-Stadt. Weiterbildung in New Public Management und Personalführung. Seit 1999 Unternehmensberater. Seit 1999 Dozent, seit 2002 Professor für Interkulturelle Kommunikation und Internationales Management an der FHBB Fachhochschule beider Basel, Departement Wirtschaft, und Leiter der Abteilung International Business Management. Dean und Tutor MBA-Programm der Heriot-Watt University/Edinburgh Business School an der FHBB. Lehraufträge an der

Berufsakademie Mannheim sowie an der Ashcroft Business School der Anglia Polytechnic University in Cambridge (UK).

Bernhard Christ	Geboren 1942 in seiner Heimatstadt Basel. Schulen und Rechtsstudium in Basel; doktoriert 1968 mit einer rechtsgeschichtlichen Dissertation. Anwaltspatent 1970, einjährige Praxis in Genf (1971), seit 1973 praktizierender Anwalt und Notar. 1979–2003 (mit Amtszeitunterbruch) Mitglied des Grossen Rates, dessen Präsident 1984/1985. Mitglied des Verfassungsrates und dessen Präsident 2001. 1976–1984 Mitglied des Consistoire der Französischen Kirche, seit 1995 Mitglied des Kirchenrates der Evangelisch-reformierten Kirche Basel-Stadt.
Peter Dalquen	Geboren 1937 in Hanau am Main (Deutschland). Studium der Medizin in Mainz, Wien und Freiburg im Breisgau. Seit 1970 tätig am Institut für Pathologie der Universität Basel, Facharzt für Pathologie, speziell Zytopathologie. 1980 Habilitation, ab 1976 bis zur Emeritierung 2001 Leiter der Zytologischen Abteilung des Instituts.
Barbara den Brok	Geboren 1967 in Kenzingen/Deutschland. 1987–1989 Lehre mit Abschluss zur Einzelhandelskauffrau. Ab 1998 Studium an der Universität Mainz in den Fächern Geografie und Geologie. Diplom in Geologie 1995. Promotion in Mineralogie 2001. Seit 1997 verschiedene Tätigkeiten im Ausstellungs- oder wissenschaftlichen Bereich an verschiedenen Museen. Seit 2003 Leiterin des Museum.BL in Liestal.
Christoph Dieffenbacher	Geboren 1958 in Göteborg (Schweden). Schulen in Schaffhausen. Studium von Germanistik, Geschichte, Kunstwissenschaft und Politologie an der Universität Basel und der FU Berlin, Lizenziat 1985. Danach Journalist und Redaktor bei Nordschweiz/Basler Volksblatt, Nachrichtenagentur SDA, im Nationalfonds-Pressedienst und seit 2000 in der Öffentlichkeitsarbeit der Universität Basel.
Pascal Favre	Geboren 1957 in Basel/BS. 1977–1979 Besuch des Primarlehrerseminars in Liestal BL. Abschluss mit Diplom für Lehramt an Primarschulen. 1980–1983 Unterricht an der Primarschule Lupsingen BL. Ab 1983 Studium der Fächer Botanik, Zoologie und Geografie an der Universität Basel. Diplom in Biologie 1991. Promotion in Archäobotanik 2001. Seit 1995 Konservator am Museum.BL in Liestal.
Manuel Friesecke	Geboren 1967 in Basel. Schulen in Riehen und im Zürcher Oberland. Matur am Wirtschaftsgymnasium Büelrain in Winterthur. 1989 Studium der Jurisprudenz. 1994 Lizenziat. Anschliessend Praktika in den Verwaltungen und bei Gerichten der Kantone Basel-Stadt und Basel-Landschaft. 1997 Praktikum beim Sekretariat der Parlamentarischen Versammlung der OSZE (Organisation für Sicherheit und Zusammenarbeit) in Kopenhagen. 1998 Promotion zum Dr. iur. 1999–2001 Schweizer Mitarbeiter bei der trinationalen Informations- und Beratungsstelle INFOBEST PALMRAIN, 2001–2003 Assistent der Geschäftsführung bei der REGIO BASILIENSIS. Seit Juli 2003 stellvertretender Geschäftsführer der REGIO BASILIENSIS.

Hans Furer	Dr. iur. Rechtsanwalt in Basel. 1987 gründete er den ‹Verein Basler Kulturräume› und war bis 1994 Präsident desselben. 1993 war er Mitinitiant des Erwerbs der Serra-Skulptur ‹Intersection› für den Theaterplatz Basel. Ab 1995 führt er das Sekretariat des Verbands Schweizer Galerien und ab 1998 betreut er die Geschäftsstelle der Freunde des Kunstmuseums und des Museums für Gegenwartskunst Basel als Kassier. Die Familie Im Obersteg kennt er seit 1973. Seit dem Jahr 2000 ist er Sekretär und Mitglied des Stiftungsrates.
Richard Grass	Geboren 1950. Schulen in Binningen. Tiefbauzeichnerlehre. Studium Bauingenieur HTL in Muttenz. Seit 1976 Ingenieur bei der Gemeindeverwaltung Riehen. Unter anderem Projektleiter Wärmeverbund Riehen Dorf. Seit 1998 Leiter Abteilung Tiefbau und Verkehr.
Rudolf Grüninger	Geboren 1944 in Basel. Studium der Rechte in Basel und München. 1968 Lizenziat. 1970 Promotion. 1972 Baselstädtisches Anwaltspatent. 1973–1981 Leiter der Finanzabteilung der Vormundschaftsbehörde Basel-Stadt. Seit 1981 Bürgerratsschreiber und Leiter der Zentralverwaltung der Bürgergemeinde der Stadt Basel. 1992–2005 Mitglied, 1999/2000 Präsident des Grossen Rates. Seit 1999 Verfassungsrat. Meister E. Ehrengesellschaft zum Rebhaus.
Hans Hafen	Geboren 1925. Dr., war von 1966 bis 1991 Rektor des Gymnasiums Münchenstein. Von 1975 bis 1983 war er Mitglied des Landrats. Nach seiner Pensionierung diente er dem Collegium Musicum Basel und dem Förderverein Universität Basel.
Daniel Hagmann	Geboren 1966, seit 1986 in Basel wohnhaft. Historiker und Publizist, schreibt-forscht-vermittelt. Studium der Geschichte und Germanistik mit Promotion 1998. Seit Jahren als Buchautor und Berater tätig. Mitglied verschiedener regionalgeschichtlicher Organisationen. Themenbereiche: Kollektive Identität, Alltagsreligiosität, Kulturpolitik (www.passager.net).
Alexandra Hänggi	Geboren 1965 in BS, in BL aufgewachsen, nach BS zurückgekehrt. Studium an der Universität Basel. Diplomlehrgang am Medienausbildungszentrum Luzern. Seit 1993 Co-Leiterin der Kontaktstelle professionnELLE in Liestal, Dozentin (maz, FHBB u. a.) und seit zwanzig Jahren als freischaffende Journalistin in der Region tätig.
Urs Hobi	Geboren 1942, Bürger von Walenstadt, aufgewachsen in Muttenz, Matur in Stans, Studium in Basel und Paris (Deutsch, Französisch, Geschichte); kein Abschluss. Journalistisch ab 1966 tätig, bis 1975 Sport- und Lokalreporter beim Basler Volksblatt und bei den Basler Nachrichten. 1976–1983 Lokalredaktor der Basler Zeitung. 1983–1990 Informationschef Radio Basilisk. 1990–2003 Lokalchef Basler Zeitung.
Anton Hügli	Geboren 1939 in Solothurn (CH), aufgewachsen in Gerlafingen; Besuch der Kantonsschule Solothurn, 1960 Primarlehrerpatent des Kantons Solothurn; Unterricht an diversen Schulen auf der Sekundarstufe I; Studium der Philosophie (Hauptfach), Psychologie, Germanistik/Nordistik und Mathematik an den Universitäten Basel und Kopenhagen.

1970 Promotion an der Philosophisch-Historischen Fakultät der Universität Basel; 1968–1973 Assistent am Philosophischen Seminar der Universität Basel; 1973–1976 Forschungs- und Studienaufenthalt an der Universität Oxford; 1977–1981 Lehrbeauftragter an der Westfälischen Wilhelms-Universität Münster (BRD) und Leiter der Zentralredaktion des ‹Historischen Wörterbuchs der Philosophie›; 1981 Habilitation in Philosophie an der Universität Bielefeld; 1981–2001 Direktor des Pädagogischen Instituts Basel-Stadt; 1987 erst Privatdozent, dann a.o. Prof., ab 1993 Extraordinarius für Philosophie an der Universität Basel; seit 2001 Professur für Philosophie und Pädagogik und Vorsteher der Abteilung Pädagogik am Philosophischen Seminar der Universität Basel; Vorstandsmitglied und von 1995–1997 Präsident der Schweizerischen Philosophischen Gesellschaft; 1990–2000 Präsident der Arbeitsgruppe Lehrerbildung der EDK; seit 2000 Präsident der Anerkennungskommission von Hochschuldiplomen für Lehrkräfte der Sekundarstufe I der EDK; seit 2001 Präsident der Schweizerischen Maturitätskommission.

Eric Jakob

Geboren 1962 in Basel. Schulen in Binningen und Oberwil (BL). Matur am Gymnasium Oberwil. Studium der Germanistik, Medienwissenschaften, Philosophie und Anglistik in Basel und Edinburgh. 1988 Lizentiat. Während des Studiums journalistische Tätigkeit bei verschiedenen Tageszeitungen. 1988–1989 Koordinator Logistik für den europäischen Kirchenkongress ‹Frieden in Gerechtigkeit› in Basel. 1990–1993 Mitarbeiter bei der Interdisziplinären Berater- und Forschungsgruppe IBFG in Basel für das Projekt ‹Kommunikations-Modellgemeinde Basel›. 1993–1995 Schweizer Mitarbeiter bei der trinationalen Informations- und Beratungsstelle INFOBEST PALMRAIN in Village-Neuf (F). 1995 Promotion zum Dr. phil. 1995–2003 stellvertretender Geschäftsführer bei der REGIO BASILIENSIS. 2000 ‹Master of Marketing›. Seit Juli 2003 Geschäftsführer der REGIO BASILIENSIS.

Martin Josephy

Geboren 1968 in Basel. Architekturstudium in Kassel und Wien. Aufbaustudium Geschichte und Theorie der Architektur an der ETH Zürich. Seit 1995 freie Projekte in Kassel, Hamburg, Zürich und Basel. Texte zu Architektur, zeitgenössischer Kunst und Design für Fachzeitschriften und Tageszeitungen. 2002–2004 Leiter des ETH Studio Basel/Institut Stadt der Gegenwart.

Andreas Kläui

Der Autor ist in Riehen aufgewachsen und hat in Basel die Schulen besucht und studiert; seit einigen Jahren lebt er in Zürich und in Paris. Andreas Kläui ist Kulturjournalist (früher bei der Basler Zeitung, heute vor allem für Schweizer Radio DRS, Tages-Anzeiger und die NZZ am Sonntag).

Claudia Kocher

Geboren 1970 in Biel. Aufgewachsen in Aesch/BL. Lehre als Schriftsetzerin bei der Nordschweiz/Basler Volksblatt. Journalismus-Diplom am Medienausbildungszentrum MAZ in Luzern. Seit März 2004 Redaktorin bei der Basler Zeitung im Ressort Basel-Stadt.

Guido Lassau

Geboren 1963 in Zermatt/VS. B-Maturität an der Kantonsschule Aarau. Studium an der Universität Zürich in den Fächern Ur- und Frühgeschichte, Geschichte des Mittelalters und Mittelalterarchäologie. 1993 Lizentiat mit einer Arbeit über die Befunde des spätbronzezeitlichen Dorfes Greifensee-Böschen. Während dem Studium Teilzeitanstellung beim Büro für Archäologie der Stadt Zürich und Mitarbeit auf verschiedenen Ausgrabungen u. a. als Unterwasserarchäologe im Greifensee. 1994–2002 als wissenschaftlicher Mitarbeiter und Adjunkt verantwortlich für die Organisation, Durchführung und wissenschaftliche Betreuung der Grabungen der Kantonsarchäologie Aargau. Seit Juni 2002 Kantonsarchäologe Basel-Stadt.

Alexander Marzahn

Geboren 1972 in Dornach/SO. B-Maturität am Gymnasium Münchenstein. Studium der Germanistik und Geschichte an der Universität Basel und an der Humboldt-Universität Berlin. Journalistische Tätigkeit für verschiedene Printmedien in Basel und Berlin. Seit 1999 ständiger Mitarbeiter bei der Basler Zeitung, seit 2003 Redaktor für Kunst im Kulturressort.

Andrea Mašek

Geboren 1964 in Liestal/BL. C-Maturität am Gymnasium Liestal. Studium an der Universität Basel in den Fächern Englisch und Französisch. Lizenziat 1991. Seit 1993 im Journalismus tätig, als freie Journalistin, Redaktorin beim Baslerstab (1995–1997), beim Vogel Gryff (1997–1999), bei der Basler Zeitung im Ressort Journal/Beilagen (1998–2001). Seit 2001 Redaktorin der Basellandschaftlichen Zeitung im Ressort Basel-Stadt.

Henriette Mentha

Geboren 1958 in Bern. Studium an der Universität Bern in den Fächern Kunstgeschichte, Architekturgeschichte und Religionsgeschichte. Lizenziat 1987. 1988–1998 wissenschaftliche Mitarbeiterin des Kunstmuseums Bern (Graphische Sammlung). 1999–2002 Mitarbeit am Catalogue raisonné Paul Klee und als freiberufliche Kunsthistorikerin tätig. Seit 2000 Konservatorin der Sammlung Im Obersteg.

Christian Meyer

Geboren 1956 in Aarau/AG. Studium der Geologie und Paläontologie an der Universität in Basel und in Bern. Diplom in Paläontologie 1983. Promotion in Paläontologie 1987. 1991–1993 Postdoc in Boulder, Colorado und von 1994–1998 Gastprofessur in Wien. 1995 Habilitation in Paläoökologie in Basel. Seit 1995 Dozent an der Universität Basel und seit 2001 Direktor des Naturhistorischen Museum Basel.

Carl Miville-Seiler

Geboren 1921 in Basel. Matur am Realgymnasium. Juristische und volkswirtschaftliche Studien. 1946 Parteisekretär SP, 1948 Redaktionssekretär einer Gewerkschaft in Zürich, 1951 wieder Parteisekretär in Basel, 1956 Lokalredaktor der Basler AZ, 1961 Amtsvormund, 1964 Vorsteher des kantonalen Rentenamtes, 1978–1986 Leiter der Ausgleichskasse Basel-Stadt. 1947 Grossrat, 1977/1978 Grossratspräsident, 1978 Nationalrat, 1979–1991 Ständerat, 1986–1992 Mitglied der Parlamentarischen Versammlung des Europarates.

Remo Peduzzi

Geboren 1975 in Basel. Handelsschule in Liestal, Weiterbildung zum PR-Fachmann am Schweizerischen PR Institut in Zürich. Ab 1997–2001 berufliche Tätigkeit in verschiedenen Basler Agenturen. 2001 Kommunikationsleiter des Europäischen Musikmonats in Basel. Seit 2002 Geschäftsführer der SRG idée suisse Region Basel und seit 2003 gleichzeitig Leiter Mitgliedermarketing der SRG idée suisse Deutschschweiz.

Gian-Reto Plattner	Geboren 1939 in Zürich; 1952 nach Riehen gezogen. Realgymnasium Basel, Studium an der Universität Basel in Experimentalphysik. Doktorat 1966. Weiterbildung in Madison/Wisconsin und Berkeley/California (USA). 1970 wissenschaftlicher Mitarbeiter am Institut für Physik der Universität Basel. 1974 Habilitation, 1980 Dozent mit Lehrauftrag, 1984 a. o. Professor, 2000 Vizerektor Forschung. 1981 Eintritt in SP Riehen, 1982–1990 Mitglied des Einwohnerrates Riehen (Präsident 1988–1990), 1984–1992 Mitglied des Grossen Rates Basel-Stadt, 1991–2003 Basler Ständerat (Präsident 2002–2003).
Christian Platz	Geboren 1965. Journalist und Musiker. Er lebt und arbeitet in Basel.
Max Pusterla	Geboren 1942 in Basel. Schulen und kaufmännische Ausbildung in Basel. Während eines Aufenthaltes in London Wechsel zum Journalismus; 1966–1992 Tätigkeit beim ehemaligen Sport-Toto-Organ ‹Tip› als Redaktor, Chefredaktor und Verlagsleiter. 1980–1986 Zentralpräsident des Verbandes Schweizer Sportjournalisten. 1992–2001 Geschäftsführer der Basler FDP. 1990–2001 Grossrat, seit 1999 Verfassungsrat, 2004/2005 dessen Präsident.
Paul Roniger	Geboren 1940 in Basel. Daselbst alle Schulen durchlaufen. ‹Allround-Banking›-Ausbildung und Kadermitglied bei der Bank Sarasin und der Schweizerischen Volksbank, später Crédit Suisse, 1986–1998 Leiter der Stadtfiliale Basel-Gundeldingen. Ehrenmitglied der IG Gundeldingen. ‹Värslibrinzler› und Textdichter für verschiedene Vorfasnachtsveranstaltungen. Mitglied ‹Wurzengraber› und E. E. Zunft zu Hausgenossen. Seit 1998 Chronist des Basler Stadtbuchs. Seit 2001 Mitglied des Grossen Rates.
Felix Rudolf von Rohr	Geboren 1944 in Basel. Schulen und kaufmännische Lehre in Basel. 1968–1997 beim Bankverein, seit 1998 bei der Bank Sarasin tätig. 12 Jahre Mitglied des Grossen Rates, 1986/1987 als dessen Präsident. Statthalter E. E. Zunft zum Schlüssel. Seit 1987 im Fasnachts-Comité, seit 2003 dessen Obmann.
Tobit Schäfer	Inhaber und Geschäftsführer der Projektagentur Die Organisation GmbH und Leiter des Jugendkulturfestivals. Der 24-Jährige wirkt ehrenamtlich als Technischer Leiter des Basler Clubfestivals BScene und im Vorstand des RadioX-Fördervereins Club 94,5 und engagierte sich in der Arbeitsgruppe ‹Baslerdialog› der Christoph Merian Stiftung CMS.
Marc Schaffner	Geboren 1975 in Rheinfelden/AG. B-Maturität am Gymnasium Liestal. Studium an der Universität Basel in den Fächern Deutsche Philologie, Philosophie und Neuere Allgemeine Geschichte. Lizenziat 2003. Während des Studiums journalistische Tätigkeit bei der Basellandschaftlichen Zeitung. Seit 2003 freier Mitarbeiter bei verschiedenen Print- und Online-Medien.
Bettina Schelker	Geboren 1972 in Basel. Diplom an der DMS Oberwil. 1995 Abschluss des Lehrerseminars in Liestal. 1999 Gründerin eines eigenen Musiklabels und Musikstudios. Arbeit als Produzentin von CD-Produktionen mit Eigenkompositionen. Seit 2002 Berufsmusikerin, diverse Tourneen im In- und Ausland.

Rolf Soiron

Geboren 1945, aufgewachsen in Riehen. Maturität am HG in Basel, 1972 Doktorat in Geschichte und Kunstgeschichte an der Universität Basel. Bis 1993 bei der Sandoz in Basel und New York in verschiedenen Funktionen in Personal, Finanz, Agro, Saatgut und Pharma. 1993 bis 2002 Leiter der Jungbunzlauer-Gruppe in Basel. Derzeit VR-Präsident von HOLCIM und Nobel Biocare. 1974–1982 Gemeinderat in Riehen und 1976–1980 Grossrat. Seit 1995 Präsident des Basler Universitätsrats.

Verena Stössinger

Geboren 1951 in Luzern. Studium der Nordistik, Germanistik und Soziologie in Basel und Aarhus/DK. Autorin und Kulturjournalistin, arbeitet an der Uni Basel (u. a. Lehraufträge für neue skandinavische Literatur). Letzte Buchpublikation: ‹Spielzeit Nummer zwölf›, Roman, eFeF-Verlag, Wettingen 2004.

Wolf Südbeck-Baur

Geboren 1959 in Oldenburg (D), Studium der katholischen Theologie an den Universitäten Freiburg i. Br. und Tübingen. Diplom 1985. Seit 1987 in der Schweiz journalistisch tätig, seit 1998 als verantwortlicher Redaktor des ‹aufbruch›, Zeitung für Religion und Gesellschaft und seit 2000 Mitglied im Pressebüro Kohlenberg, Basel.

Yvonne Vogel

Geboren 1967 in Basel. Publizistikstudium an der Schule für angewandte Linguistik (SAL) in Zürich. Arbeitete u. a. beim CASH und Blick Sport. Zurzeit als freie Journalistin und als Textproduzentin bei der SonntagsZeitung tätig.

Urs Vogelbacher

Geboren 1943 in Basel, kaufmännische Lehre bei der Schweizerischen Reederei AG, Praktikum auf GMS ZAMBESI, 1964 Hafendisponent bei N. V. Alpina Scheepvaart Mij. in Rotterdam, 1966 Flottendisponent bei der Cisalpina Tankreederei AG, 1972 Leiter der Schiffsmeldestelle, später Direktionsassistent bei der Rheinschifffahrtsdirektion Basel.

Markus Vogt

Geboren in 1953 Basel, Bürger von Lauwil (BL), aufgewachsen in Muttenz und Biel-Benken. Matur am Mathemathisch-Naturwissenschaftlichen Gymnasium (MNG) in Basel. Journalist BR. Von 1979 bis 1988 Redaktor am Basler Volksblatt und der Nordschweiz (lokale Ressorts, Sport). 1988/1989 Redaktor beim Blick Basel (Sportchef). Seit 1. November 1989 Redaktor bei der Basellandschaftlichen Zeitung (Ressortchef Basel-Stadt), seit 2000 stellvertretender Chefredaktor und Ressortchef Basel-Stadt.

Dieter Wüthrich

Geboren 1961 in Basel. Schulen in Riehen und Basel, B-Maturität. Ausbildung als Sozialpädagoge 1983–1986. 1986–1990 in den Externen Psychiatrischen Diensten BL tätig. Ab 1990 Redaktor der Riehener Zeitung, seit 1994 Chefredaktor. Daneben freie journalistische Tätigkeit für verschiedene Medien und NPO in der Region Basel.

Alfred Ziltener

Geboren 1952 in Basel. Nach der Maturität am Basler Realgymnasium Studium in Germanistik und Französisch an der Universität Basel und an der Université de la Sorbonne, Paris. Lehrer an der Berufs- und Frauenfachschule. Als freier Kulturjournalist Mitarbeiter der Programmzeitung, der Basellandschaftlichen Zeitung und der sda.

Register
nach Autorinnen und Autoren